이걸 모르고 시작할 뻔했네

스타트업 창업 노하우

박혜경·김민표·차영현·반현애 지음

1인 기업, 스타트업, 온라인 쇼핑몰 창업까지

당당하게 사업을 시작하고 안전하게 운영하기 위한 창업에 대한 모든 것!

BOOK #107
북샵일공칠

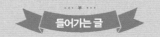

창업자들이
꼭 알아야 할 것들만 담았다

사업자가 되면 사업자로서 알아야 할 것들이 한두 가지가 아닙니다. 사업 초기에는 하나부터 열까지 모르는 것 투성이고, 어디서 누구에게 물어봐야 할지 몰라 발을 동동 구르는 일이 많이 생깁니다. 더욱 안타까운 것은 본인이 몰라서 앞으로 발생하게 될 일들입니다. 호미로 막을 것을 가래로 막게 될 일들을 뒤늦게 알아차리게 될 때쯤이면 너무 큰 손해가 생기게 됩니다.

10년 넘게 사업을 운영한 사업자도 인력 부족으로 사업 기획, 영업, 마케팅 등에 쫓기다 보면 회계, 세무, 노무, 금융, 법률 등에서 구멍이 숭숭 뚫리게 됩니다.

이 책은 예비 사업자뿐만 아니라, 수년간 사업을 이끌어온 사업자라도 다시 한번 회계, 세무, 노무 등 법률 이슈를 챙기려는 사업가를 위한 책입니다. 한 번 훑어보면 생각하지 못했던 궁금증도 많이 생기게 될 것입니다. 책 속에 그 해결책을 찾을 수 있을 것이고, 책에서도 찾지 못했다면 언제든 저자들에게 연락하셔서 도움을 청해주십시오.

다년간 창업자들과의 컨설팅을 통해, 창업자들이 궁금해하는 것들과 실수하는 것들을 모아 책 속에 담았습니다. 또한 창업자라면 반드시 챙겨야 할 것들을 가능한 수록하려고 노력하였습니다. 이 책을 통해 조금이나마 도움이 되었으면 합니다.

이 책을 완성하는 데까지 도움을 주신 공저자인 김민표 변호사, 차영현 세무사, 반현애 부지점장님께 가장 큰 고마움을 표합니다. 그리고 이승주 예비세무사님과 더스토리하우스 김우진 대표님, 가족에게도 특별히 감사의 말씀드립니다.

_박혜경 세무사

차례

 PART 5

고용과 노사 갈등 해결하는 법

 PART 6

사업 확장과 신용 관리

PART 1

창업을 준비한다면
이것부터 알아두자

- 설립 형태 결정하기
- 출자
- 사업장 임차하기
- 영업신고 및 인허가

개인이냐, 법인이냐
그것이 문제로다

창업을 할 때 가장 먼저 직면하게 되는 중요한 문제가 개인사업자로 할지 법인사업자로 할지를 결정하는 것이다. 개인사업자는 '나 자신'이 사업의 단독 대표가 되고 모든 책임과 의무를 부담하는 것을 말한다. 만약 마음이 맞는 친구 한 명과 함께 사업을 하기로 했다면 '나와 친구'가 공동대표가 되는 것도 가능하다. 이 경우 사업에 대한 책임과 의무를 공동으로 부담하게 되는데, 서로 간의 부담비율과 사업을 경영하면서 손익을 어떻게 나눌 것인가에 대한 결정도 해야 한다. 단독사업이든 공동사업이든 모두 개인사업자에 해당한다.

법인사업자는 각 개인이 사업에 대한 무한책임을 지는 것이 아니다. 법인은 법에 의해 탄생된 인격을 말하는 것으로 우리가 주민등록을 하는 것과 같이 등기소에서 등기해야 비로소 탄생된다. 법인이 설립 및 운영을 위한 자금을 조달하는 개인 등에게는 주주라는 지위가 부여되며, 이익이 발생하면 배당을 받는다. 법인을 경영하는 운영책임 주체를 이사라고 하는데 이사와 이사들 중에서 대표하는 자인 대표이사를 뽑아 경영하게 된다. 또 출자한 주주와 경영자인 이사들 간의 이익이 충돌되는지 등을 감시하는 감사를 선출하여 법인을 운영한다.

나혼자 단독으로 대표를 할 것이냐,

친구와 공동 대표를 할 것이냐

이것이 문제로다!

자본금이 없으니

우선 집에서 시작하자!

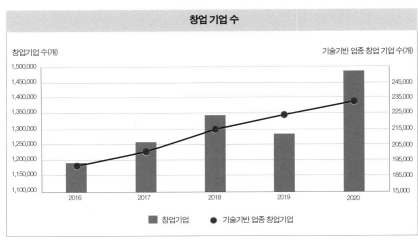

창업 기업 수

창업기업 수(개)

기술기반 업종 창업 기업 수(개)

출처: 중소벤처기업부 〈창업기업 동향〉

　법인은 언급한 내용만으로도 복잡한 구조를 갖고 있는 듯 느껴진다. 그럼에도 왜 법인을 설립하는 걸까. 개인만의 자금으로 사업을 운영하기 어려울 정도로 대규모 자금이 필요한 사업인 경우, 자금은 크지 않더라도 여러 사람이 사업에 참여하여 손익을 나눠 갖는 경우처럼 이해관계가 복잡해질 때는 법인이 적합하다.

　요즘은 자본금 1,000만 원 이하인 1인 법인(주주가 1명)도 흔하다. 설립 과정과 운영이 복잡한데도 1인 법인이 늘어나는 이유는 개인사업자보다 법인사업자에 대한 사회의 신뢰도가 더 높고, 추후 투자 등을 통한 사업의 확장성 등을 고려했기 때문이다. 다른 장에서 설명하겠지만, 세금을 낼 때도 차이가 발생한다.

　개인사업자로 시작해서 법인사업자로 추후 전환도 가능하지만 그 과정은 꽤 까다롭고 금전적 비용도 많이 발생한다. 때문에 처음 사업을 시작할 때 신중하게 고려해야 한다.

개인사업자로 창업할 경우

창업자가 몇 명이든 법인사업자가 아니라면 모두 개인사업자에 해당한다. 개인사업자는 개인이 주체가 되어 사업을 하는 것이므로 경영에 따른 책임도 모두 개인이 부담한다. 개인의 책임이 무거워지는 반면에 법인처럼 자본금이 있어야 하는 것은 아니다. 자본금 없이도 집을 사업장 삼아 컨설팅 업무를 하면서 수입을 발생시킬 수 있다. 지금 당장 사업을 시작하기 원한다면, 바로 세무서에 가서 사업자 등록을 한 후 사업을 시작할 수 있다. 사업장을 어디로 정할지, 어떤 사업을 할지 등만을 고려하고 간단히 빠르게 사업을 시작할 수 있다. 단, 허가사업일 경우 시·군·구청의 허가가 필요하므로 시작하려는 업종이 허가사업인지 미리 체크한다.

개인사업자의 법인 전환을 고려하고 있다면?

개인사업자로 사업을 시작했다가 법인으로 전환이 필요한 시기가 올 때가 있다. 대기업이나 관공서에서 일을 수주받을 때 법인이 유리한 경우가 있다. 개인사업자였을 때 매출 이력과 각종 인증을 받았던 것을 법인 전환을 통해 그대로 인정받아 사업의 연속성을 가질 수 있다. 굳이 그럴 필요가 없다면, 개인사업자를 폐업하고 법인을 신설하는 것도 괜찮다. 단, 법인 전환 없이 개인사업자를 폐업하고 신규로 법인을 설립하면 이제까지의 거래내역이 단절되므로 신용등급이 높지 않아 대출한도가 낮아질 수 있다. 향후 대출을 받을 예정이라면 법인 전환을 고려해보는 것도 추천한다.

개인사업자로 대출을 받았다면 걸림돌이 될 수 있다. 신용보증기관 등 금융기관에서 개인사업자로 대출을 받은 후 법인으로 전환하려고 할 때 대출금부터 갚아야 하는 경우가 발생할 수 있으므로 사전에 반드시 금융기관에 확인하는 것이 좋다.

법인사업자로 창업할 경우

　자신이 하려는 사업이나 전망이 장기적으로는 좋을 것으로 기대하지만 현재 매출이 많지 않거나, 초기 사업 자금이 부족한 경우가 있다. 이럴 땐 개인사업자로 사업을 시작한 후 사업 전망이나 매출 증가 여부 등을 살핀 후 법인으로 전환하는 것을 추천한다. 사업 초기에는 크게 시작하려는 욕심보다는 재무상태를 파악하고 점차적으로 사업을 키워간다고 생각하는 것이 좋다. 법인을 설립하게 되면 별도의 등기 비용이 추가로 발생한다. 법인의 기관인 이사와 감사를 구성하고, 회사 자금도 사용 목적과 용도에 맞게 써야 하는 등 여러 가지 확인하고 관리해야 할 것들이 많다. 법인은 개인사업자와는 달리 독립된 법인격으로 보기 때문에 개인과 법인의 재산은 따로 계산되어야 한다. 대표이사 마음대로 법인통장에서 자금을 인출해서는 안 된다. 대표이사에게 지급되는 것은 급여, 상여, 배당 등 지급 명목 범위 내에서 인출 가능하다. 임의인출은 가지급금으로 보아 회사가 대표이사에게 빌려준 자금으로 대여금 처리되고 이에 대한 이자도 지급해야 한다.

　법인은 세법상 지켜야 할 사항도 많다. 만약 개인사업자가 상호를 바꾸거나, 사업장을 이전하거나 폐업한다면 사업자등록을 정정하거나 폐업신고를 하는 것으로 충분하다. 그러나 법인사업자는 변동되는 사항이 등기사항에 해당한다면 변경등기를 해야 하며, 별도의 비용도 발생한다. 이런 번거로움 때문에 소규모 사업에서는 개인사업자가 더 편리하다.

Q&A 　공동사업자와 법인사업자의 차이는 무엇인가요?

　　공동사업자는 개인사업자에 속한다. 공동사업자는 여러 사람이 하나의 사업에 대해 공동으로 책임과 의무를 부담(동업계약 시 분배비율대로)하고, 손익분배비율에 따라 이익을 배분받는다. 한편, 법인사업자는 출자자와 경영자가 구분되고, 출자자는 본인이 투자한 비율만큼 배당받을 권리가 있지만 채무는 부담하지 않는다.

공동사업자

법인사업자가 아니면서 여러 명이 함께 동업하려면 공동사업자로 사업자등록을 해야 한다. 공동사업의 경우 대표를 먼저 정해야 하는데, 사업자등록증에는 대표의 이름, 생년월일이 기재된다. 사업자 등록을 위한 신고 절차는 개인사업자와 차이가 없지만 동업계약서와 (공동사업자가 모두 기재된) 상가임대차계약서 등이 필요하다.

동업계약서에는 손익분배에 대한 사항이 기재되어야 하고, 이 손익분배비율에 따라 수익이 분배된다(개인의 종합소득세 과세 대상이 되므로 손익분배비율이 중요하다). 손익분배와 별개로 출자비율에 대한 약정도 정할 수 있다. 출자 방식은 자본 외에 노무로도 할 수 있고, 출자와 손익의 비율을 달리 하는 것도 가능하다.

공동사업장에서 발생한 소득 중 본인의 손익분배비율분과 본인의 다른 사업장의 소득을 합산하여 세금 신고를 해야 한다. 또 공동사업장에 부과된 세금 중 공동사업자 중 한 사람이 세금을 미납했을 경우 다른 공동사업자가 연대하여 세금을 납부해야 하는 연대납세의무를 부담한다. 따라서 공동사업자들 간에 내부적으로 부과된 세금에 대한 부담과 납부 방법에 대하여 구체적으로 약정해놓는 것이 좋다. 동업계약을 종료하게 된다면 정산에 관해 별도로 약정할 수도 있지만 사업 자체를 폐업할 수도 있다. 동업자 중 1명이 탈퇴한다면 탈퇴 시점을 기준으로 정산을 받아야 한다. 이때 정산을 받으려면 동업계약 체결, 다른 동업자 전원에게 탈퇴 의사 표시, 출자 또는 손익비율에 대한 내용, 탈퇴 당시의 재산가액이 확인되어야 한다. 사업이 폐업에 이르게 되었다면 잔여재산에 대하여 분배청구를 할 수 있다.

동 업 계 약 서

1. 사업장
    사업명 :
    소재지 :

2. 인적사항
"갑"
    성 명 :   주민번호 :
    연 락 처 :   주 소 :

"을"
    성 명 :   주민번호 :
    연 락 처 :   주 소 :

"갑"과 "을"은 상기 사업장에서 ( ) 사업을 시작함에 있어 다음과 같이 동업 계약을 체결한다.

- 다 음 -

제 1 조 : "갑"과 "을"은 공동 지분 출자로 위 사업장을 취득 후 공동 사업을 영위하기로 하며, 대표는 " " 으로 한다.

제 2 조 : 공동사업지분은 "갑"(지분율: %), "을"(지분율: %)로 하며, 사업 경영에 관한 모든 사항에 대하여 공동으로 운영하며, 모든 수익과 비용 및 사업에 대한 책임은 각각의 지분율에 따라 배분하기로 한다.

제 3 조 : "갑"과 "을"은 제2조의 지분 비율에 따라, 상기 사업장에 대한 임대보증금을 분담하며, 추가자금 필요시 각각 지분 비율에 따라 추가 출자한다.

상기 동업계약 사실을 증명하기 위하여 서명·날인 후 각각 1통씩 보관한다.

년   월   일

계 약 자

"갑" : _____(인)

"을" : _____(인)

출자

출자 자금 원천에 따라 세무상 이슈를 체크해야 한다

사업을 하는 데 우선적으로 고려해야 하는 것이 바로 사업자금이다. 사업자금을 마련하는 방법에는 저축해놓은 본인 돈을 사용하거나, 은행 등 금융권 대출을 이용하거나, 지인으로부터 투자를 받는 방법 등이 있다. 하지만 자기자본은 전혀 없이 대출만으로 사업을 시작한다면 이자를 갚는 데 급급해지고, 추가로 자금을 차입해야 하는 상황이 벌어질 수 있다. 따라서 대출은 이자상환능력 등을 고려하여 신중하게 하고, 어느 정도 자기자본을 가지고 사업을 시작하는 것이 좋다.

사업 자금 대출 받기

대출심사를 하는 데 있어서 연체율, 연체 횟수 등은 최소한 3개월 치를 참고하며, 많게는 12개월까지도 고려한다. 때문에 1,000~2,000원의 통신요금 미납 내역만으로도 대출을 받는 데 치명적인 악영향을 줄 수 있으므로 미리미리 꼼꼼히 관리해야 한다. 또한 신용등급은 대출심사 시점의 신용등급이 중요하므로 간편하게 잠깐 쓰기 위해 카드론이나 제2금융권의 대출을 받은 경우에는 상환 후에 대출을 신청하는 것이 좋다.

신설법인의 경우, 사업 초기에 매출은 낮고 사무실 임차 및 비품 구입 등으로 인해 수익보다 비용이 더 많으면 시중은행에서 대출을 받기 어렵다. 사업장의 매출이 낮은 경우에는 대표이사의 신용도 및 대표이사의 지분율이 51% 이상인지가 중요하다. 대표이사의 지분율이 51% 이상이면 회사 명의로 대출을 받는다고 하더라도 대표이사의 책임이 가중된다. 따라서 대출해주는 입장에서는 책임소재가 더 분명해지기 때문에 대표이사의 지분율이 51% 이상이길 원한다. 무턱대고 제2금융권에서 높은 이율로 대출을 받지 말고 금융전문가에게 상담을 받아 최대한 혜택을 받을 수 있도록 여러 곳을 알아보는 것이 좋다.

부동산을 소유하고 있거나 신용등급이 양호한 경우에는 시중은행으로부터 담보대출, 신용대출을 받을 수 있다. 하지만 신용등급이 낮은 경우에는 이러한 대출이 쉽지 않을 수 있다. 이럴 때 활용할 수 있는 대출제도가 햇살론 창업자금대출, 미소금융 창업자금대출이다. 이외에도 사업 규모가 작다면 소상공인 정책자금대출을 통해서도 사업자금을 대출받을 수 있다.

창업자금 이용하기

창업하는 사업자는 기본적으로 재무기록이 없어서 개인사업자나 법인사업자의 신용도를 확인할 수 없어 필요한 자금을 금융기관에서 차입하는 데 어려움이 많다. 물론 창업자뿐만 아니라 은행 담당자도 어떻게 지원할 수 있을까 고민이 많은 부분 중 하나이다.

법인 : 창업하는 사업의 업종이 기술력을 가진 아이템이면 기술신용보증기금에서 기술력을 평가하여 보증서 발급을 검토할 수 있다. 물론 기술신용보증기금의 평가기준에 따라 달라진다.

소호기업(개인사업자) : 정책자금을 이용할 수 있다. 소상공인시장진흥공단에서 소상공인정책자금을 동일 인당 7,000만 원까지 추천해주고 있다. 보통 신용보증재단과 연계하여 보증서를 80~100%까지 발급받아 거래할 은행을 지정하면 전자보증서 방식으로 지정한 은행으로 연계되어 보증서를 담보로 은행에서 저리(평균 1.5~3%)로 정책자금을 지원받을 수 있다.

거래은행에 먼저 방문하여 신용보증신청서에 은행의 확인 도장을 받고, 필요 서류와 함께 신용보증재단에서 보증서 발급을 신청한 후 소상공인시장진흥공단에 제출하면 된다. 또는 소상공인시장진흥공단에 먼저 방문하여 추천을 받아 신용보증재단에서 보증서 발급을 신청해도 된다. 최근에는 은행에서 ONE-STOP 서류접수대행을 진행하고 있어, 은행을 한 번만 방문하면 모든 업무 처리가 가능하다.

이런 정책자금도 기본적으로 신용등급이 일정 등급 이상이어야 은행에서 접수가 가능하다. 소상공인시장진흥공단에서 추천했다고 하더라고 신용보증재단에서 보증서 발급이 안 된다면 은행에서 대출을 거절할 수 있다. 요즈음은 정책자금 주체기관과 은행이 함께 일정기간 창업교육을 이수해야 한다는 조건을 충족하면 은행에서 대출해주는 경우도 있다.

서울시 자금(서울소재 소기업 및 소상공인) : 서울시 자금은 소상공인창업자금, 일자리창출우수기업자금, 경제활성화자금 등 일반 지원자금과 일본수출규제피해기업자금, 메르스피해자금, 여성고용우수기업자금 등 그때그때 자금이 배정되는 특별자금이 있다. 경제 상황과 사회적 이슈가 발생하면 지원되는 자금이 추가되기도 한다.

최근에는 코로나19 펜데믹으로 인한 영세한 소상공인에게 지원되는 자금도 나왔다. 1차 소상공인지원대출은 신용등급에 따라 신청은행을 다르게 하여 신용보증재단에서 보증서를 발급하여 1%대의 지원을 마무리했다. 2차 소상공인지원대출이 진행되고 있는데 금액은 1,000만 원으로 1차 때의 단점을 보완하여 은행에서 직접 보증서를 발급할 수 있는 수탁을 받아 신속하게 지원되는 장점이 있다. 물론 1차, 2차 중복 지원은 안 되고 각 은행에서 지원하는 영세 소상공인지원자금과도 중복 지원이 되지 않는다.

사업자금의 종류

다음 표에서 보듯이 사업자금은 은행 차입금, 증여, 자기자본 등으로 마련할 수 있다. 각 자금 마련 방법에 따른 세법상 이슈도 확인해야 한다.

구분	내용	비고
차입금	금융기관의 차입, 정부의 정책자금	일반적인 조달 방법
증여	부모 등으로부터 증여를 받음	증여세 문제
친지 대부	친인척으로부터 차입	이자비용 처리 문제
자기자본	자신이 보유한 자금	절세 효과 없음

금융기관의 차입금인 경우 차입 이자는 비용으로 인정받아 세금을 줄일 수 있다. 다만, 차입금의 용도가 사업과 관련 없는 지출(예 : 주택 및 주식 구입 등)이라면 그에 대한 이자는 비용으로 인정받을 수 없다. 때문에 차입금의 용도를 명확히 규명하여 그에 대한 입증 자료를 갖추어 놓는 것이 중요하다. 한편 친인척 등으로부터 사업자금을 차입하는 경우 다음과 같은 조건에서 비용 처리가 된다.

- 원금 및 이자 지급에 대한 차입약정서(금액·이자율·이자 지급 시기 등)를 작성하고 송금 내용이 확인(통장 입금 내역)되어야 한다.
- 차입금 및 이자비용을 장부에 계상하고 차입금의 용도가 사업 관련임을 입증해야 한다.
- 차입 이자에 대해 27.5%로 원천징수하고 그 내역을 세무서에 신고해야 한다.

개인 간 거래에서 발생한 이자는 비영업대금 이익으로 총지급 금액의 27.5%(지방소득세 포함)를 차감(원천징수)한 잔액을 지급해야 한다. 그러나 현실적으로 그렇게 하기란 쉽지 않아서 이자는 비용으로 처리하기 힘들다.

주주변동 및 세금에 대해

기존 주주 간 주식 거래의 경우 주주는 동일하지만 주식 소유비율이 변동된다. 기존 주주와 외부인과의 주식 거래인 경우 주주 구성의 변동과 함께 각 소유비율이 변동된다. 이러한 경우 모두 주식거래를 할 때 주식매매계약서 작성과 증권거래세 및 양도소득세를 신고해야 한다. 또한 법인세를 신고할 때 주식등변동상황명세서상에 변경된 내용을 기재하는 것도 잊지 말아야 한다.

증권거래세는 양도차익이 발생하지 않아도 총주식거래액에 대해 납부세액이 발생한다. 반면 양도소득세는 양도차익이 발생할 때만 납부세액이 발생한다. 중요한 점은 대주주에 해당하는 경우, 양도소득세에 차이가 있으므로 반드시 확인해야 한다.

• 증권거래세 : 주식양도가액의 0.23%

• 양도세

구분			2020년 1월 1일~
대주주	중소기업	상장 · 비상장	과세표준 3억 원 이하 20%
	중소기업 외	상장 · 비상장	과세표준 3억 원 초과 25% (누진공제 1,500만 원)
		1년 미만 보유	30%
대주주 외	중소기업	상장 & 장외 거래 비상장	10%
	중소기업 외		20%

대주주 범위

구분	2020년 4월 1일 이후 양도
코스피	1% 또는 10억 원 이상
코스닥	2% 또는 10억 원 이상
코넥스	4% 또는 10억 원 이상
비상장	5% 또는 10억 원 이상

사업장은 영업 목적에 따라 집, 오피스텔, 상가 등 다양하다

사업에서 가장 중요한 것이 사업 장소이다. 업종에 따라서는 사업 장소가 사업의 성공 여부를 좌우하기도 한다. 세무서에 사업자신고를 할 때도 자택에서 사업을 시작하는 것이 아니라면 사업장에 대한 임대차계약이 필요하다. 법인사업자의 경우 별도의 사업장이 없으면 사업자등록증이 발급되지 않거나 관할 시·군·구청에서 사업 인·허가증이 발급되지 않을 수 있다. 사업자가 주택이 아닌 건물이나 상가를 소유하고 있다면 임대차계약서 대신 부동산등기부등본을 제출하면 된다.

사업 장소 정하기

장사가 잘 되는 지역이 일반적으로 입지 여건이 좋은 곳이지만 대부분 높은 임대료에 권리금까지 있어 초기 투자비용이 많이 들 뿐만 아니라 매물도 많지 않다. 따라서 투자 대비 사업성과 이에 따른 적정매출의 달성까지 고려하여 먼저 업종을 선정한 후 알맞은 입지를 찾는 것이 중요하다. 어렵게 구한 상가에서 사업을 할 수 없게 되면 큰 낭패이므로 자신이 구한 장소가 사업에 맞게 사용 가능한지를 먼저 확인해야 한다.

또한 업종별로 사업장에서 발생하는 오수 발생량이 차이가 있다. 사업장에서 발생하는 오폐수의 양에 따라서 그 오폐수를 발생시키는 원인을 제공한 사업자에게 부과하는 원인자부담금의 규모도 달라진다.

위법 건축물인지를 확인하는 것도 중요하다. 위법 건축물일 경우 영업허가가 나오지 않을 수 있다. 이러한 사항을 확인하려면 부동산등기부등본 이외에 건축물대장도 살펴보고 소유자가 일치하는지, 실제 지번이 일치하는지 등을 확인해야 한다. 그리고 건물의 주차 가능 대수 등도 확인하는 것이 좋다.

상권 조사하기

입지 선정을 위해서는 상권조사가 우선되어야 한다. 입지 예정 지역에서 거리를 기준으로 1차 상권과 2차 상권을 표시한 뒤, 그 범위에 있는 경쟁점포(유사 업종)를 표시한다. 이후 상권 내의 기존 업체들의 업종과 점포 크기, 상호, 상품구성, 가격대를 조사하여 수요예측과 그에 맞는 마케팅 전략을 수립한다.

상권조사에서 중요한 것은 입지 예정 상권의 유동인구를 조사하는 것이다. 유동인구를 조사할 때에는 점포의 예상 규모, 주변에 랜드마크나 백화점 등 사람들을 끌어들일 만한 유인이 있는지, 상권에 거주하는 사람들의 소비 형태, 지형에 따른 교통 인프라, 지리적 위치 등 다양한 요인들을 감안해야 한다. 이렇게 상권의 형태와 규모를 파악한 뒤, 구청이나 주민센터, 통계청의 자료를 활용해 범위 안의 주민수를 계산함으로써 대략적인 잠재고객 수를 산출할 수 있다.

- 1차 상권 : 약 500m 이내의 거리(걸어서 5분 이내의 거리)
- 2차 상권 : 500~1,000m 이내의 거리(걸어서 5~10분 이내의 거리)

소상공인진흥공단에서 운영하는 상권정보시스템(https://sg.sbiz.or.kr)을 활용하여 사전분석 후, 직접 현장을 실사해보며 분석해야 한다.

상권조사의 주요 항목	
통계 자료 조사	인구수, 세대수, 가족구성원 수, 주거 형태(단독주택, 아파트복합형)
상권 형태 및 규모 파악	주간 상권, 야간 상권, 고정 상권, 유동 상권
통행 인구 조사	성별, 연령별, 시간대별, 요일별 통행객 수를 관찰하고 통행객의 성격, 통행객의 수준 파악한다.
통행 차량 조사	통행 차량의 수와 어느 시간대에 많이 지나가는지 파악한다.
경쟁 점포 조사	예상되는 경쟁 점포의 이용객 수, 계층, 제품의 가격대, 매장 구성의 장단점을 파악한다.
추정 매출 조사	관련 업종·유사 업종의 매출액, 계층/제품대의 가격대, 매장 구성의 장단점을 파악한다.
상권의 향후 전망	주변 상권의 확대·축소 가능성을 파악하고 대형 접객시설의 개발 정보를 수집하며 주변 건물의 신축, 철거 계획 등을 파악한다.

여기서 잠깐!

소상공인시장진흥공단 상권정보시스템 활용

우선적으로 확인해야 할 사항은 동종 또는 유사업종의 점포 수를 파악하는 것이다. 입지는 고정되어 있는 것이 아니라 주변 환경에 따라 변하기 때문에 점포 임대료, 권리금, 개발계획 등의 변화 가능성도 고려해야 한다. 소상공인시장진흥공단 상권정보시스템(https://sg.sbiz.or.kr)을 이용하면 입지 선정과 관련된 상권분석 정보와 점포에 대한 상세 정보 등 창업을 위한 점포계약에 유용한 정보를 얻을 수 있다. 또한 상권 통계 정보도 제공된다. 상권정보시스템이 제공하는 점포이력평가서비스를 활용하면 10여 년간의 점포에 대한 이력 및 평가 정보를 얻을 수 있는데, 점포이력평가서비스는 지방자치단체의 점포이력정보(음식 및 위생업종의 인허가 정보)와 BC 카드사 신용카드 거래 데이터, 부동산 가격 정보 등 7억 4,000만여 건에 달하는 빅 데이터를 가공한 것으로 신뢰성 있는 정보를 수집할 수 있다.

- **간단분석** : 행정동 및 업종에 대한 추정 매출, 업소 수, 유동인구 정보 제공
- **상세분석** : 상권분석, 경쟁분석, 입지분석, 수익분석 등 데이터 기반의 분석 서비스 제공
- **통계 서비스** : 업력, 지역 현황, 임대료 통계, 실태조사 결과 등 소상공인·상권 관련 전반적인 통계 정보 제공

공정거래위원회 가맹사업거래 홈페이지(https://franchise.ftc.go.kr)에서 다음 내용이 열람 가능하다.
- 프랜차이즈 정보공개서
- 가맹사업자를 위한 가맹사업거래 분쟁 예방 체크리스트
- 가맹본부를 위한 가맹사업거래 분쟁 예방 체크리스트

상가임대차계약 하기 전 확인할 것

상가임대차계약을 체결하기 전에 반드시 계약 당사자를 확인해야 한다. 만약 상가 소유자가 여러 명이라면 계약을 체결하는 상대의 공유지분이 과반수를 넘는지 확인해야 한다. 과반수 지분권자가 아니라면 다른 공유자들도 함께 상가임대차계약을 체결해야 이후 분쟁을 막을 수 있다.

그 외에 임대차계약을 체결하면서 누수 등 하자가 있는지, 미납 공과금 여부에 대하여 확인해야 한다. 계약 체결 후 잔금을 지급하고 상가를 인도받을 때까지 추가로 근저당권을 설정하지 않는다는 특약사항을 추가하면 혹시 모를 손해를 방지할 수 있다.

상가 경매에 대비하기 위해서는 상가임대차계약에 대해 확정일자를 받는 것이 좋다. 상가임대차 계약을 체결한 후, 관할 세무서에 사업자등록 신청을 할 때 확정일자를 받으면 된다.

상가임대차보호법이란?

소중한 가게를 지키기 위해 잘 알아두어야 하는 법 중 하나가 상가임대차보호법이다. 상가임대차보호법은 영세 상인들이 안정적으로 생업에 종사할 수 있도록 과도한 임대료 인상을 방지하고, 세입자의 권리를 보장하기 위한 법으로 적용 대상은 지역별로 다르다. 상가임대차보호법의 내용은 다음과 같다.

- **임대차 존속기간 보장** : 최대 10년간의 계약갱신요구권 보장
- **대항력 발생** : 임차인이 건물을 인도받고 사업자등록을 신청하면 이후 건물의 소유주가 바뀌어도 새로운 소유주에 대해 임차권 주장 가능
- **우선변제권 보장** : 대항력을 취득하고 확정일자를 받은 경우 전세권등기와 같은 효력을 인정하여 경매·공매 시 후순위 채권자보다 우선변제
- **임대료 인상 상한선 설정** : 연 5%의 범위 내 인상 가능

상가임대차보호법이 모든 상가에 적용되는 것은 아니다. 상가건물임대차보호법 시행령 제2조의 규정에 따라 '대통령령으로 정하는 보증금액'으로 임차된 상가에만 적용된다. 최초 상가임대차계약을 체결한 날을 기준으로 당시 적용되고 있는 시행령이 적용되는데 과거 수차례 시행령이 개정되어 금액의 변동이 있었기 때문에 법 적용 시점을 잘 확인해야 한다. 상가임대차보호법의 보증금은 2019년 4월 2일부터 다음과 같이 적용된다.

- 서울특별시 : 9억 원 이하
- 과밀억제권역, 부산지역 : 6억 9,000만 원 이하
- 광역시(수도권정비계획법에 따른 과밀억제권역에 포함된 지역과 군지역, 부산광역시는 제외한다), 세종특별자치시, 파주시, 화성시, 안산시, 용인시, 김포시 및 광주시 : 5억 4,000만 원 이하
- 그밖의 지역 : 3억 7,000만 원 이하

이때 보증금 외에 차임이 있는 경우는 월 단위의 차임액에 100을 곱해서 보증금과 합산한 금액이 보증금이 된다. 예를 들어 서울에 위치한 보증금 2억 원에 월 차임 700만 원인 상가의 총 환산보증금은 9억 원[2억 원+7억 원(= 700만 원×100)]으로 상가건물임대차보호법 적용 대상이 되어 상가임대차보호법이 적용된다.

이때 주의할 점은 현재 상가를 임차하여 사업을 하고 있으나 사업자등록을 하지 않은 임차인의 경우 이 법의 보호를 받을 수 없다. 때문에 반드시 사업자등록신청을 해야 한다. 그리고 관할 세무서에서 사업자등록신청을 하면서 확정일자도 함께 받아두는 것이 좋다.

산 너머 산, 권리금

점포를 구하는 데 있어 가장 신경 쓰이는 부분이 권리금 문제이다. 이는 권리금 산정 기준에 원칙이 있는 것이 아니고, 지역에 따라 금액이 다른 경우가 대부분이기 때문이다. 권리금이란 임대차에 부수해서 그 부동산이 가지는 특수한 장소적 이익의 대가이다. 임차 보증금, 점포의 임대료, 매월 임차료 외에 추가로 부담하는 금액인데 보통 점포를 매도함으로써 포기해야 하는 시설비 등에 대한 보상의 의미가 있다.

권리금은 형성 방식에 따라 바닥권리금, 영업권리금, 시설권리금 등으로 구분한다. 바닥권리금은 일반적으로 상권과 입지를, 영업권리금은 단골 규모를, 시설권리금은 기존 시설 투자금액에 일정한 감가상각을 한 뒤 남은 시설의 잔존가치를 반영한다. 연간 순수익의 합계와 입지 조건, 점포 크기, 시설비 등을 감안해 평가하지만 합리적인 산정 기준에 따른 대가 여부를 확인하기 어려운 면이 있다.

여기서 잠깐!

권리금 관련 상가임대차보호법

'상가임대차보호법'은 상가임차권 및 권리금 보호대책으로 임차인의 대항력 인정 범위 확대, 권리금 회수 기회 보호·강화, 권리금 보호 인프라 구축 등의 내용을 포함하고 있다. 권리금 산정 방식은 국토교통부에서 고시한다. 만약 권리금 액수를 놓고 갈등이 벌어질 때는 각 시·도에 설치된 분쟁조정위원회에서 고시에 바탕을 두고 결정한다.

권리금 회수 보호의무

임대차 관계가 종료될 때 임차인이 권리금을 회수할 수 있는 기회를 보호하도록 임대인에게 의무를 부과하고 있다. 그 의무를 위반하면 임대인은 손해를 배상해야 한다. 그러나 임대인의 보호의무는 임차인의 권리금 회수에 대한 적극적 보호의무가 아니라 방해 금지를 의미하는 소극적 협력의무다. 임차인이 새로운 임차인과 협상을 통해 좀 더 안정적으로 권리금을 회수할 기회를 보장할 뿐, 기존에 지불한 권리금 자체를 임대인에게 주장할 수는 없다. 다만, 대법원은 계약갱신요구권 행사기간이 지난 경우에도 임대인이 임차인에 대하여 권리금 회수 기회 보호의무가 있다고 판단하고 있다.

임차인이 월세를 3번 이상 연체하거나, 부정한 방법으로 임차하는 등 의무를 현저히 위반해 계약갱신이 거절됐거나, 임대인이 보상을 제공하고 계약을 갱신하지 않은 경우, 임차인이 임대인의 동의 없이 전대했거나 건물의 파손, 멸실, 재건축, 안전 등의 이유로 계약을 갱신하지 않은 경우에는 임대인의 보호의무가 면제된다.

권리금 관련 세무에 대해 알아보자

상가 권리금은 기타 소득으로 보아 과세된다. 만약 권리금이 750만 원 이하일 경우 권리금의 8%를 소득세로 납부한다. 하지만 750만 원을 넘어서면 다른 소득과 합산하여 종합소득세 대상이 되고, 일반세율이 적용되어 최대 42%가 부과될 수 있다.

권리금을 지급한 날 기준 다음 달 10일까지 기타소득세를 납부해야 하며, 또한 기타소득세의 10%를 지방소득세로 납부해야 한다.

CASE 1. 상가권리금 지급액이 750만 원 이하인 경우

- 5월 1일 : 권리금 750만 원 지금

- 6월 1~10일 : 기타소득세 및 지방소득세 신고 및 납부(8.8%)

- 다음 해 5월 1~25일 : 종합소득세 신고(기타 소득금액이 300만 원

  이하인 경우, 합산신고 선택)

CASE 2. 상가권리금 지급액이 750만 원을 초과하는 경우

- 5월 1일 : 권리금 1,000만 원 지급

- 6월 1~25일 : 기타소득세 및 지방소득세 신고 및 납부(8.8%)

- 다음 해 5월 1~25일 : 종합소득세 합산 신고(무조건 합산 대상)

  ⇨ 다른 소득과 합산하여 신고하고 이미 납부한 세금은 기납부

  세액으로 공제

Q&A 어떻게 해야 상가권리금을 보호받을 수 있나요?

원칙적으로 임차인은 임대인에게 권리금의 반환을 요구할 수 없고, 새로운 임차인에게 지급받을 수밖에 없다. 상가임대차보호법 역시 임대인은 임차인의 권리금 회수를 방해해서는 안 된다고 규정하고 있을 뿐이다. 다만, 임대인의 사정으로 임대차계약이 중도에 해지되어 원래 보장된 기간 동안 이용할 수 없게 되는 등의 특별한 사정이 있을 때에는 대법원 판례에 따라 임대인이 임차인에게 권리금을 반환해야할 의무가 생긴다.

창업시설 안내

　지원사업마다 다르지만 일반적으로는 사업자등록 전인 예비창업자도 정부지원사업 신청이 가능하다. 창업보육센터란 창업자에게 시설·장소를 제공하고 경영·기술 분야에 대해 지원하는 것을 주된 목적으로 설립되어 운영되는 센터를 의미한다. 절차를 안내할 수도 있고, 창업 관련 컨설팅을 받을 수 있도록 지원하기도 한다. 창업보육센터 등록 자격은 해당 센터마다 조금씩 다르고, 입주보증금도 센터마다 다르다.

창업보육센터 네트워크시스템(https://www.smes.go.kr/binet)
⇨ **알림마당** ⇨ **주요모집공고** ⇨ **입주기업모집**

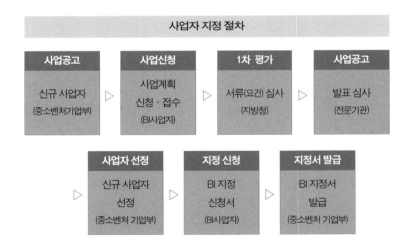

　창업보육센터 : 예비창업자 및 3년 미만 창업자에게 사무 공간, 기술·경영 컨설팅 등을 제공하여 안정적인 경영활동 및 지속적인 성장을 지원한다.

지원 대상 : 예비창업자와 입주 신청일 현재 중소기업을 창업하여 사업을 개시한 날로부터 3년이 경과되지 않은 기업

창업에서 제외되는 업종

- 금융 및 보험업
- 부동산업
- 숙박 및 음식점업(호텔업, 휴양콘도 운영업, 기타 관광숙박시설 운영업 및 상시근로자 20인 이상의 법인인 음식점업은 제외한다.)
- 무도장 운영업
- 골프장 및 스키장 운영업
- 기타 겜블링 및 베팅업
- 기타 개인 서비스업(그외 기타 개인 서비스업은 제외한다.)
- 그 밖에 제조업이 아닌 업종으로써 중소벤처기업부령으로 정하는 업종

K-Startup 창업공간플랫폼(https://slp.k-startup.go.kr/) : 정부에서 지원하는 전국의 창업 공간(사무실 임대)에 대한 정보를 한 곳에서 볼 수 있다. 입주 공간(사무실), 입주기업 대상 지원 프로그램, 임대료 등을 확인할 수 있다.

창조경제혁신센터(https://www.kised.or.kr) : 예비창업자 및 창업 3년 미만 기업을 대상으로 멘토링, 창업교육, 투자유치 IR, 창업경진대회, 지역 창업자·기업 간 네트워킹, 마케팅·판로 개척, 글로벌 진출 등을 지원한다.

숍인숍 창업
·····················

숍인숍 창업은 말 그대로 '점포 안에 점포'가 입점하는 형태로, '인숍'으로 줄여 말하기도 한다. 영업 중인 점포의 코너 또는 출입구 주변을 임차하여 독립된 작은 형태의 점포를 여는 방식이다. 예를 들어 음식점의 내부에 작은 규모로 커피를 판매한다거나 편의점 내부에 셀프빨래방을 결합시킴으로써 운영 중인 가게에 새로운 품목을 추가하여 복합적인 형태로 변모시킬 수 있다.

숍인숍 창업의 장점은 소자본으로도 창업할 수 있다는 데 있다. 새로운 점포를 구할 때 필요한 권리금, 보증금, 인테리어 비용을 절약할 수 있어 창업 실패의 가능성을 줄일 수 있다. 즉 숍인숍 창업의 성공 가능성은 대규모 투자비용보다는 좋은 목을 선정할 수 있는 창업자의 안목과 활성화되지 않은 상가를 찾아내 협상하는 능동적인 자세에 있다.

또한 하나의 아이템만으로는 만족할 만한 수준의 고객 수요를 창출하지 못하지만 대형마트 안의 푸드코트, 커피전문점, 아이스크림 전문점처럼 식사를 하러 방문한 사람들이 마트에서 쇼핑도 하게 되는 것처럼 시너지 효과를 얻을 수 있다. 즉 부가적인 매출뿐만 아니라 신규 수요를 창출해 보다 효율적인 점포 운영이 가능한 것이다.

숍인숍 창업은 보증금 없이 월세를 내는 조건이 많기 때문에 계약 관계를 명확하게 해야 한다. 관리비 등의 항목을 명시한 계약서를 작성하여 갑자기 문을 닫아야 하는 경우가 생기지 않도록 각별한 주의가 요구된다.

임차인은 사업자등록증을 내고, 건물주 동의하에 기존 사업자와의 전대차계약을 한다. 신용카드 단말기 등은 명의를 분리해서 매출을 명확히 구분하여 세금 신고를 해야 한다.

법인이라는 새로운 인격의 탄생

법인사업자로 사업을 시작하기 위해서는 사업자등록 전에 법인이 설립되어야 한다. 법인 설립을 위해서는 먼저 자본금을 준비한 후 법인설립등기를 한다. 법인 설립등기가 완료되면 법인등록번호와 함께 새로운 법인격이 탄생하게 되어 사업자등록을 할 수 있다.

법인등기 시 자본금을 확정해야 하기 때문에 자본금을 미리 마련해야 하고, 별도로 등기비용도 발생한다. 현행 상법은 회사 설립 시 자본금의 최저기준을 두고 있지 않으므로 자본금이 100원만 있어도 법인을 설립할 수 있다. 단, 자본금에 대한 제한이 없다고 해서 자본금을 낮게 설정할 경우, 법인 신용카드 한도 제한 및 회사의 재무비율이 좋지 않아서 계약 시 불리하게 작용할 수 있다. 추후 자본금을 증자하면 증자에 따른 등기수수료가 추가로 발생하므로 초기 자본금 설정은 신중하게 고려해야 한다.

법인 설립 절차

법인 설립은 다음의 과정을 거친다.

법인 설립 자금	설립을 위한 자본금에는 최소 제한이 없다.
상호	대법원 인터넷등기소(www.iros.go.kr)에서 상호 중복 여부를 확인할 수 있다.
주주	주주와 각 지분율을 정한다.
사업 목적	법인이 설립된 후 사업 목적을 추가하려면 다시 법인등기를 변경해야 하는 번거로움이 있다. 이후 하려는 사업이 있고 인·허가가 필요한 사업이 아니라면 미리 사업 목적을 정하는 것이 좋다.
법인설립등기	사업장 위치와 자본금에 따라 등기 비용이 달라진다.
사업장 임대차계약	임대차계약은 법인 명의(법인상호와 법인등기번호)로 계약해야 한다. 개인 명의로 임대차계약이 되었다면 법인 명의로 임대차계약서를 다시 작성해야 한다.
허가 등 사업 신청·신고	허가가 필요한 업종일 경우 사업장 관할 구청 등에서 허가를 받아야 한다.
사업자등록 신청	법인 등기부등본, 임대차계약서 등을 가지고 사업자등록 신청을 한다.
법인통장 등 개설	법인 계좌 및 법인카드, 공인인증서 등을 개설한다.

법인 설립 시 확인해야 할 것

- 법인 설립 방식 : 모집 설립, 발기 설립 중 선택

- 상호(한글/영문)

- 본점, 지점의 소재지

- 사업의 목적

- 이사와 감사의 성명 및 주소(대표이사, 사내이사, 사외이사 등)

- 공고의 방법

- 1주의 금액과 발행할 주식의 총수, 자본금 총액

- 잔고증명서

- 결산기

온라인에서 셀프로 법인 설립하는 법

법인 설립을 법무사 등에게 의뢰하지 않고 직접 해보길 원한다면, 온라인법인 설립시스템(www.startbiz.go.kr)에서 직접 도전할 수 있다. 법인 설립 체험관 메뉴에서 법인 설립 절차를 체험하고, 법인 설립 예상 소요비용도 계산해볼 수 있으며, 작성 매뉴얼도 제공된다. 하지만 셀프로 법인을 설립할 경우 회사의 특수한 상황을 고려하여 추가적인 내용을 정관에 기재하고 싶을 때 법률 자문을 받기 어렵다.

법인 설립 체험관_ 법인설립 절차를 체험해볼 수 있다.

주주는 어떻게 구성될까

주식의 1주 가액, 주식비율, 주주명부로 구성된다.

임원은 어떻게 구성해야 할까

자본금 10억 원 미만 회사의 이사 정원은 1명 또는 2명으로도 가능하나 자본금이 10억 원을 넘으면 대표이사를 포함한 이사는 3명 이상이어야 한다. 자본금 10억 원 미만인 회사의 경우 감사를 두지 않아도 된다. 대표이사를 포함한 이사 등

임원에게는 임원으로서의 책임이 있다. 이사가 고의, 과실로 법률 또는 정관을 위반하거나 그 임무를 게을리한 때에는 손해를 배상해야 한다. 이사회 결의에 따른 것이라고 하더라도 그 결의에 찬성한 이사는 손해를 배상할 책임을 부담한다. 회사 외 제3자에게 손해를 끼친 경우에도 마찬가지다. 또한 이사는 재임뿐만 아니라 퇴임 후에도 회사의 영업 비밀을 누설해서는 안 된다.

과점주주 여부를 확인하자!

주식의 50%를 초과하여 보유하는 주주를 과점주주라 한다. 그런데 1인이 보유한 주식이 50%를 초과하지 않더라도 과점주주가 될 수 있다. 주주의 6촌 이내의 혈족, 4촌 이내의 인척, 사실상 혼인관계에 있는 자를 포함한 배우자, 친생자로서 다른 사람에게 친양자 입양된 자 및 그 배우자, 직계비속 등이 가지고 있는 소유 주식 합계가 발행주식 또는 출자총액의 50%를 초과하면 과점주주가 된다.

따라서 주주가 가진 주식이 전체 주식의 절반이 되지 않더라도 일정 범위 내에 있는 친·인척의 소유 주식 합계가 전체 주식의 절반이 넘고, 그 권리를 실질적으로 행사하고 있다면 과점주주가 되는 것이다.

부동산이 많은 법인의 주식 이동 시 주의할 점

부동산이 많은 법인이 발행한 주식을 갖고 있는 상태에서 과점주주가 되면 취득세를 추가로 내게 된다(과점주주의 간주취득). 다만 회사 설립 시에는 이런 규정을 적용하지 않는다. 따라서 사업연도 중 주식을 제3자로부터 매입하여 과점주주가 되면(또는 과점주주 된 상태에서 지분율이 높아지면) 취득세를 추가로 부담한다.

영업 신고 및 인허가하는 법

사업은 아무나 하나!
사업 전 인허가 사항 확인받으세요

업종에 따라서 영업신고 또는 허가가 필요한 경우가 있으며 관계 법령에 따라 사업 개시 전에 행정관청으로부터 허가를 받거나 행정관청에 등록 또는 신고를 우선 마쳐야 사업자등록을 할 수 있는 사업이 있다. 자신의 사업이 이러한 인허가 업종임에도 사업허가나 등록·신고 등을 하지 않으면 불법영업이 되어 행정관청으로부터 사업장 폐쇄, 과태료, 벌금 등의 불이익 처분을 받게 된다. 자신이 하려는 사업이 인허가 업종인지 여부를 확인하기 위해서는 사업장 관할 시·군·구청 인허가 담당자에게 문의하면 된다.

주요 인허가 업종			
민원 사무명	근거 법규	소관부처	비고
건강기능식품 영업신고	건강기능식품에 관한 법률 제6조	식품의약품안전처	신고
건설기계매매업 등록	건설기계관리법 제21조	국토교통부 건설산업과	등록
건설업 등록	건설사업기본법	국토교통부 건설산업과	등록
단란주점 영업	식품위생법 제22조 제1항	보건소 보건위생과	허가

국내(국제) 결혼중개업 신고(등록)	결혼중개업의 관리에 관한 법률 시행 규칙	여성가족부 다문화가족과	신고 (등록)
경비업 허가 신청	경비업법 제4조	경찰청 범죄예방정책과	허가
부동산중개사무소	공인중개사법 제9조	국토교통부 제9조	등록
노래연습장업 등록	음악산업진흥에 관한 법률 제18조	문화체육관광부 대중문화산업과	등록
방문, 전화권유, 다단계판매 등 특수판매업 사업자단체 등록	방문판매 등에 관한 법률 제54조	공정거래위원회 특수거래과	등록
담배소매인 지정신청	담배사업법 제16조	기획재정부 출자관리과	등록
대부중개업 등록	대부업 등의 등록 및 금융이용자 보호에 관한 법률	금융위원회 가계금융과	등록
동물병원 개설 신고	수의사법 제17조 제3항	농림축산식품부 방역정책과	등록
목욕탕 등 공중위생영업 신고	공중위생관리법 제3조	보건복지부 건강정책과	신고
보험대리점 등록	보험업법 제87조	금융위원회 보험과	등록
비디오물 시청 제공업 등록	영화 및 비디오물의 진흥에 관한 법률	문화체육관광부 영상콘텐츠산업과	등록
산후조리원 신고	모자보건법 시행규칙	보건복지부 출산정책과	신고
안경업소 개설 등록	의료기사 등에 관한 법률 제12조 제3항	보건복지부 의료자원정책과	등록
관광사업 등록	관광진흥법 제4조 제2항	문화체육관광부 관광산업정책과	등록
학원	학원의 설립 · 운영 및 과외교습에 관한 법률 제6조	교육부 교육지원청	등록

사업자등록하기
세무서에 등록하고
사업해야 합니다

사업 형태가 어떠하든 사업자가 되면 가장 먼저 해야 하는 것이 세무서에 가서 사업자등록증을 신청하는 것이다. 사업자등록을 신청할 때는 신청서에 사업장 위치와 상호명, 업종, 업태 등을 기재한다. 그리고 사업장이 여러 곳인 경우 각 사업장마다 해당 사업장의 관할세무서에서 사업자등록 신청을 한다. 세무서에 직접 가지 않고 홈택스(www.hometax.go.kr)에서 신청할 수도 있다. 개인사업자의 경우 통신판매업, 주택임대업으로 사업자등록 신청을 할 때 홈택스에서 업종별 맞춤화면이 제공되므로 보다 쉽게 신청이 가능하다.

사업자등록증 없이 사업을 할 경우 사업자등록 전에 이루어진 거래에 대해서는 미등록가산세가 발생한다. 그리고 세금계산서 발행이 불가능하여 관련한 매입 시 지급한 부가세를 공제받을 수 없는 등의 불이익이 있으므로 사업 개시 20일 이내 사업자등록 신청은 필수이다.

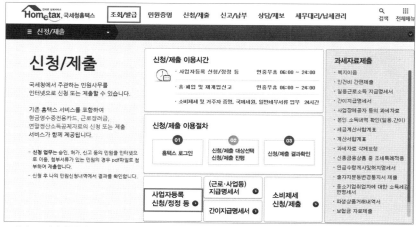

△ 홈택스_ 사업자등록을 신청할 수 있다.

TIP!

사업자등록 상태 조회

홈택스에서 사업자등록 상태를 간편하게 조회할 수 있다(홈택스 ⇨ 조회/발급 ⇨ 사업자 상태). 홈택스에서 사업자등록 유무, 사업자등록 상태(계속사업자, 휴·폐업 여부), 과세 유형을 알아볼 수 있다. 국세청 홈페이지에서도 사업자등록 상태(계속사업자, 휴·폐업 여부), 과세 유형을 알아볼 수 있다. 국세청 홈페이지의 경우 매주 월요일에 업데이트되므로 최장 7일의 시차가 발생할 수 있다.

사업자등록 신청서 작성하기

사업자등록 신청을 할 때 개인사업자와 법인사업자의 신청서 양식이 다르기 때문에 반드시 사업자를 구분하여 신청서를 작성해야 한다. 신청서를 작성할 때 모르는 부분은 세무서 민원실 담당직원에게 물어봐도 되고, 국세청 홈페이지에서

'사업자등록 신청서'를 검색해 먼저 작성해보는 것이 좋다. 중요한 점은 법인의 경우 업종을 추가하기 위해서는 해당 업종에 대한 사업 내용이 회사 정관의 목적사항에 기재되어야 한다. 추후 사업 확장 등을 고려하여 정관을 작성할 때 목적사항에 다양한 사업 내용을 기재하는 것을 추천한다. 목적사항이 없는 사업의 경우, 정관을 재작성하고 변경등기를 해야 하는데, 이때 등록면허세 등이 발생한다.

여기서 잠깐!

사업자등록 신청할 때 챙겨야 할 서류

1. 신분증
2. 사업자등록 신청서 1부(세무서에 비치)
3. 임대차계약서 사본(법인의 경우, 법인 명의로 임대차계약)
4. 허가(등록, 신고) 사업에 해당하는 경우 허가증 사본
5. 금지금 도·소매업 및 과세 유흥장소에서 영업을 하려는 경우 자금 출처명세서
6. 대리인 방문 시 본인과 대리인의 신분증, 위임증서(자필서명)
7. 2인 이상 공동사업 시 동업계약서(1인을 대표자로 하여 신청)
8. 재외국민·외국인인 경우 입증서류(여권 사본, 외국인등록증 사본 등)
9. 법인의 경우, 법인등기부 등본과 정관, 주주 또는 출자자명세서, 현물출자 시 현물출자명세서, 법인인감

- 상가건물임대차보호법에 의한 확정일자를 받고자 하는 경우, 임대차계약서 원본(건물의 일부를 임차한 경우 해당 부분의 도면)
- 사업 포괄양수 시 양도·양수계약서 사본을 첨부한 사업양도신고서 제출

■ 부가가치세법 시행규칙 [별지 제4호서식] <개정 2015.3.6.>　　　　홈택스(www.hometax.go.kr)에서도 신청할 수 있습니다.

사업자등록 신청서(개인사업자용)
(법인이 아닌 단체의 고유번호 신청서)

※ 사업자등록의 신청 내용은 영구히 관리되며, 납세 성실도를 검증하는 기초자료로 활용됩니다.
　아래 해당 사항을 사실대로 작성하시기 바라며, 신청서 본인이 자필로 서명해 주시기 바랍니다.
※ [　]에는 해당되는 곳에 √표를 합니다.

(앞쪽)

접수번호		처리기간	3일(보정기간은 불산입)

1. 인적사항

① 상호(단체명)		전화번호	(사업장)
			(자택)
② 성명(대표자)			(휴대전화)
주민등록번호		FAX번호	
③ 사업장(단체) 소재지			층　　　호

2. 사업장 현황

④ 업종	주업태		주종목		주생산요소		주업종 코드		개업일	종업원 수
	부업태		부종목		부생산요소		부업종 코드			

⑤ 사이버몰 명칭			사이버몰 도메인	

⑥ 사업장 구분	자가면적	타가면적	사업장을 빌려준 사람 (임 대 인)			임대차 명세			
			성 명 (법인명)	사업자 등록번호	주민(법인) 등록번호	임대차 계약기간	(전세) 보증금	월 세	
	㎡	㎡				·　·　· ~ ·　·　·	원	원	

⑦ 허가 등 사업 여부	[ ]신고　　[ ]등록 [ ]허가　　[ ]해당 없음	주류면허	면허번호	면허신청
				[ ]여 [ ]부

개별 소비세 해당 여부	[ ]제조　　[ ]판매　　[ ]입장　　[ ]유흥

⑧ 사업자금 명세 (전세보증금 포함)	자기자금	원	타인자금	원

사업자 단위 과세 적용 신고 여부	[ ]여　　　[ ]부	⑨ 간이과세 적용 신고 여부	[ ]여　　[ ]부

전자우편주소		국세청이 제공하는 국세정보 수신동의 여부	[ ]동의함 [ ]동의하지 않음

⑩ 그 밖의 신청사항	확정일자 신청 여부	공동사업자 신청 여부	사업장소 외 송달장소 신청 여부	양도자의 사업자등록번호 (사업양수의 경우에만 해당함)
	[ ]여 [ ]부	[ ]여 [ ]부	[ ]여 [ ]부	

210㎜×297㎜[백상지 80g/㎡ 또는 중질지 80g/㎡]

① 상호 : 미리 생각해둔 상호를 기입한다. 상호를 생각하지 않고 사업자등록을 하러 갔다면 임 의로 작성한 후 정정신고를 통해 수정해도 된다. 하지만 미리 신중하게 상호를 정하고 사업 자등록을 하는 게 좋다.

② 성명, 주민등록번호 : 본인의 성명과 주민등록번호를 적는다. 공동사업자일 경우 대표자 1인 을 정하여 그 대표자의 성명, 주민등록번호를 적는다.

③ 사업장 소재지, 전화번호, FAX 번호 : 사업장 소재지의 주소와 연락처를 적는다.

④ 업종 : 본인이 실제 운영할 업종을 적는다. 한국표준산업분류에 따라 작성해야 하지만, 잘 모 르겠다면 세무서 담당 직원에게 물어본 뒤 작성한다.

⑤ 사이버몰 명칭, 사이버몰 도메인 : 인터넷쇼핑몰을 운영한다면 그 명칭과 도메인 주소를 적 는다. 인터넷쇼핑몰 창업자는 사업자등록을 한 뒤, 사업장 소재지 관할 시·군·구청에 통신판 매업 신고서를 제출한다.

⑥ 사업장 구분 : 자가/타가를 구분하여 작성하고 임대인에 대한 정보와 임대차 내용을 기재한 다. 타가인 경우, 임대차계약서를 반드시 확인해서 작성한다. 만약 전대차계약인 경우에는 해당 사업장 임대인의 승낙을 받아야 한다. 보증금과 임차료를 내지 않을 때에도 임대차계 약서 작성은 필수이다.

전대차계약이란?
⇨ 임대인 A가 임차인 B와 임대차계약, 다시 임차인 B가 임차인 C에게 임대차계약을 하는 경우를 전대차계약이라고 한다. 이때 임대인 A의 승낙이 필요하다.

⑦ 허가 등 사업 여부 : 하고자 하는 사업이 허가 등을 필요로 하는 사업인지 여부를 확인한다.

신고·등록·허가가 필요한 사업이라면 해당 확인서류를 첨부해야 한다. 허가 등이 필요한 사업은 반드시 허가 등 처리기관에 어떠한 요건(처리 절차, 소요기간, 경비, 시설 기준, 자격 요건, 구비서류 등)을 갖추어야 하는지, 그리고 어떠한 절차를 거쳐야 하는지 정확히 확인한다.

⑧ 사업자금 명세 : 금지금, 도·소매업 및 과세 유흥장소에서 영업하려는 경우, 자금출처명세서를 제출해야 한다. 전세보증금이 있는 경우에는 그에 대한 정보도 기재한다.

⑨ 간이과세 적용 여부 : 개인사업자의 경우 간이과세자를 적용받을지를 고려한 후 작성한다.

⑩ 그 밖의 신청 사항 : 상가건물임대차보호법에 의해 확정일자를 받을 경우, 확정일자 신청 여부에 '여'를 체크하고 임대차계약서 원본(건물의 일부를 임차한 경우, 해당 부분의 도면도 함께)을 제출한다. 공동사업자라면 공동사업자 신청 여부에 '여'를 체크하고 공동사업계약서를 제출한다.

▷ 개인사업자
사업자등록신청서
작성 방법
QR 코드

사업자등록을 할 때 확정일자도 함께 받아보자

사업장 건물이 경매 또는 공매되는 경우 임차인이 상가건물임대차보호법의 보호를 받기 위해서는 반드시 사업자등록을 하고 확정일자를 받아야 한다. 즉 주택은 전세 계약을 한 후 바로 주민센터에 가서 확정일자를 받는데, 사업자 역시 월세 계약을 하더라도 일정한 보증금이 있기 때문에 세무서에 가서 사업자등록신청을 할 때 원본 임대차계약서를 가지고 가서 받을 수 있다. 건물을 임차하고 사업자등록을 한 사업자가 확정일자를 받아 놓으면 임차한 건물이 경매나 공매로 소유권이 넘어가는 경우에도 확정일자를 기준으로 후순위권리자에 우선해 보증금을 변제받을 수 있다. 확정일자는 사업자등록신청서, 임대차계약서 원본, 본인 신분증을 가지고 관할세무서 민원실에 가서 신청하면 된다.

Q&A 간이사업자, 면세가입자, 일반사업자는 어떤 차이가 있죠?

부가가치세 과세 대상 사업을 영위하는지 여부에 따라 일반사업자와 면세사업자로 나뉜다. 일반사업자는 부가가치세가 있는 과세 사업을 영위하는 것이고, 면세사업자는 부가가치세가 없는 면세사업을 영위하는 사업자이다. 그렇다면 면세사업과 과세사업을 모두 영위하는 사업자라면 어떻게 해야 할까? 이 경우는 일반사업자로 발급받는다. 일반사업자는 겸업(과세와 면세)을 포함하기 때문이다. 그럼, 간이사업자란 무엇을 뜻할까? 간이사업자는 과세사업자 중에 '간이'라는 단어에서도 알 수 있듯이 연간 매출액이 8,000만 원에 미달하는 사업자를 말한다.

구분	과세사업자		면세사업자
	일반과세자	간이과세자	
	법인, 개인사업자	개인사업자 중 매출액이 8,000만 원 미달 (단, 특정 업종과 지역에 따라 간이과세 배제)	법인, 개인사업자

사업자등록증신청서(법인사업자용) 작성하기

■ 법인세법 시행규칙 [별지 제73호서식] <개정 2015.3.13.>

홈택스(www.hometax.go.kr)에서도
신고할 수 있습니다. (앞쪽)

접수번호	[ ] **법인설립신고 및 사업자등록신청서** [ ] **국내사업장설치신고서(외국법인)**	처리기간 3일 (보정기간은 불산입)

귀 법인의 사업자등록신청서상의 내용은 사업내용을 정확하게 파악하여 근거과세의 실현 및 사업자등록 관리업무의 효율화를 위한 자료로 활용됩니다. 아래의 사항에 대하여 사실대로 작성하시기 바라며 신청서에 서명 또는 인감(직인) 날인하시기 바랍니다

1. 인적사항

① 법 인 명(단체명)		② 승인법인고유번호 (폐업당시 사업자등록번호)	
대 표 자		주민등록번호	-
사업장(단체)소재지		층 호	
전 화 번 호	(사업장)	(휴대전화)	

2. 법인현황

③ 법인등록번호	-	④ 자본금	천원	⑤ 사업연도	

법 인 성 격 (해당란에 ○표)

⑥ 내 국 법 인					⑦ 외 국 법 인		지점(내국법인의 경우)		⑨ 분할신설법인		
영리 일반	영리 외투	비영리	국 가 지방자치	법인으로 보는 단체		⑧지점 (국내사업장)	연 락 사무소	기타	여	부	본점 사업자 등록번호	분할전 사업자등 록번호	분할연월일
				승인법인	기타								

조합법인 해당 여부		사업자 단위 과세 여부			공 익 법 인				외국 외투 법인	국 적	투자비율
여	부	여	부	해당여부	사업유형	주무부처명	출연자산여부				
				여 부			여 부				

⑩ 3. 외국법인 내용 및 관리책임자 (외국법인에 한함)

외 국 법 인 내 용

본점	상 호	대 표 자	설 치 년 월 일	소 재 지

관 리 책 임 자

성 명 (상 호)	주민등록번호 (사업자등록번호)	주 소 (사업장소재지)	전 화 번 호

⑪ 4. 사업장현황

사 업 의 종 류						사업(수익사업) 개 시 일
주업태	주 종 목	주업종코드	부업태	부 종 목	부업종코드	
						년 월 일

사이버몰 명칭		사이버몰 도메인	

사업장 구분 및 면적		도면첨부		사업장을 빌려준 사람(임대인)			
자가	타가	여	부	성 명(법인명)	사업자등록번호	주민(법인)등록번호	전화번호
m²	m²						

임 대 차 계 약 기 간		(전세)보증금	월 세(부가세 포함)
20 . . ~ 20 . .		원	원

개 별 소 비 세				주 류 면 허		부가가치세 과세사업		인·허가 사업 여부			
제 조	판 매	장 소	유 흥	면허번호	면허신청	여	부	신고	등록	인·허가	기타
					여 부						

⑫ 설립등기일 현재 기본 재무상황 등

자산 계	유동자산	고정자산	부채 계	유동부채	고정부채	종업원수
천원	천원	천원	천원	천원	천원	명

전자우편주소		국세청이 제공하는 국세정보 수신동의 여부	[ ] 동의함 [ ] 동의하지않음

210mm× 297mm[백상지 80g/m² 또는 중질지 80g/m²]

① 법인명 : 주식회사 ○○와 ○○주식회사는 다른 상호이므로 정확하게 적는다.

② 승인법인고유번호 : 고유번호증의 고유번호를 적는다. 고유번호가 없는 경우 작성하지 않는다.

③ 법인등록번호 : 법인등기부상의 등록번호를 적는다.

④ 자본금 : 자본금을 적는다. 예를 들어 5,000만 원이라면 50,000,000이라고 작성한다.

⑤ 사업연도 : 당해 연도를 적는다. 사업자등록신청일 기준으로 2021년이면 2021로 작성한다.

⑥ 내국법인 : 해당되는 부분에 체크한다. 일반적으로 '영리일반'에 해당한다.

⑦ 외국법인 : 외국법인일 경우 국내 사업장, 연락사무소, 기타 중 해당되는 부분에 체크한다.

⑧ 지점 : 지점 여부에 체크한다. 지점일 경우 본점의 사업자등록번호를 기재한다.

⑨ 분할신설법인 : 분할신설법인일 경우 분할 전의 사업자등록번호를 입력하고 등기상 분할연월일을 기재한다.

⑩ 외국법인 내용 및 관리책임자 : 법인과세 신탁재산의 수탁자, 외국법인 내용 및 관리책임자는 해당되는 법인만 기재한다.

⑪ 사업장 현황 : 상기 언급한 개인사업자등록증 작성 내용을 참고한다.

⑫ 설립등기일 현재 기본 재무상황 등 : 해당되는 란에 금액을 적고 종업원이 있을 경우, 종업원 수에 인원을 적는다.

▷ 법인사업자 사업자등록 신청서 작성법 QR 코드

사 업 자 등 록 증
(일반과세자)

등록번호 : ▮▮▮▮▮

상   호 : ▮▮▮

성   명 : ▮▮▮   생 년 월 일 : 19▮ 년 ▮ 월 ▮ 일

개 업 연 월 일 : 2015 년 ▮ 월 ▮ 일

사 업 장 소 재 지 : 서울특별시 강남구 테헤란로4길 6, ▮▮▮▮▮▮▮▮
▮▮▮▮▮▮

사 업 의 종 류 : 업태 출판, 영상, 방송통신 및 정보서비스업   종목 포털 및 기타 인터넷 정보매개 서비스업
소매   전자상거래
서비스   경영컨설팅
서비스   마케팅
서비스   교육, 매니지먼트 알선

발 급 사 유 : 정정
공 동 사 업 자 :

사업자 단위 과세 적용사업자 여부 : 여 (   ) 부 (∨)
전자세금계산서 전용 전자우편주소 :

2015 년 12 월 07 일

역 삼 세 무 서 장

NTS ✿ 국세청

여기서 잠깐!

사업자가 꼭 알아둬야 하는 웹사이트

• 사업용 계좌 신청 : 개인사업자라면 사업용으로 사용할 계좌를 신청한다. 본인이 사용하던 계좌나 신규로 발급받은 통장 사본과 사업용계좌신고서를 제출하면 신청할 수 있다. 사업용 계좌로 사업과 무관한 거래를 하지 않도록 주의해야 한다. 사업용 계좌를 신청하지 않았더라도 일정 금액 이상의 매출액이 되면 사업용계좌를 신고해야 하기 때문에 미리 신청해두는 것이 편하다. 홈택스에서도 신청할 수 있다.

• 현금영수증 카드 발급 : 현금을 주고 물건을 구입할 때 현금영수증을 발급받는 것이 유리하다. 현금영수증 카드에는 '소득공제용'과 '지출증빙용'이 있는데 사업자는 '지출증빙용'으로 발급받아야 한다. '소득공제용'은 회사에 속한 근로자들이 연말정산시 소득공제를 받을 때 사용하는 것이다. '지출증빙용'은 사업자의 필요경비에 대한 적격증명영수증 기능을 한다. 홈택스에서도 신청할 수 있다. 소비자 상대 업종에 해당하는 경우, 현금영수증 발급의무가 있으므로 반드시 현금영수증가맹점으로 가입해야 한다.

◁ 현금영수증 가맹 업종 및 기타 정보 참조

• 홈택스 전자세금계산서 발급용 인증서 발급 : 금융기관 공인인증서 사용이 어려워서 인터넷이나 모바일 홈택스에서 세금계산서 발급이 안 되는 경우가 있다. 이럴 때는 홈택스나 세무서에서 세금계산서를 발급할 수 있는 용도의 인증서(암호카드)를 발급받을 수 있다. 미리 발급 신청을 하면 불편을 최소화할 수 있다.

• 홈택스 아이디와 비밀번호 신청 : 홈택스를 이용할 수 있는 아이디와 비밀번호를 신청한다. 홈택스에서 바로 회원가입하는 방법도 있다.

Q&A 1 사업자등록을 다른 사람 명의로 하면 어떤 불이익이 있나요?

사업자등록은 전산으로 관리되는데, 등록번호를 주민등록번호처럼 평생 동안 사용하기 때문에 언젠가는 실질사업자가 밝혀질 수밖에 없다. 실질사업자가 밝혀지면 실질사업자에게 무거운 세금이 과세되고 명의를 빌려준 사람과 함께 조세범 처벌법에 의해 처벌을 받을 수 있다. 명의를 빌려준 사람은 명의대여만으로도 1년 이하의 징역 또는 1,000만 원 이하의 벌금형에 처할 수 있다. 또한 세금체납 및 사업상 차입금을 연체하는 경우 재산 압류 및 신용불량자 등재 등의 처분을 받을 수 있고, 거래처로부터 소송을 당하는 등 큰 피해를 입을 수 있다.

Q&A 2 인터넷으로 세금 신고와 납부를 쉽게 할 수 있는 방법이 있나요?

국세청 홈택스 사이트를 적극 이용한다. 증명·발급·세금신고·납부, 전자고지, 사업자등록 신청·변경, 각종 세금신고·납부 내역 조회, 휴·폐업 신고 등 다양한 업무를 온라인으로 이용할 수 있다.

Q&A 3 다른 사람이 하던 사업을 인수하여 사업을 하는 경우 어떻게 해야 하나요?

기존 사업을 하던 사업자는 폐업신고서를 제출하고, 폐업일까지의 거래에 대해 폐업일이 속하는 달의 다음 달 25일 이내에 부가가치세 확정신고를 하고 납부해야 한다. 사업을 인수하였다면 개업일로부터 20일 이내에 신규로 사업자등록을 해야 한다.

Q&A 4 사업자등록은 언제까지 하면 되나요?

사업자등록은 사업을 시작하기 전에 신청하는 것이 보통이지만, 늦어도 사업을 시작한 날로부터 20일 이내에는 신청해야 한다. 사업을 개시한 후 거래 없이 20일이 지난 후 신청했다고 해서 과태료가 발생하는 것은 아니지만 다른 부수적인 문제가 있을 수 있으므로 사업자등록증부터 신청·접수한 후 사업을 시작하는 것이 바람직하다.

신종 업종 사업자등록하기

요즘 인기 있는 업종으로 1인 미디어 창작자, SNS마켓 사업자, 공유숙박사업자가 있다. 이런 업종의 경우 사업자등록을 해야 하는지, 세금 문제는 어떻게 처리해야 하는지 알아보자.

1인 미디어창작자

1인 미디어창작자란 인터넷·모바일 기반의 미디어 플랫폼 환경에서 다양한 주제로 영상 콘텐츠를 제작하고, 이를 다수의 시청자와 공유하며 수익을 창출하는 직업을 말한다. 유튜브 등에서 영상을 공유하는 유튜버, 크리에이터, BJ 등이 있다. 주요 소득원은 플랫폼운영사로부터 배분받는 광고 수익, 시청자가 플랫폼을 통해 지불하는 후원금 등이다.

▷ 사업자등록 : 일회성이 아닌 계속적이고 반복적인 활동으로 수익이 발생하고 있다면 사업자등록을 해야 한다. 인적 고용 관계가 있거나 별도의 사업장 등 물적 시설을 갖추었다면, 과세사업자(업종코드 921505, 미디어 콘텐츠창작자)로 사업자등록을 신청한다. 해당 사항이 없다면(업종코드 940603, 1인 미디어 콘텐츠창작자) 면세사업자로 사업자등록을 한다. 사업자등록을 하면 사업상 필요한 카메라, 마이크 등 발송 관련 물품이나 사무장 임차료 등은 비용처리가 가능하다.

SNS마켓 사업자

SNS마켓이란 블로그, 카페 등 각종 사회관계망서비스 채널을 이용하여 물품판매, 구매 알선 및 중개 등을 통해 수익을 얻는 산업활동을 말한다. 블로그, 카페, 밴드, 인스타그램, 페이스북, 유튜브 등 개인 SNS 계정을 기반으로 홍보성 게시

글에 대한 원고료, 배너 광고료, 물품 판매나 구매 대행, 제조업자/도매업자의 의뢰를 받아 SNS 등을 통해 상품 정보를 제공하고 수수료를 받는 것을 포함한다.

▷ 사업자등록 : 일회성이 아닌 계속적·반복적으로 SNS상에서 판매 및 중개행위를 하는 경우(업종코드 525104, 통신판매업) 사업자등록을 해야 한다. 또한 SNS마켓 사업자는 관할 시·군·구청에 통신판매업 신고를 한다. 재화를 판매할 때는 상호, 대표자 성명, 주소, 전화번호, 통신판매 신고번호 등을 기재해야 한다(최근 6개월간 거래 횟수가 50회 미만, 거래 규모가 부가가치세법상 간이과세자인 경우에는 통신판매 신고에서 제외된다).

▷ 현금영수증 가맹점인 경우, 현금 또는 계좌이체로 대금을 수령할 때 소비자가 원할 경우 현금영수증을 발급해야 한다. 2021년 1월 1일부터는 전자상거래업도 현금영수증 의무 발행 업종으로 추가되어 소비자가 원하지 않더라도 10만 원 이상 거래에 대해 현금영수증을 의무적으로 발행해야 한다.

코드	세분류	세세분류	적용 범위
525104	통신 판매업	SNS 마켓	블로그·카페 등 각종 사회관계망서비스(소셜네트워크 서비스, SNS) 채널을 이용하여 물품판매, 구매 알선, 중개 등을 통해 수익을 얻는 산업활동을 말한다.
525101	통신 판매업	전자 상거래 소매업	일반 대중을 대상으로 온라인 통신망(SNS 채널은 제외한다)을 통하여 각종 상품을 소매하는 산업활동을 말한다. (예시) 상품 전자상거래 판매(오픈마켓 판매자 포함)
525102	통신 판매업	기타 통신 판매업	온라인 통신망 이외의 기타 통신수단에 의하여 각종 상품을 소매하는 산업활동을 말한다. (예시) 인쇄물 광고형 소매, 전화소매, TV 홈쇼핑, 카탈로그(상품안내서, catalog)형 소매, 우편소매, 통신판매 소매

| 525103 | 통신
판매업 | 전자
상거래
소매
중개업 | 개인 또는 소규모업체가 온라인상에서 재화나 용역을 판
매할 수 있도록 중개업무를 담당하는 산업활동을 말한다.
(예시) 소셜커머스(할인쿠폰 공동 구매형 전자상거래중개), 전자상
거래 소매중개(오픈마켓 사업자)
(제외) 오픈마켓 판매자(525101) |

공유숙박 사업자

공유숙박이란 빈방이나 빈집 같은 여유 공간을 여행객들에게 유상으로 제공하는 것이다. 온라인 중개플랫폼에 등록하여 임차인에게 숙박 공간을 공유/사용하게 함으로써 대가를 수령하는 산업활동(예: 에어비앤비)이다.

▷ 사업자등록 : 일회성이 아닌 계속적·반복적으로 여유 공간을 빌려주고 이에 따른 수익이 발생하는 경우(업종코드 551007, 숙박공유업) 사업자등록을 해야 한다. 사업자등록을 할 때에는 임대차계약서를 제출하고, 도시 지역의 경우 관광진흥법에 따라 지방자치단체에서 발급한 '관광사업등록증(외국인관광 도시민박업)'을 제출한다. 농어촌지역의 경우 '농어촌정비법'에 따라 지방자치단체에서 발급한 '농어촌민박업 신고필증'을 함께 제출해야 한다.

코드	세분류	세세분류	적용범위
551005	일반 및 생활 숙박시설 운영업	민박업	단독주택, 다가구주택, 다세대주택, 아파트 등 일반 주거용 주택을 이용하여 숙박 서비스를 제공하는 산업활동을 말한다. 숙박과 함께 취사시설을 제공하거나 식사를 제공하는 경우도 포함한다.
551007	일반 및 생활 숙박시설 운영업	숙박 공유업	일반인이 빈방이나 빈집 같은 여유공간(숙박공간)을 여행객들에게 유상으로 제공하는 것으로 온라인 중개플랫폼에 등록하여 숙박공간을 사용하려는 임차인(GUEST)에게 공간을 공유·사용하게 함으로써 대가를 수령하는 산업활동

COLUMN
02

사업자등록 후 사업에 사용할 계좌 개설하기

사회적으로 대포통장을 쉽게 사고팔면서 본인이 아닌 제3자가 명의를 도용하여 범죄에 사용되는 경우가 많아지면서 통장을 개설하는 업무가 어려워졌다. 이렇게 다른 사람의 예금통장과 체크카드 등을 타인에게 양도, 판매하는 행위는 전자금융거래법 위반이며, 범죄에 이용하면 형사처벌을 받게 된다. 대포통장을 제공한 사람도 금융기관에 해당 내용이 기록되며, 본인의 정상적인 계좌 개설 및 신용카드 발급, 신용대출 등이 거절될 수 있다.

2013년에 약 1,000개 정도 발생되었던 대포통장이 2015~2019년 상반기까지 24만 건으로 발생 건수가 급격하게 증가했다. 대포통장은 보이스피싱 입금계좌로 이용되거나, 범죄 후 자금의 추적을 피하기 위해 이용되는 등 그 피해가 심각해지고 있어 금융감독원이 기존의 쉬운 계좌 개설의 절차를 강화했다. 은행직원은 정당한 계좌 개설이 아니라고 판단되면 통장 개설을 거절할 권리가 있다. 강화된 절차는 다음과 같다.

첫째, 실소유자 확인 업무 절차가 새로 생겼다.
법인계좌를 개설할 때 주주명부 및 법인등기부등본을 확인하여 실질 소유주가 누구인지 확인한다. 주주명부상 최대주주가 실질적인 소유주로, 현재 등기된 대표이사와 동일하거나, 전문경영인을 고용하였다면 실질 소유주에 대한 정보를 모두 확인한다.

만약 최대주주가 법인이면 그 법인의 최대주주를 확인하면서 최종적인 개인이 확인될 때까지 서류를 요구한다. 만약 확인이 안 되면 계좌 개설이 거절될 수 있다.

둘째, 실체가 있는 법인인지 확인해야 한다.

예전에는 사업자등록증 확인만으로 통장 개설이 가능했다. 하지만 대포통장으로 거래되는 불법을 막기 위해 현재 실제로 영업을 하고 있는지, 실제로 존재하는 법인인지를 확인한다. 사무실 임차계약서(임차일 경우), 세금계산서, 부가세납부확인서 등 실제 영업 여부를 확인한다. 사무실 임차계약서가 전대계약일 경우 통장 개설은 거절될 수 있다. 자료에 의하면 대부분의 대포통장으로 이용된 계좌 개설 시 전대계약서가 제출되었다.

셋째, 통장 개설 목적을 확인한다.

현재 사용하고 있는 통장이 있는데도 불구하고 다시 만들어야 한다면 그것을 증명할 수 있는 계약서, 사업계획 등을 확인한다. 그래서 한 달에 2개 이상의 통장 개설은 거절된다. 가끔 통장 개설을 하면서 2개의 통장 개설을 요청하는 경우가 있다. 이때 목적을 확인하면 입금과 지급을 따로 관리하고 싶다는 말도 안 되는 이야기를 하기도 하는데, 당연히 이 경우도 개좌 개설이 거절된다.

외화통장도 개설하자

수출 또는 수입을 하는 법인 및 개인사업자라면 외환 거래가 필수로 발생된다. 외국 통화로 결제할 경우 당연히 국내에서 외환을 매입하여 해외로 결제한다. 반대로 외국 통화로 결제를 받아야 할 경우 외화통장으로 해당 자금을 수령해야 한다. 외화통장은 개설 목적이 확실하므로 일반통장을 개설하는 것보다 어렵지는 않다. 실명확인서류만 있으면 목적 확인 또는 실체 확인을 하지 않는다.

외환 거래는 환율이 개입되어 환율의 변동에 따른 환차손과 환차익이 발생한다. 물론, 환차익이 발생된다면 새로운 영업외수익으로 순이익을 올릴 수 있는 기회가 될 것이다. 환율은 국제 정세, 국내외 이자율, 경기순환, 해외 시장의 변동성 등 여러 가지 이유로 변동되지만 현재처럼 코로나19 사태, 미·중무역전쟁 등 위험성과 변동성이 커지면서 환율이 높게 형성되어 있다. 2021년 9월 현재 매매 기준율은 1,170~1,180원이다. 환차손을 줄이는 방법은 환율이 낮을 때 미리 외환을 매입하여 보유하다가 결제할 때 사용하는 방법, 선물환을 이용하여 낮을 때 또는 높을 때 원하는 방향성이 되면 미리 외환 매매계약을 약정하는 방법 등이 있다. 최근에는 1년간의 현금흐름을 확인한 후 과거 1년간의 수출입 실적의 일정비율만큼 한도를 약정하는 통화옵션 거래도 많이 이용한다.

PART 2

창업하기 전 사업 구상은
철저하게!

- 사업 준비하기
- 창업·사업계획서 작성하기
- 예상손익계산서 작성하기
- 창업지원사업 알아보기

돌다리도 두드리고
건너세요

창업을 준비하고 있다면 다음 단계를 고려해보는 것이 바람직하다.

1단계_ **창업 환경 검토**

창업 환경과 전망, 창업 의지, 창업 경영이론 학습, 가족 협력 등의 여부를 검토
한다.

2단계_ **아이템 선택**

창업 트렌드를 분석하여 자신에게 맞는 아이템인지 여부를 확인한 후 성장성
있는 후보 아이템(3~5개)을 선정한다. 시장조사 후 최종 아이템 선택한다.

3단계_ **사업 타당성 검토**

선택 아이템에 대한 상품성, 시장성, 수익성, 안정성(위험 요소) 등을 검토한다.

4단계_ 시장조사 분석

시장 규모와 경쟁사 제품과의 경쟁력, 유사제품 분석을 분석한다. 목표고객 및 수요층의 니즈 분석, 소비자 구성 분포와 변화 추세 조사를 통해 수요를 예측한다.

5단계_ 상권, 입지 선정

입지 선정 이유와 경쟁점포 극복 방안, 상권 내의 가시성·경제성·편의성 분석, 유동인구와 배후상권, 도로 구조를 분석한다.

6단계_ 자금계획 수립

창업자금의 용도를 시설자금과 운전자금으로 구분한다. 그리고 세부적인 자금의 용도와 조달 가능한 자금 규모를 결정한다.

7단계_ **사업계획서 작성**

사업의 개요와 내용, 시장조사 분석, 마케팅 계획, 자금수지(수입과 지출) 계획, 사업 추진 일정 등을 나타내는 자료로 내용을 구체적으로 작성한다. 이를 통해 예상매출액, 매출원가, 영업이익, 당기순이익, 손익분기점 등을 산출한다.

8단계_ **인테리어 공사, 종업원 채용**

고객 편의와 상품을 돋보이게 할 수 있는 디스플레이 전략, 고객의 접근성에 유익한 매장의 인테리어, 고객 친화력이 높은 채용 관리 시스템 가동, 고객 서비스 경쟁력 강화를 위한 교육을 고려한다.

9단계_ **행정 절차**

사업자등록, 별도의 영업신고, 소방설비 신고, 인허가 사항(법인사업자, 개인사업자) 등에 대해 자세하게 검토한다.

10단계_ **창업 및 경영**

디스플레이, 간판, 시설집기 설치, 개업식, 창업 홍보, 업무 활동, 영업 활동, 인력 관리 등을 주기적으로 점검하고 보완한다.

실현 가능한
목표를 세우세요

창업하기 전에는 주력 상품, 목표 고객, 목표 수익, 영업시간, 판매 방식, 가격 설정을 충분히 고려해야 한다. 목표 수익은 최소 생계비를 감안하여 설정하고, 실현 불가능한 목표가 되지 않도록 냉정하게 책정한다. 인건비, 임차료, 시설비의 감가상각비, 사업장의 권리금 및 보증금에 대한 은행 대출이자, 각종 공과금 등 고정비 그리고 매출 증감에 따라 변하는 재료비와 인건비 등을 모두 반영해야 한다.

실현 가능한 목표로 창업을 계획하는 게 중요해. 다음의 항목을 보면서 구체적으로 창업 계획을 세워봐.

창업을 계획하는 단계에서는 다음의 사항을 꼭 체크해야 한다.

업무 구분	체크 사항
경쟁관계	• 비교되는 제품이나 서비스를 제공하는 경쟁 업체의 강점에 대한 현실적인 평가는 되어 있는가? • 자사 제품과 서비스를 선택할 수 있도록 차별화되어 있는가?
입지, 판매 방법	• 품목은 무엇이며, 주고객은 누구인가? • 어떤 방법으로, 어떤 가격과 조건으로 팔 것인가? • 시장조사 결과를 반영해 적합한 상권과 입지를 결정했는가?
상품, 재료 매입	• 무엇을 어디에서 매입할 것인가? • 어떤 조건으로 매입할 것인가?
설비 구입, 제조 방법	• 무엇을 제조하고, 무엇을 외주로 줄 것인가? • 기계는 어디에서 구입하고 어떤 설비로 제조할 것인가?
지식, 기술, 자격	• 기술자나 자격자, 책임자는 누구로 할 것인가? • 해당 분야의 지식이나 경력이 풍부한가?
종업원 확보	• 가족만으로 운영이 가능한가? • 종업원은 어떻게 채용할 것인가?
사업의 형태	• 개인사업으로 할 것인가, 법인으로 할 것인가? • 프랜차이즈 창업과 독립 창업 중 어떤 형태로 할 것인가?
사업계획서	• 사업계획서를 작성해보았는가? • 시설 자금 및 운영 자금은 얼마나 들어갈 것인가?
손익 예상	• 매출은 얼마나 될 것인가? • 원가, 판관비, 당기순이익 규모는 산출했는가?
자금 조달	• 즉시 준비할 수 있는 자금은 얼마나 되는가? • 필요한 운용 자금은 적기에 조달이 가능한가?
세금 문제	• 사업자등록은 언제 할 것인가? • 직접 기장할 것인가, 세무대리인에게 맡길 것인가?
개업 예정일	• 상호는 정하고 사업자등록은 했는가? • 개업일은 언제가 제일 좋을까?

사업계획서 작성하기
전문적으로 진심을 다해
작성합니다!

간혹 사람들 중에는 창업을 했다면서 자기 사업에 대해 화려한 언변술로 거창하게 얘기하는 사람들이 있다. 그들에게 사업계획서를 한번 보내달라고 하면 한 장으로 작성된 어설픈 계획서를 내밀거나, 제대로 된 사업계획서를 작성해둔 게 없어서 남의 사업계획서를 급히 구해 주먹구구식으로 작성해서 건네는 경우가 있다. 그런 사업계획서를 받은 상대는 그 사업을 신뢰할 수 있을까. 사업계획서는 구직자의 이력서와 같다고 보면 된다. 자기 자신을 상대에게 최대한 어필하고 강점을 구체적으로 알리는 가장 기본이 되면서도 강력한 도구이다. 그럼에도 불구하고 남의 사업계획서를 베껴 쓰거나 대충 한 장에 상투적인 내용을 담아 전달한다면, 사업에 대한 자신의 열정이 그대로 전달될 수 없다.

사업계획서란 사업의 내용을 정리하거나 계획을 나타낸 문서로써, 주로 기업 현황과 구조, 경영 전략, 마케팅, 재정, 창업 멤버의 전문성 등을 기재한다. 창업기업은 회사 소개 자료나 투자 제안을 위해 제품이나 서비스의 개발 방안, 차별성을 부각해 시장 규모와 타깃 전략을 담아 기업의 성장성 위주로 작성해야 한다.

스타트업 자금조달 목적, 정부 및 지자체 등 창업지원사업을 신청할 때 반드시 필요한 문서이므로 시간을 들여 제대로 작성해야 한다.

예를 들어 기술력은 좋은데 소비자가 원하지 않거나 너무 앞선 제품을 만들 경우 실패 요인 중 하나가 될 수 있다. 기술력을 강조하는 것보다는 기술력과 함께 시장이 원하는 제품임을 어필해야 하며, 현재 이 제품이나 서비스가 이용되는 데 있어 법적으로 문제되는 것은 없는지 반드시 확인해야 한다.

기술적 내용을 복잡하고 길게 서술하거나, 전문적인 용어와 내용을 지나치게 자세하게 기재하면 오히려 역효과를 불러일으킬 수 있다. 일반인들은 복잡한 기술력에 대해 충분히 이해하기 어려울 뿐만 아니라, 크게 관심이 없다. 쉽고 간단하게, 그리고 명확하게 설명하는 것이 중요하다.

제품이 시장에서 실패하는 원인

순위	원인	비율
1위	시장이 원하지 않는 제품	42%
2위	자금부족	29%
3위	팀원 구성 문제	23%
4위	경쟁에 뒤져	19%
5위	가격·원가 문제	18%
6위	나쁜 제품·비즈니스 모델 문제	17%
7위	마케팅 부족·고객 무시	14%
8위	타이밍 문제·포커스상실·팀워크 부조화	13%
9위	변화 실패	10%
10위	열정 부족·위치 문제	9%
11위	투자자 관심 부족·네트워크와 멘토 미활용·탈진	8%
12위	변화하지 못함	7%

자료 : CB인사이트

사업계획서 작성의 필수 요소

1. 사업 추진 배경과 목적

2. 제품 또는 서비스의 도입 필요성

생활의 불편함을 해결하기 위한 목적으로 법령·규정을 꼼꼼히 확인한 후 일반 인들이 공감할 수 있는 내용으로 도입 근거를 설명한다.

3. 추진하려는 제품이나 서비스 내용

사업 내용은 간단하면서도 쉽게 작성하되, 기술적 우수성과 함께 소비자의 불편을 해결하는 최적 모델을 제시한다. 구체적인 타깃 고객을 정하여 시제품 등 디자인들을 첨부하여 시각화하되 이미 출시된 경우 소비자 반응을 기재한다.

4. 제품이나 서비스의 개발계획 및 역량, 고객 분석, 경쟁 분석

도표 등을 이용하여 시각화·단순화한다.

5. 비즈니스 모델, 시장의 규모, 차별화 전략

6. 마케팅 전략, 수익 확보 방안, 자금운영(기간별 세부적인 매출 및 손익 계획, 자금조달 계획, 손익분기점^{BEP} 달성기간, 소요자금 및 운영계획), 성장 전략

마케팅 전략은 구체적인 전략을 수립하고 매출 계획은 합리적인 수준으로 도표화하고, 수익성에 대한 구체적 근거를 제시한다.

7. 팀 구성(역량 및 경쟁력), 핵심인력 확보 방안, 네트워크

창업자의 경력과 관련 사업 역량 강조, 활용 가능한 외부기관이나 업체 등과의 협업, 자문교수 등을 고문으로 활용한다.

8. 고용계획, 사회적 가치 실현 가능성

직원 고용계획이 어떻게 되며, 궁극적으로 어떻게 사회적 가치를 실현할 것인지 명확히 계획한다.

여기서 잠깐!

예비창업자를 위한 사업계획서 자가진단

예비창업자는 사업계획서에 다음 항목의 내용이 포함되어 있는지 체크해보면서 미흡한 점을 보완한다.

항목	체크
비전·철학이 존재하는가?	
열정과 사업의 성공에 대한 내용이 충실히 기재되었는가?	
핵심역량은 갖추었는가?	
자신의 강점과 약점이 무엇인가?	
인적·물적 자원은 충분한가?	
네트워킹이 잘 구축되어 있는가?	
기술적 권리, 독창성이 있는가?	

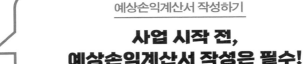

예상손익계산서 작성하기

사업 시작 전,
예상손익계산서 작성은 필수!

일정 기간 동안 손익이 어떻게 될지 사업 시작 전에 고려해야 손익분기점 등의 예측이 가능하다. 그러므로 사업 시작 전 예상 손익계산서 작성은 필수이다. 예상(추정) 손익계산서에는 매출액과 매출원가를 기재하고 여기에서 발생하는 매출총이익을 기재한다. 또 판매비와관리비에 해당하는 급여, 임차료, 홍보비, 관리비, 감가상각비 등을 기재하고 영업이익과 영업외수익 등을 상세히 기재한다. 예상 손익계산서는 필요에 따라 월별·연별·분기별·제품별 등으로 작성할 수 있다.

예상 손익계산서의 구성

구분	금액	비고
Ⅰ. 매출액		
Ⅱ. 매출원가		
Ⅲ. 매출이익		
Ⅳ. 판매비와관리비		
1. 인건비		
2. 복리후생비		
3. 임차료		
4. 통신비		
5. 수도광열비		
6. 광고선전비		
7. 감가상각비		
8. 기타 경비		
Ⅴ. 영업이익		
Ⅵ. 영업외수익		
Ⅶ. 영업외비용		
Ⅷ. 경상이익		
Ⅸ. 특별손익		
Ⅹ. 법인세 등		
Ⅺ. 당기순이익		

Ⅰ. 매출액 : 추정(예상) 손익계산서의 핵심 항목은 매출액이며 매출액의 출발은 판매 수량 예측에서부터 출발한다. 월 매출액은 영업 가능 일수를 감안하여 산출하되, 동일한 조건의 경쟁업체 등을 대상으로 현장 조사를 통해 추정 가능하다. 에누리액 등은 과거의 통계자료로 추정하여 매출액에서 공제하거나 판매비에 가산한다.

Ⅱ. 매출원가 : 매출액에 직접 대응되는 비용으로 마케팅 비용, 연구개발비, 일반관리비와 판매비, 금융비용 등 매출과 직접 관련이 없는 비용 항목을 제외하고 상품의 원가 또는 제품의 제조원가로부터 매출이 일어난 판매 수량에 배분되는 비용이다.

Ⅲ. 매출총이익 : 매출액에서 매출원가를 차감하여 계산되며 매출총이익을 제품이나 브랜드별 또는 유통채널별로 산출한다면 경영상 매우 유용한 정보(지표)가 될 수 있다.

Ⅳ. 판매비와 관리비 : 대부분의 영업과 관련하여 발생하는 비용은 일반관리비나 판매비 항목에 속한다. 일반관리비 및 판매비에 속하는 비용 항목은 인적 자원에 관련된 비용과 그 외 기타 비용으로 구분할 수 있다.

1. **인건비** : 근로를 제공받고 그에 대한 대가로 지급하는 금액을 말하며, 급여는 임금 및 제·수당을 포함한다. 개인사업자의 경우 사장 월급은 포함되지 않는다.
2. **복리후생비** : 회사 임직원의 복리후생을 위해 지출하는 비용으로 작업 능률 향상을 위해 간접적으로 부담하는 시설, 경비 등을 말한다.
3. **임차료** : 토지, 건물 등의 부동산을 임대차계약에 따라 빌리고 그 대가를 지급하는 비용을 말한다
4. **통신비** : 인터넷 사용요금, 전화요금, 등기 우편요금 등을 위해 지출되는 비용을 말한다.
5. **수도광열비** : 수도요금, 가스요금, 전기요금 등에 소요되는 금액을 통틀어 말한다.
6. **광고선전비** : 재화 또는 용역의 판매 촉진이나 기업 이미지 개선 등을 위하여 불특정 다수를 대상으로 지출하는 비용을 말한다.

7. 감가상각비 : 토지와 건설 중인 자산 같은 특수한 자산을 제외한 대부분의 비유동자산은 그 사용으로 인하여 점차 가치를 잃게 되는데, 이 가감된 부분을 매기간마다 생산비용으로 할당하는 가격을 말한다.

8. 기타경비 : 1~7 외에 사업과 관련된 모든 비용을 말한다(예: 수수료 비용, 협회비, 여비 교통비, 외주비, 포장비, 보관료 등).

V. 영업이익 : 매출총이익에서 일반관리비 및 판매비를 차감하여 계산한다. 영업이익은 회사의 정상적인 영업과 관련하여 달성되는 사업의 순수한 성과라고 볼 수 있다.

VI. 영업외수익 : 기업의 주요 영업활동은 아니지만, 이를 지원하는 재무활동 등으로부터 발생하는 수익과 차익을 말한다. 여기에는 유형자산처분이익, 이자수익, 외환차익, 배당금 수익 등이 해당된다.

VII. 영업외비용 : 기업의 주요 영업활동은 아니지만, 이를 지원하는 재무활동 등 다른 활동으로부터 발생하는 비용과 차손을 말한다. 여기에는 이자비용, 외환차손 등이 해당된다.

VIII. 경상이익 : 일정 기간의 경상적 수입과 지출의 차액으로, 여기서는 영업이익에서 영업외수익을 더하고 영업외비용을 차감하여 계산된다.

IX. 특별손익 : 드물게(비경상적·비반복적) 발생하는 사건으로 인하여 발생한 이익과 손실을 말한다. 특별이익에는 자산수증이익, 보험차익 등이 있으며 특별손실에는 재해손실 등이 있다.

X. 당기순이익 : 일정 기간(해당 기간)의 순이익을 의미하는 것으로 기업이 벌어들이는 모든 수익에서 기업이 쓰는 모든 비용과 손실을 뺀 차액을 의미한다.

창업지원사업에 도전해보자

성장, 발전할 수 있는
기회를 잡아보세요

새로운 아이디어로 기업을 창업한 후 성공적으로 성장·발전시키는 일은 매우 어렵다. 개인적으로는 창업자 개인의 자질과 창업 아이디어가 우수하고 창업 자본을 조달할 수 있는 능력을 갖추고 있어야 한다. 뿐만 아니라 복잡한 창업 과정 및 열악한 환경에 적절히 대처할 수 있도록 도움을 줄 수 있는 정부의 각종 제도가 뒷받침되어야 한다.

창업 희망자는 중소기업 창업지원이 주요 사업 중 하나인 중소기업청 및 중소기업진흥공단에서 매년 기획·시행하는 중소기업지원사업의 내용에 주의를 기울여야 한다. 그리고 그 밖에도 통상산업부, 정보통신부, 산업자원부, 노동부 등 각종 경제 관련 행정부서들의 지원사업 내용을 전화나 직접 방문 또는 공고 등을 통해 확인하고 문의하여 지원 대상 여부를 파악한 후 지원신청계획 등을 마련한다.

또한 도청, 시청, 구청 각 지방자치단체에도 중소기업 창업지원사업이 기획·실시되는 경우도 많으므로 이에도 관심을 가지는 것이 좋다. 그리고 은행, 보험회사, 투자신탁회사 및 창업투자회사 등의 금융기관에서도 사업성이 있다고 판단될 경우 자금을 지원하는 경우도 있다.

신사업창업사관학교

국내외 다양한 신사업 아이디어를 발굴·보급하고 성장 가능성이 큰 유망 아이템 중심으로 예비창업자를 선발하여 창업교육, 점포 체험, 멘토링, 창업자금 등을 패키지로 지원하고 있다.

교육지원 절차
① 교육생 모집공고
② 교육생 신청
③ 창업교육
④ 점포경영 체험 및 창업 멘토링
⑤ 창업자금 및 사후지원

신청방법

공모기간 중 신사업아이디어 공모전 홈페이지(http://newbiz.sbiz.or.kr)에 접속하여 신청 가능하다.

청년창업사관학교

우수기술을 보유한 청년 창업자를 발굴, 사업계획 수립부터 사업화까지 창업의 전 과정을 지원하여 혁신적인 '청년창업 CEO' 양성을 목표로 하고 있다.

지원 대상(공고일 기준)

만 39세 이하인 자로서 창업 후 3년 미만 기업의 대표자. 단, 기술경력보유자는 공고일 기준 만 49세 이하인 자로서 기술경력 보유자 기준을 충족하는 대표자를 말한다.

신청 분야

고용 및 부가가치 창출이 높은 기술집약 업종(제조업 및 지식서비스업)

지원 내용

- 사업비 지원 : 창업 활동비, 시제품 제작비, 마케팅비 등 지원
- 창업 공간 : 청년창업사관학교에 창업 준비 공간 제고
- 창업 교육 : 창업 단계별 집중 교육
- 창업 코칭 : 전담교수 1:1 집중 코칭
- 기술 지원 : 제품개발 과정의 기술 및 장비 지원
- 연계 지원 : 정책 자금, 판로 지원, 입지 등 연계 지원
- 글로벌 지원 : 해외 판로, 마케팅 지원

청년창업사관학교 입교 절차

- 신청·접수 : k-start up 홈페이지
- 서류심사 : 1.5배수 내외로 선정하여 기술성 및 개발능력평가
- 심층심사 : 교육/코칭, PT평가/사업화 계획 및 사업비 규모 확정 등
- 사업운영위원회 : 최종 합격자 확정, 정책 목적성을 고려한 선발
- 입교 : 협약 체결

창업진흥원(http://www.kised.or.kr)

- 예비 창업 지원사업 : 예비창업자 대상의 창업 준비 지원
- 초기 창업 지원사업 : 창업 3년 이내 초기 기업 대상 창업 실행 지원
- 창업 도약 지원사업 : 창업 3~7년 차 도약기 기업 대상 창업 성장 지원
- 전 업력 지원사업 : 창업 7년 이내 기업 지원

청년전용창업자금

대표자가 만 39세 이하로 사업 개시일로부터 3년 미만(신청·접수일 기준)인 중소기업 및 창업을 준비 중인 자

지원 내용

- 융자금리 : 연 2.0% 고정
- 융자기간 : 시설·운전 6년 이내(거치기간 3년 이내 포함)
- 융자한도 : 기업당 1억 원 이내(단, 제조업은 2억 원 이내)
- 융자 방식 : 중소벤처기업진흥공단이 자금 신청·접수와 함께 교육·컨설팅 실시 및 사업계획서 등에 대한 평가를 통하여 융자 결정 후 직접대출
- 문의처 : 중소기업통합콜센터 1357

창업기업 지원하기

매년 정부에서 창업자를 지원하는 내용을 발표하고 있다. 창업을 하려는 개인 또는 법인은 관심을 갖고 창업 지원 요건에 맞는지, 나에게 맞는 창업 지원 프로그램은 어디에서 제공하는지 적극적으로 찾아봐야 한다. 특히 창업보육센터 입주기

업으로 선정되면 낮은 임차료로 경영, 기술 컨설팅 등 창업에 관한 다양한 지원을 받을 수 있다. 창업 지원 프로그램으로는 예비창업자, 창업자, 재도전 창업자 등에게 창업 교육, 낮은 이율의 융자 지원, 창업보육센터 입주기업에 대한 낮은 임차료로 사무실 제공, 경영 및 기술 컨설팅, 수출 마케팅 지원 등 다양한 혜택이 제공되므로 지원기간과 요건 등을 꼼꼼히 확인하여 지원해야 한다.

관련 사이트

- 중소기업벤처기업진흥공단 : www.kosmes.or.kr
- 기업마당 : www.bizinfo.go.kr
- K-스타트업 : www.k-startup.go.kr
- 소상공인마당 : www.sbiz.or.kr

여기서 잠깐!

사업자등록증은 함부로 만들지 말자

개인사업자등록은 사업장을 자택 소재지로 해서 쉽게 사업자등록증을 신청할 수 있다. 그로 인해 아직 창업 준비가 되지 않은 상태에서 무턱대고 사업자등록증부터 만들어놓는 경우가 종종 있다. 이럴 경우, 정부나 공공기관에서 운영하는 창업 지원 프로그램에 참여할 때 걸림돌이 될 수 있다. 보통 창업한 지 3년 이내 기업을 대상으로 지원해주는데, 일반적으로 창업이라 함은 중소기업을 새로 설립하는 것을 말하며 창업의 범위는 다음과 같다.

주제	사업장소		사례	창업 여부
A 개인이	甲 장소에서	甲 장소에서의 기존 사업을 폐업하고	B법인을 설립하여 동종업종 제품을 생산	조직 변경
			B법인을 설립하여 이종업종 제품을 생산	창업
		甲 장소에서의 기존 사업을 폐업하지 않고	B법인을 설립하여 동종업종 제품을 생산	형태 변경
			B법인을 설립하여 이종업종 제품을 생산	창업
A 법인이	甲 장소에서	甲 장소에서의 기존 사업을 폐업하고	B법인을 설립하여 동종업종 제품을 생산	위장 변경
			B법인을 설립하여 이종업종 제품을 생산	창업
		甲 장소에서의 기존 사업을 폐업하지 않고	B법인을 설립하여 동종업종 제품을 생산	형태 변경
			B법인을 설립하여 이종업종 제품을 생산	창업
A 개인이	乙 장소에서	甲 장소에서의 기존 사업을 폐업하고	B법인을 설립하여 동종업종 제품을 생산	업종 변경
			B법인을 설립하여 이종업종 제품을 생산	창업
		甲 장소에서의 기존 사업을 폐업하지 않고	B법인을 설립하여 동종업종 제품을 생산	창업
			B법인을 설립하여 이종업종 제품을 생산	창업
A 법인이	乙 장소에서	甲 장소에서의 기존 사업을 폐업하고	B법인을 설립하여 동종업종 제품을 생산	사업 승계
			B법인을 설립하여 이종업종 제품을 생산	창업

A 법인이	乙 장소에서	甲장소에서의 기존 사업을 폐업하지 않고	B법인을 설립하여 동종업종 제품을 생산	창업
			B법인을 설립하여 이종업종 제품을 생산	창업
A 개인이	乙 장소에서	甲 장소에서의 기존 사업을 폐업하고	다시 A 명의로 동종업종 제품을 생산	사업 이전
			다시 A 명의로 이종업종 제품을 생산	창업
		甲 장소에서의 기존 사업을 폐업하지 않고	다시 A 명의로 동종업종 제품을 생산	사업 확장
			다시 A 명의로 이종업종 제품을 생산	업종 추가

1. 이종업종은 한국표준산업분류의 세분류(4자리)를 달리하고 당해 매출액의 50%를 넘는 경우

2. '갑' 장소는 기존 사업장, '을' 장소는 신규 사업장

3. '갑' 장소와 '을' 장소는 사회통념과 창업지원법의 취지 등을 감안할 때 공장 확장으로 인정할 수 없을 정도의 거리를 충분히 유지한 경우

4. 'B'법인은 'A'가 출자한 법인임

5. 기존 사업을 폐업하고'란 사업자등록을 반납 또는 취소 조치함을 말함

6. 창업의 범위가 명확하지 않은 경우는 해당 지방중소기업청이나 중앙중소기업청의 결정에 따름

(참고자료 : 창업보육센터 네트워크시스템)

PART 3

회사를 지키기 위한
최소한의 법률 방패

- 법인 정관 작성하기
- 거래계약서 작성하기
- 임직원 정보보안 및 비밀 유지
- 대여금·차입금 계약서 작성하기
- 채권 소멸시효, 채권추심
- 파산할 때 알아야 할 점

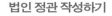

정관은 회사의 자치 규약

'정관(定款)'이란 회사의 조직과 활동을 정한 근본 규칙 또는 이를 기재한 서면을 말한다. 주식회사를 설립할 때에는 발기인이 정관을 작성해야 하는데, 대부분 법무사 사무실에 정관 작성을 맡긴다. 이때 정관 작성에 적극적으로 참여하지 않고 완성된 정관을 받아 보관만 하는 경우가 많다. 정관을 한 번도 읽어보지 않고 보관만 하다가 정관 제출 요청을 받았을 때 정관이 어디 있는지 모르거나, 자신의 회사 정관에 어떤 내용이 기재되었는지 모르는 경우도 상당하다.

정관은 회사를 운영하는 데 있어 매우 중요한 서류이다. 정관에 어떠한 내용이 기재되는지 알아보고 작성 과정에 적극적으로 참여해 기재된 내용을 가능한 모두 숙지하는 것이 좋다.

　정관은 관련 법률에 따라 작성하는데 법인의 명칭, 목적, 사무소의 소재지, 자산의 구분과 관리, 회계처리 방법, 사업계획 및 예산, 임원의 선임 등이 포함된다. 이러한 필수 기재사항을 반드시 기재하고, 추가로 법인의 운영 목적에 맞게 작성할 수 있다. 법인 정관이 중요한 이유는 사업을 운영하다가 분쟁이 발생할 경우 정관

내용이 중요한 기준으로써의 역할을 할 수 있기 때문이다. 따라서 회사 상황을 종합적으로 검토하여 구체적으로 작성할 필요가 있다.

정관은 필수적 기재사항을 제외하면 자치법규의 성격이 있기 때문에, 법인 운영 과정에서 상위 법률과 충돌이 일어나는 경우 우선할 수 없다.

법인 정관의 구성 요소

절대적 기재사항 : 절대적 기재사항은 말 그대로 정관에 반드시 적혀 있어야 할 내용을 말한다. 하나라도 빠지면 법인 설립이 불가능하며, 법인으로 작용할 수 없다. 절대적 기재사항에는 사업 목적, 상호, 주식 총수, 액면가, 법인 설립 시 발행 주식 총수, 본점 소재지, 공고 방법, 발기인의 인적 사항 등이 있다.

상대적·임의적 기재사항 : 상대적·임의적 기재사항은 정관에 반드시 기재하지 않아도 되는 부분이지만, 정관에 기재해야만 효력을 가지는 항목을 말한다. 정관에 기재해두지 않아 법인에서 발생하는 대표적인 문제로는 임원 보수 및 퇴직금, 보상금, 배당, 현물출자, 재산 인수 규정, 인수합병 등이 있다. 회사의 사정을 고려하지 않은 표준정관만으로는 안정적 운영을 보장받을 수 없다. 회사의 사업 목적 및 특수성을 고려한 특약도 추가하는 것이 좋다.

Q&A 1 사업자등록증에 업종 추가 신청을 하니, 정관상 목적에 해당 업종이 없다고 추가가 안 된다고 합니다. 어떻게 해야 할까요?

법인의 경우 사업자등록상 업종을 추가할 경우, 정관상 사업 목적에도 해당 사업이 기재되어 있어야 한다. 그래서 최초 정관 작성 시 사업 목적을 기재할 때에는 예상 가능한 사업을 최대한 기재해야 이후 정관을 변경할 필요가 없어 편하다.

Q&A 2 정관 작성 후 공증인의 인증을 받아야 효력이 발생하나요?

자본금 총액이 10억 원 미만인 회사는 공증 없이 발기인이 정관에 기명날인 또는 서명함으로써 효력이 발생한다.

대표이사, 이사, 감사의 책임과 연대보증

외삼촌이 엄마한테 회사의
대표이사가 돼 달래요

사업을 하는 가족이나 친한 친구에게 회사의 대표이사가 돼 달라는 부탁을 받는 경우가 있다. 대표이사라고 하면 뭔가 대단해지는 기분이 들고, 월급도 몇백만 원씩 주겠다는 제안에 매우 솔깃해진다. 하지만 대표이사, 이사, 감사에 대한 책임에 대해 알아보면 쉽게 제안을 수락하기 어려울 것이다. 사업을 하다 보면 민·형사상 문제가 발생할 수 있다. 회사의 규모가 작을 경우 금융기관에서 대출을 받기 위해 대표이사의 연대보증이 필요하다. 이 경우 대표이사의 개인 재산으로 법인의 채무를 변제해야 하는 일이 발생할 수 있다. 또한 기업의 상황이 여의치 않아 직원 급여가 연체되었거나 지급되지 않으면 근로기준법 위반으로 처벌받게 된다.

그 외 회사의 이사, 집행임원, 감사위원회 위원, 감사 또는 직무대행자가 회사의 순재산액에 관하여 법원 또는 총회에 부실한 보고를 하거나 사실을 은폐한 경우에는 상법 제627조 '부실보고죄'에 해당하여 5년 이하의 징역 또는 1,500만 원 이하의 벌금을 받을 수 있다. 이사회를 구성하는 이사나 대표이사가 이사회에서 결의한 내용이 회사에 손해를 끼친 경우에 그 결의에 찬성한 이사들과 함께 손해를 배상할 책임을 지게 될 수도 있다.

영업 노하우,
절대 뺏기지 않을 거예요

뉴스를 보면 종종 회사의 중요한 기술을 경쟁회사에 빼돌린 임직원을 보게 된다. 기술뿐만 아니라, 영업 노하우 등 회사에서 외부로 유출되면 안 되는 비밀이 있다. 단, 법률에 의해 보호받는 영업비밀과 사업자가 개인적으로 생각하는 영업비밀에는 차이가 있을 수 있다. 사업자가 자신의 영업비밀을 보호받고 싶다면 영업 내용 중 비밀로 보호받을 수 있는 내용이 어디까지인지 확인하고, 비밀 보호를 위한 조치를 취해야 한다.

영업비밀유지계약서 : 영업비밀을 유지하기 위한 가장 기본적인 방법은 먼저 사업상 영업비밀을 다루는 사람과 회사 사이에서 영업비밀 유지 계약을 체결하는 것이다. 영업비밀유지계약서는 보호하려는 영업비밀을 구체적으로 특정해야 한다. 그리고 그 비밀을 외부에 유출하거나 영업비밀을 알고 있는 경우 퇴직 후에도 일정 기간 경쟁업체에 취직하거나 영업비밀을 이용하여 새롭게 업체를 설립하지 않는다는 내용과 위반 시 손해를 배상하는 것을 주된 내용으로 한다.

다만, 퇴직 후 경쟁업체 취직이나 창업을 금지하는 것은 헌법이 보장하는 직업

선택의 자유를 침해하는 것이므로 금지의 정도가 과도하면 무효가 된다. '과도한 정도'에 대해서 대법원은 영업비밀을 통해 보호되어야 하는 사용자의 이익과 근로자의 퇴직 전 지위, 제한 기간 등을 종합적으로 고려하여 판단하고 있다.

보호할 가치가 있는 사용자의 이익이란?

'보호할 가치가 있는 사용자의 이익'은 부정경쟁방지 및 영업비밀보호에 관한 법률 제2조 제2호에서 정한 '영업비밀'보다 더 폭넓게 인정하는 개념이다. 이는 영업비밀 수준에 이르지 않았어도 그 사용자만이 가지고 있는 지식 또는 정보로, 근로자와 이를 제3자에게 누설하지 않기로 약정한 것이거나 고객 관계나 영업상의 신용 유지도 보호할 가치가 있는 사용자의 이익에 해당한다.

부정경쟁방지 및 영업비밀보호에 관한 법률

영업비밀유지계약을 통해 민사상 영업비밀을 보호받는 것 외에 법률에 의하여 영업비밀을 보호받을 수 있다. 영업비밀을 보호하기 위한 법률인 '부정경쟁방지 및 영업비밀보호에 관한 법률'은 영업비밀을 침해할 경우 형사처벌을 받도록 규정하고 있다.

부정경쟁방지법으로 보호받기 위해서는 법률이 정하는 영업비밀에 해당해야 한다. 이는 회사 내에 영업비밀을 관리하기 위한 규정이 별도로 정해져 있는지, 보안규정이 있는지, 영업비밀유지계약서가 작성되었는지, 영업비밀을 기재한 서류에 별도로 비밀등급 등이 부여되어 있는지, 관리책임자만이 접근할 수 있는지 등으로 판단하게 된다. 정리하면, 법의 엄격한 보호를 받기 위해서는 회사 역시 영업비밀을 별도로 관리하면서 지속적으로 많은 노력을 기울여 관리해야 한다.

지식재산권 보호와 관련된 법률을 알아보자

영업비밀 원본증명 서비스(http://www.tradesecret.or.kr)

부정경쟁방지 및 영업비밀보호에 관한 법률은 영업비밀 보유자가 영업비밀이 포함된 전자문서의 원본 여부를 증명받기 위해 전자지문을 등록할 수 있다고 규정하고 있다. 영업비밀 원본증명 서비스를 받으려면 특허청 산하의 '영업비밀 보호센터'를 찾아가면 된다. 영업비밀 원본증명 서비스는 원본에서 추출한 전자지문 값만을 저장하고 원본 그 자체는 보관하지 않는다. 하지만 사업자가 언제부터 언제까지 그 영업비밀을 가지고 있었는지 입증해줄 수 있다. 따라서 영업비밀이 유출됐을 때 영업비밀 침해 사실에 대한 증거 자료료 사용할 수 있다.

기술자료 임치센터(http://www.kescrow.or.kr)

중소기업의 핵심기술을 보호하고 대기업은 중소기업 폐업 및 파산 시 해당 임치물을 이용해서 기술을 안전하게 활용하도록 하는 제도이다.

거래계약서 작성하기

계약서 내용은
정확하고 구체적으로!

사업에서 계약서의 작성은 아무리 강조해도 지나치지 않다. 계약이 유효하려면 계약의 당사자, 목적, 의사 표시가 명확해야 한다. 당연히 계약을 체결할 때에도 이런 사항을 꼼꼼히 살피고 이해해야 한다. 다만, 계약은 서면이 아닌 구두로도 체결될 수 있기 때문에 명시적인 서면으로 체결된 계약이 아니라면 당사자 간에 계약 내용에 다툼이 생길 수 있다. 그러므로 사업 내용과 관련된 거래가 있게 되면 분쟁 방지를 위해서 거래 내용에 대한 자료를 항상 보관해야 한다.

거래계약서 작성하는 법

계약의 내용은 당사자가 자유롭게 정할 수 있다. 하지만 그 내용 중 어느 한쪽에게 심하게 불공정하거나 미풍양속에 반하는 내용이 있다면 거래계약은 무효가 되거나 취소될 수 있다. 공정한 거래계약 체결을 위해서 공정거래위원회는 사업 유형에 따라 다양한 표준거래계약서, 표준거래약관을 작성하여 이를 공개하고 있다. 사업상 필요에 따라 표준거래계약서 등을 참고하여 내용을 첨가하거나 삭제하는 방법으로 간단하게 거래계약서를 작성할 수 있다.

계약서를 변경하거나 수정하더라도 거래계약서에는 '당사자가 누구인지, 계약의 목적이 무엇인지, 거래 대상, 거래할 장소, 일시와 기한, 하자 발생에 따른 손해, 통지의무, 계약 해지 사유' 등이 기재되어야 한다.

사업 손실 대비책

사업을 하다 보면 여러 위험 요소에 노출된다. 사원이 회사 돈을 횡령할 수도 있고, 거래처가 약속을 지키지 않을 수도 있다. 이처럼 사업의 손실이 우려되는 상황을 미리 방지하기 위해서는 다양한 대비책이 필요하다.

또 보증보험을 이용하는 것도 추천한다. 보험사가 보험계약자의 행위로 인해 피해를 입은 피보험자의 손해를 보상해주는 보험이다. 이러한 보증보험에는 신원보증인을 대신하는 신원보증보험, 각종 계약에 따르는 채무의 이행을 보증해주는 이행보증보험, 성능보증보험 등 다양한 종류가 있으므로 자신에게 맞는 상품을 찾아본 뒤 가입하는 것이 좋다. 그 외에도 무역업에 관련된 보험을 판매하는 기업도 있으니 사업 중 발생할 수 있는 위험을 분산시키는 방법으로 보험에 가입하는 것을 고려해보는 것도 좋다.

▷ 공정거래위원회
표준약관양식
QR 코드

돈을 빌릴 때도
계약서 작성은 필수

회사나 개인이 돈을 빌릴 때는 주로 금융기관을 이용하여 대출을 받게 된다. 만약, 금융기관이 아닌 개인 등 사금융을 이용할 때는 대여금 약정서를 별도로 작성할 필요가 있다. 대여금의 약정에서 가장 중요한 것은 원금, 이자, 변제기한인데, 이것을 기본으로 부수적인 조건을 포함할 수 있다.

대여금 약정에서 담보 또는 보증에 관한 사항을 정할 수는 있으나 보증인의 경우 별도로 채권자와 보증인 사이에 보증계약을 체결해야 한다. 대여금 약정을 통해 채권자가 받을 수 있는 이자는 이자제한법상 연 20%(2021년 7월 1일부터) 이내로 제한된다.

채권자가 대여금을 회수받기 어려울 때는 법원을 통하여 '대여금 약정에 체결된 사실+대여금 약정에 따라 돈이 인도된 사실'을 입증하고 판결 등 집행권원을 확보해야 한다. 그런데 현실에서는 약정이 없이 돈을 계좌로 이체한 내역만 있거나, 약정은 있지만 현금으로 돈을 지급하여 인도한 사실을 인정받기 곤란한 경우도 자주 발생한다. 그래서 채무자와 사이에 문자나 SNS에서 기록으로 남겨 이를 보관하는 것이 좋다.

PART 3. 회사를 지키기 위한 최소한의 법률 방패 • 091

대여금 약정을 '금전소비대차공정증서'의 형식으로 받는 것도 좋다. 금전소비대차공정증서는 채권자와 채무자가 공증인을 통해 대여금 약정을 하는 것이다. 이 경우에도 물론 원금, 이자, 변제기 등에 대한 사항을 정해야 한다. 금전소비대차공정증서가 작성된 후 채무자가 정해진 기한에 원금이나 이자를 변제하지 않으면 채권자는 재판을 거치지 않고도 곧바로 채무자의 재산을 강제집행할 수 있어 시간과 비용을 절약할 수 있다는 이점이 있다. 이러한 내용을 정리하면 대여금에는 다음과 같은 사항이 들어가면 좋다.

대여금에서 기재해야 할 사항

- 채권자(대여인)과 채무자(차용인)의 성명(법인의 경우 상호, 대표자), 주소지, 주민등록번호, 연락처등을 명확히 기재하고 인장이 누락되지 않도록 한다.
- 대여금액(원금)을 명확히 기재한다. 금액은 착오를 방지하기 위하여 한글과 아라비아 숫자로 나란히 기재하는 것이 안전하다.
- 변제기를 특정하고 이율을 약정할 때는 그 이율, 지급시기, 지급 방법을 기재해야 한다. 은행 계좌번호를 기재하면 편리하다.
- 기한의 이익이 상실되는 사유를 기재한다.
- 연대보증인이 있을 경우 보증인의 인적사항과 인장이 누락되지 않도록 해야 한다.
- 계약서를 수기하지 않고 타이핑할 때에는 차용인의 성명, 주소, 주민등록번호는 자필로 기재한다.

차용증-1(일반형)

차 용 증

_____ 원(₩ _____)

위 금액을 채무자가 채권자로부터 _____ 년 __ 월 __ 일 틀림없이 빌렸습니다.

이자는 연 _ 할 _ 푼(_ %)으로 하여 매월 __ 일까지 갚겠으며, 원금은 _____ 년 ____ 월 ____ 일

까지 채권자에게 갚겠습니다.

200 __ 년 ____ 월 ____ 일

채무자   이름 : _____ (서명 또는 인)

(빌리는 사람) 주소 : _____

주민등록번호 : _____

전화번호 : _____

채권자   이름 : _____ 귀하

(빌려주는 사람) 주소 : _____

출처 : 서울중앙지방법원

채권 소멸시효
소멸시효 기간을
알아두자

우리 민법이 정하고 있는 채권의 소멸시효는 기본적으로 10년이다. 하지만 사업을 하는 상인 사이의 거래나 상인과 일반인 사이의 거래로 인해 발생한 상사채권의 경우에는 상법에서 별도로 소멸시효를 정하고 있다. 상법이 정하는 소멸시효는 5년이다. 하나의 채권에 대해서 법률 관계에 따라 소멸시효의 기간이 여러 개가 될 수 있는데, 이때는 가장 짧은 기간을 기준으로 한다.

상법이 아닌 다른 법률에 5년보다 짧은 기간으로 소멸시효가 정해져 있으면 그 기간이 소멸시효가 된다. 3년의 소멸시효를 정하고 있는 채권으로는 '생산자 및 상인이 판매하는 생산물 및 상품의 대가, 수공업자 및 제조자의 업무에 관한 채권, 도급받은 자, 기사 기타 공사의 설계 또는 감독에 종사하는 자의 공사에 관한 채권'이 있다.

반면, 여관/음식점/대석/오락장의 숙박료/음식료/대석료/입장료, 소비물의 대가 및 체당금의 채권/의복/침구/장구 기타 동산의 사용료에 대한 채권, 노역인/연예인의 임금 및 그에 공급하는 물건의 대금 채권, 학생 및 수업자의 교육/의식 및 유숙에 관한 교주/숙주/교사의 채권의 소멸시효는 1년이다.

거래 상대방과의 관계에서 아직 정산되지 않은 채권이 있다면, 그 거래 관계의 성격에 따라 소멸시효를 파악한 후 채권관리대장을 작성해서 관리하는 것이 좋다. 채권관리대장은 채권이 발생한 일자, 채권의 성격, 채권의 소멸시효, 변제받은 금액, 미수 금액, 세금계산서 발행 유무 등이 기재되어야 한다.

주요 개정

중소기업의 경우 외상매출금 및 미수금을 회수할 수 없음을 입증할 수 있는 객관적인 증빙자료가 없는 경우라고 하더라도 회수기일(세금계산서 발급일이 아님)로부터 2년이 경과한 날인 2020년 1월 1일 이후 개시하는 사업연도 중에 도래하는 거래분부터는 대손금으로 손비로 계상한 날이 속하는 사업연도의 손금으로 할 수 있다. 다만, '회수기일'이 분명해야 하는 것으로 계약서 등 객관적인 관계 서류로 해당 채권의 회수기일이 언제인지 확인되어야 하는 것이며, 외상매출금 및 미수금으로만 한정하고 있어 금전소비대차계약 등에 따른 대여금채권은 포함되지 않는다.

받을 돈은
적극적으로 받자

채권 회수하기

채권에는 그 성격에 따른 소멸시효가 존재하기 때문에 거래처에서 곧 준다는 말만 믿고 무작정 기다려서는 안 된다. 기간이 지나고 나면 돈을 받고 싶어도 받을 수 없기 때문에 소멸시효 완성 전에 상대방에게 청구해야 한다. 상황에 따라서는 상대의 재산에 대해 경매 등의 강제집행을 통해서 돈을 회수해야 한다. 이를 위해서는 강제집행할 수 있는 권원, 즉 '집행권원'이 있어야 한다.

여기서 잠깐!

채권추심은 어떻게 할까

최근 은행에서는 채권추심 전담관리부서를 지정해서 3개월 이상 연체대출금 보유 차주는 전담관리부로 이관하여 추심이 이루어진다. 여신 취급 지점에서 관리하는 것보다 전담관리부로 이관되면 더욱 신속하게 추심,경매 등의 절차를 진행하기 때문에 3개월 내에 연체를 정리하는 게 좋다. 신용보증기금과 신용보증재단 등에서 보증서를 발급하여 대출을 취급한 경우 여신 취급 지점에서 대위변제를 요청하기도 한다.

집행권원

소멸시효가 완성되기 전 강제로 채권을 집행할 수 있는 집행권원을 확보해두면 언제든지 채권을 돌려받을 수 있는 최소한의 장치는 마련한 것이다. 집행권원은 국가의 강제력에 의해 실현되는 청구권(상대에게 무엇을 달라고 요구할 수 있는 권리)의 존재와 범위, 당사자 및 책임재산의 범위를 표시하고 집행력(상대방에게 강제로 돈을 가져올 수 있는 힘)이 부여되는 공정증서를 말한다.

집행권원에는 확정된 종국 판결, 가집행선고부 판결, 공정증서, 확정된 지급명령, 이행권고결정, 화해권고결정 등이 있다. 이 중에서 판결과 지급명령은 당사자 일방이 법원에 소를 제기하거나 신청함으로써 얻어질 수 있다. 반면에 공정증서는 채권자와 채무자 당사자 쌍방이 신분증을 지참하고 공증인가를 받은 공증인의 앞에서 금전 관계나 어음에 대한 증서를 작성함으로써 성립한다. 공정증서의 종류에는 금전소비대차 공정증서와 어음 공정증서가 있는데 당사자 간의 합의하에 작성되어야 한다는 점에서는 차이가 없다.

미수금 회수를 위해서는 특수한 상황이 아니라면 당사자 일방에 의하여 이루어지는 판결과 지급명령을 통해서 집행권원을 확보할 수밖에 없다. 그중에서 판결은 상당한 시간과 비용이 발생한다는 점에서 소액 미수금에서는 적합하지 않은 방법이다.

지급명령

지급명령은 비교적 간이하고 신속하게 경미한 비용으로 집행권원을 받을 수 있는 방법이다. 금전채권의 경우 채권자의 주소지를 관할하는 법원이 관할 법원이 되므로 돈의 지급을 구하는 지급명령은 채권자 주소지의 법원에 서류를 접수하는 방법으로 신청한다. 이때 채무자가 채권자에게 지급할 채무가 있다는 사실을 증명할 수 있는 서류를 첨부하여 1~2장 내외의 간단한 요건 사실(물품대금이라면 계약, 구두약정 등에 따라 물품을 건네주었으나 아직 대금을 받지 못했다는 사실)을 기재한 후 법원에 인지대와 송달료를 납부하고 그 영수증을 첨부하여 법원에 제출한다.

이보다 더 편리한 방법으로 '대법원 전자소송(ecfs.scourt.go.kr)' 사이트를 이용할 수 있다. 우선 회원가입을 하고 로그인 후 첫 화면에 있는 '서류제출⇨지급명령' 항목을 클릭하면 된다.

다음과 같은 화면이 나오면 그중에서 '지급명령신청서' 항목을 클릭한 후 제시된 항목에 맞춰 기재사항을 기재하면 된다.

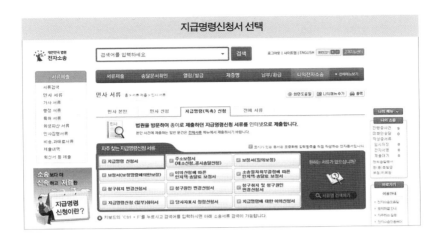

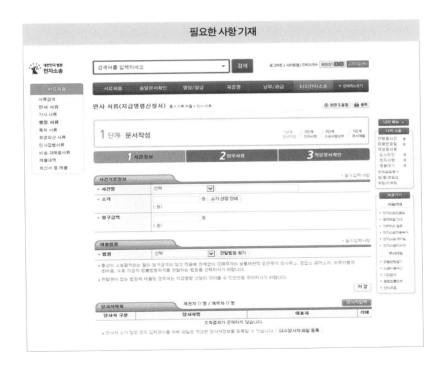

　각 항목에 맞추어 지급명령신청서의 작성이 끝나면 최종적으로 인지대, 송달료를 납부한다. 인지대는 지급명령을 통해서 받고자 하는 금액에 따라 정해지며 지급명령은 소송보다 10분의 1 정도로 저렴한 비용이다. 예를 들어 청구금액이 1만원이라면 소송 인지액은 5만 원이나 지급명령의 경우에는 5,000원이다. 여기에 전자소송의 경우에는 10% 할인된 금액이 적용된다. 송달료는 작성된 소장이나 지급명령신청서, 준비서면 등을 상대방에서 등기우편으로 송달하는 데 들어가는 비용이다. 미리 수 회분을 내게 되는데 지급명령의 경우 2021년 9월 1일 송달료가 5,200원으로 인상되었고, 2016년 10월 1일 이후 6회분을 내고 있다. 따라서 1명의 채권자가 1명의 채무자에게 지급명령을 신청할 때 납부해야 할 송달료는 다음과 같다(1회 송달료, 2021년 9월 1일 기준).

송달료={1(채권자 수)+1(채무자 수)}×6회×5,200원=6만 2,400원

이렇게 작성돼서 송달된 지급명령신청서에 대해 상대방이 송달받은 날로부터 2주 이내에 이의를 제기하지 않으면 지급명령은 그대로 확정된다. 확정된 지급명령은 집행권원이 되어 상대방 명의의 부동산, 은행예금, 주식, 자동차 기타 동산 등 재산에 대하여 강제집행을 할 수 있고, 채권의 소멸시효는 확정된 날로부터 10년으로 변하게 된다.

지급명령을 송달받은 상대방이 2주의 이의기간 내에 이의신청을 하게 되면 지급명령을 신청한 채권자는 법원으로부터 인지대, 송달료를 보정하라는 보정서를 받게 된다. 지급명령에 대해 이의가 있으면 본안소송으로 다투게 되는데 본안소송의 인지대, 송달료가 지급명령의 경우보다 10배 더 많으므로 그 부족분을 납부해야 한다.

채무확인서란?

법이 정하고 있는 채권의 소멸시효가 지난 후에는 채무확인서를 받는 것도 한 방법이다. 시효의 이익을 누리는 자는 그 이익을 포기할 수 있다. 채무자가 시효가 완성된 후에도 자신이 채무를 부담하고 있다는 내용의 확인서를 작성하여 서명하거나, 기타 다른 방법으로 채무를 승인한다는 의사를 표시하면 채권자는 채무자에게 금전의 지급을 구할 수 있다.

재산명시신청, 재산조회신청

강제집행을 할 수 있는 집행권원을 확보했다고 할지라도 채무자가 어디에, 어느 정도 재산을 가지고 있는지 알지 못한다면 집행권원은 아무 쓸모가 없다. 채무

자의 재산을 찾는 방법에는 재산명시신청과 재산조회신청이 있다. 재산조회신청은 법원을 통해서 국내에 소재한 각종 은행, 보험사 등 금융기관에 채무자 명의의 재산이 있는지 조회하는 것을 말한다. 재산조회신청은 반드시 재산명시신청을 거친 다음에 신청할 수 있다.

재산명시신청 역시 대법원 전자소송 사이트를 통해서 할 수도 있고, 법원에 직접 서류를 제출하는 방법도 있다. 지급명령과 마찬가지로 채무자의 주소 등 인적 사항과 신청 취지, 신청 사유를 기재하고, 집행권원과 집행개시의 요건이 되는 문서(집행권원이 상대방에게 송달되어 확정되었다는 것을 증명하기 위해서 법원이 발급하는 송달 확정 증명원)와 함께 채무자의 주소지를 관할하는 법원에 접수한다.

재산명시신청서를 송달할 채무자의 주소를 모른다면 '주민등록법' 제29조 ②항 6호에 근거하여 채무자의 주민등록을 열람하거나 등·초본을 발급받을 수 있다. 이는 채무자와 채권자가 채권·채무 관계 등으로 인해 정당한 이해관계가 있다고 인정되는 경우에 허용된다. 따라서 채무자와 채권 관계에 있고, 받을 돈이 있다는 것이 먼저 증명되어야 한다. 그런데 재산명시신청은 집행권원을 가진 이후에 신청

여기서 잠깐!

거래처 신용조사

신용조사란 거래처에 대해 조사하는 것인데, 건전성 관리 및 재산 파악, 채무자 소재 파악을 위해서다. 매출이 높더라도 리스크 관리가 소홀할 경우 대금 회수가 안 되어 부실채권이 될 수 있기 때문이다. 신용조사는 계약 체결 전, 거래 중, 거래 종료 후로 구분되는데, 거래 중인 경우 정기적으로 조사(계약조건 불이행 및 거래조건 변경 요구 시, 대금체납 시, 부도 발생 시, 가압류 등 법률행위 진행 시 등)를 진행하는 것을 추천한다.

하기 때문에 집행권원이 그 증명에 필요한 서류가 될 수 있다(채무자의 주민등록을 발급받기 위해서 반드시 집행권원만이 필요한 것은 아니고 채권·채무 관계를 증명할 수 있는 서류면 충분하다). 재산명시신청과 조회신청에 필요한 인지대는 각 1,000원이고, 재산명시신청은 '2만 6,000원(1인(당사자수)×5회×5,200원(1회 송달료, 2021년 9월 1일 현재)'이고, 재산조회신청은 '송달이 필요한 기관 수×2회×5,200원(1회 송달료, 2021년 9월 1일 현재)'이다. 재산명시신청서가 법원에 제출되면 법원은 이를 검토해서 채무자에게 자신의 재산 상태를 알 수 있도록 재산 목록을 작성해서 제출할 것을 명한다. 만약 채무자가 이 명령에 따르지 않고 명시기일에 출석하지 않거나 재산 목록 제출이나 선서를 거부하면, 법원은 감치 재판을 통해 20일 이내 기간 동안 감치에 처할 수 있다. 그리고 채무자가 허위로 재산 목록을 제출한 경우 3년 이하의 징역 또는 500만 원 이하의 벌금을 부과할 수 있다.

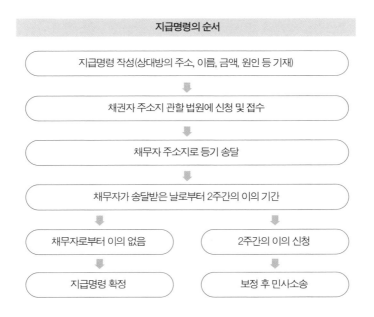

지급명령의 순서

지급명령 작성(상대방의 주소, 이름, 금액, 원인 등 기재)

채권자 주소지 관할 법원에 신청 및 접수

채무자 주소지로 등기 송달

채무자가 송달받은 날로부터 2주간의 이의 기간

채무자로부터 이의 없음	2주간의 이의 신청
지급명령 확정	보정 후 민사소송

파산할 때 알아야 할 것들

더 이상 빚을
감당할 수 없다면?

개인파산이란 채무를 변제할 능력이 없는 경우, 그 채무를 정리하기 위해 스스로 파산신청을 하는 것이다. 파산선고의 목적은 회생이 곤란한 개인채무자의 재산을 채권자에게 공정하게 나누어 배당하는 데 있다.

파산에는 채무액의 제한이 없고, 신용불량자가 아니더라도 신청할 수 있다. 채무자가 더 이상 채무에 대해 지급할 수 없을 때 법원에 신청하고, 법원의 결정을 받으면 파산이 선고된다. 파산선고를 한 채무자는 남아 있는 채무에 대한 책임이 면제된다. 물론 파산선고에는 불이익이 뒤따른다. 파산자는 공무원, 변호사, 회계사, 변리사, 공증인, 후견인, 유언집행자 등이 될 수 없도록 법으로 정하고 있다. 또한 파산선고는 주식회사, 유한회사 이사의 해임 사유가 되며, 합명회사나 합자회사 사원의 퇴사 사유가 된다.

파산과 개인회생

개인회생은 채무로 인해 경제적으로 어려운 개인 채무자 중 앞으로 계속적이거나 반복적으로 수입을 얻을 가능성이 있는 사람을 대상으로 한 제도이다. 개인회생의 목적은 이해관계인의 법률 관계를 조정해 채무자의 효율적 회생과 채권자의 이익을 도모하는 것이다. 근저당원 등 담보된 개인회생채권의 경우 채무액이 10억 원 이하, 그 외 채권은 5억 원 이하여야 개인회생을 할 수 있다. 또한 채무자가 개인회생을 신청할 경우 채무자가 파산할 때보다 채권자들이 받을 수 있는 돈이 같거나 클 때만 허용된다.

개인회생을 신청하면 법률에 따라 14일 이내에 변제계획안을 제출해야 한다. 여기서 변제계획안은 채무자가 개인회생채권을 어떻게 변제하겠다는 구체적인 계획을 적은 문서로, 이 계획안에 따라 변제되는 채권 이외에는 모두 책임이 면제된다. 계획안에는 변제기간, 그 기간 동안의 월수입, 채무자와 피부양자의 생활에 필요한 생계비 등을 기재한다. 개인회생 절차에서 나오는 모든 재산이나 소득은 개인회생재단에 속하게 된다. 이때 개인회생재단에 속하는 모든 재산은 채무자에게 귀속되고, 변제계획을 수행 완료할 경우 개인회생 채권자에 대한 채무의 책임이 면제된다.

개인회생이나 개인파산을 한다고 해서 모든 채권을 변제하지 않아도 되는 것은 아니다. 개인회생과 개인파산을 하더라도 변제해야 하는 채무가 있다. 조세, 벌금·과료, 형사소송 비용, 추징금, 과태료, 불법 행위로 인한 손해배상채권, 채무자의 근로자에게 미지급한 임금·퇴직금, 악의로 채권자 목록에 기재하지 않은 청구권 등이 이에 해당한다.

개인회생 비교 정리		
구분	개인파산	개인회생
목적	회생이 어려운 개인 채무자의 재산을 채권자에게 공정하게 환가·배당하는 것	파산 원인이 있는 개인 채무자를 대상으로 이해관계인의 법률 관계를 조정해 채무자의 효율적 회생과 채권자의 이익을 도모하는 것
채무액	제한 없음	・담보 개인회생채권은 10억 원 이하 ・그 외 채권(신용채권)은 5억 원 이하
소득(월)	부양가족수에 따른 최저 생계비 이하	부양가족수에 따른 최저 생계비 이상
결정기준	채무자가 지급할 수 없을 때 신청 후 법원이 결정	지속적인 소득이 있고, 채무자가 파산하는 경우보다 채권자들이 받을 수 있는 돈이 같거나 클 때
효과	파산 채권자에 대한 채무의 전부에 관한 책임 면제	개인회생재단에 속하는 모든 재산은 채무자에게 귀속되고, 변제계획에 따른 수행 완료 시 개인회생채권자에 대한 채무에 관한 책임 면제
면책 제외 채권	조세·벌금·과료·형사 소송비용·추징금·과태료, 불법행위, 채무자의 근로자의 임금·퇴직금, 악의로 채권자 목록에 기재하지 않은 청구권, 양육비, 학자금	조세, 벌금·과료·형사 소송비용·추징금·과태료, 불법 행위, 채무자의 근로자의 임금·퇴직금, 채권자 목록에 기재하지 않은 청구권, 양육비

PART 4

회계 · 세무
기초만 제대로 알자

- 수입에 대한 세금 관리하기
- 수익과 비용 관리하기
- 손익계산서, 재무상태표 작성하기
- 재무분석하기
- 개인사업자와 법인사업자의 세금 비교
- 세금계산서 발행하기
- 어음 거래 시 유의할 점

수입에 대한 세금

수입이 있다면
세금은 필수!

영업활동을 통해 수입이 발생했다면 반드시 세금을 염두에 두어야 한다. 수입이 생기면 수입이 발생되기까지의 비용도 함께 고려해야 하는데, '수입-비용'에서 이익(+), 손실(-) 여부와 상관없이 발생하는 세금이 부가가치세이다. 이익(+)일 때는 사업소득세(개인) 또는 법인세(법인)도 추가적으로 발생한다.

매출이 발생하면 매출에 대해 10% 단일세율로 부가가치세를 납부해야 한다. 따라서 부가가치세를 고려해서 상대방과 계약하거나 소비자에게 판매해야 한다. 예를 들어 운동화를 소비자에게 5만 5,000원에 판매한다면 이 판매가액에는 부가세가 포함되어 있다. 5만 원이 매출이고 5,000원은 부가세로 추후 납부해야 하는 세금이다. 그러므로 거래계약서를 작성할 때 판매금액에 부가세 포함인지, 별도인지를 분명히 명시해야 한다. 명시하지 않을 때에는 부가세가 포함된 것으로 간주한다.

운동화를 다른 상대방으로부터 구입해서 판매하는 경우에도 마찬가지이다. 구입가액에는 부가세를 포함한 금액을 상대방에게 지급해야 하는데, 계약할 때 부가세 포함인지, 별도인지에 따라 구입할 때 지출하는 금액에 차이가 생긴다. 아무

런 언급없이 2만 2,000원에 구입한다고 계약하는 경우 2만 2,000원에 부가세가 포함된 금액으로 봐야 한다. 2만 2,000원에 부가세 별도로 계약했을 경우, 2만 2,000원의 10%에 해당하는 금액인 2,200원을 더 지급해야 한다. 이처럼 거래할 때 부가세 여부는 매우 중요하다.

운동화를 2만 2,000원(부가세 포함)에 구입하고 소비자에게 5만 5,000원(부가세 포함)하여 판매한다면, 내가 내야 할 세금을 계산해보면 다음과 같다.

상품판매가액	5만 5,000원	매출(수익)	5만 원	부가세	+5,000원
상품매입가액	3만 3,000원	매출원가(비용)	3만 원	부가세	-3,000원
		이익 (사업소득세 또는 법인세 과세 대상)	2만 원	납부할 부가세	2,000원

수익과 비용을 구분하자
팔아서 번 돈,
팔기 위해 쓴 돈

수익이란 매출액, 이자수익, 임대료, 배당금 수익, 수수료 수익 등 기업실체의 경영활동과 관련하여 재화의 판매 또는 용역의 제공 등에 대한 대가로 발생하는 자산의 유입 또는 부채의 감소를 말한다.

비용이란 매출원가, 급여, 임차료, 광고선전비, 통신비, 이자비용 등 기업 실체의 경영활동과 관련된 재화의 판매 또는 용역의 제공 등에 따라 발생하는 자산의 유출이나 사용 또는 부채의 증가를 말한다.

수익과 **비용인식**은 현금이 유입되었을 때 인식하는 것(현금주의)이 아니라 수익은 실현되었거나 실현 가능한 때이다. 그리고 비용은 수익에 대응하여 인식(수익 비용 대응 원칙)한다.

TIP! **한국회계기준원**
기업회계기준원(www.kasb.or.kr) 홈페이지에 방문하면 중소기업 회계기준, 회계질의 등 다양한 회계정보가 제공된다.

수익은 실현되었을 때 인식한다고 했는데, 수익이 실현된다는 것은 판매 계약을 했을 때, 판매대금을 입금했을 때, 물품이 전달되었을 때 중 어느 시점을 기준으로 말하는 걸까? 수익인식 기준에 대해 대표적인 것만 설명하면 다음과 같다.

구분	재화 수익인식 기준
원칙	재화의 인도 기준
할부 판매	재화의 인도 기준
위탁 판매	수탁자가 제3자에게 판매하는 시점
정기 간행물	구독 기간 동안 정액법으로 인식
중개 판매	중개 수수료만 수익으로 인식
구분	용역 수익인식 기준
원칙	진행 기준(단, 중소기업은 1년 내 완료되는 예약매출은 용역 제공일에 인식 가능)
수강료	강의 기간 동안 인식
소프트웨어 개발	진행 기준
로열티	제공 기간 동안 안분
프랜차이즈 수수료	• 설비 등 제공 수수료 : 인도 시점, 소유권 이전 시점 • 운용지원 용역 제공 수수료 : 용역이 제공되는 시점

여기서 잠깐!

신규사업자도 매출관리는 필수이다

신설법인의 경우, 사업 초기에 매출이 낮고 사무실 임차나 비품 구입 등으로 비용이 더 많이 발생하는 경우가 대다수이다. 이럴 때 시중은행에서 현금 유동성을 위해 또는 사업 확장 등을 위해 대출을 받으러 가면 퇴짜를 맞는 경우가 있다.

결손(수익보다 비용이 더 많은 경우)인 사업자는 시중은행에서 대출이 어렵다. '사업 초기니까 괜찮겠지'라고 생각하거나 '대출할 일이 생길까'라는 생각으로 재무상태에 무관심했다가는 대출이 필요한 시기에 제대로 자금 유입이 안 되거나 높은 이율로 제2금융권을 이용하게 되는 등 손해를 볼 수 있다.

사업장의 재무관리를 위해 결손이 발생하지 않도록 분기별/반기별로 수익과 비용 관리를 철저히 점검하고, 대표이사의 신용도를 높이기 위해 주거래 은행의 신용점수를 높일 필요가 있다. 각 은행 지점 담당자의 컨설팅을 받아 자신의 수입에 맞는 장단기 포트폴리오를 만들어 관리하는 것이 좋다.

기말재고자산은 어떻게 관리해야 할까

매출원가는 판매한 재고자산의 원가를 말하는데, 각 재고자산의 원가를 계산하기 번거롭기 때문에 '기초재고자산+당기 중 매입원가'에서 기말재고자산을 차감한 금액으로 계산한다. 따라서 기말재고가 높으면 매출원가가 줄고, 기말재고가 낮으면 매출원가를 높아진다. 매출원가가 높아지면 영업이익이 줄게 되어 경영 성과는 좋지 않지만 세금은 줄게 된다. 홍수, 화재, 도난 등으로 자산가치가 하락하거나 장부상 실물재고의 수량이 부족한 경우 장부에 반영하여 처리할 수 있으므로 결산 시점에 기말재고 관리는 꼭 필요하다.

손익계산서 작성하기

이익은 얼마이고, 손실은 얼마일까

손익계산서는 일정기간 동안의 경영 성과를 파악할 수 있는 수익, 비용, 이익, 손실을 나타내는 보고서로 표시되는 계정과목은 다음과 같다.

대표적인 수익, 비용 계정 과목 예시		
분류	계정 과목	내용
수익	상품 매출	상품을 팔아서 받게 될 돈
	이자 수익	빌려준 돈에 대해 받은 이자
비용	급여	직원에게 지급한 돈
	지급 임차료	사무실 등을 임차해서 지급한 돈
	여비 교통비	출장비, 숙박비, 교통비 등으로 지출된 돈
	통신비	전화요금, 우편요금, 인터넷 요금 등
	차량유지비	자동차 주유비, 자동차 리스/렌트비, 주차비 등
	수도광열비	전기요금, 수도요금 등
	접대비	영업을 위해 영업 상대방에게 지출한 금전적 비용
	보험료	사업장 화재보험, 사회보험 사업자 부담분
	감가상각비	건물 및 자동차, 기계장치, 비품의 상각비용
	광고선전비	홍보 및 광고물 제작비
	세금과공과	각종 영업단체 회비, 등록면허세, 업무용 차량 재산세 등
	수선비	기계장치 등의 수리비
	잡비	그 외 금액이 적고 자주 발생하지 않는 지출

손익계산서

제3기 2020년 1월 1일부터 2020년 12월 31일까지

제4기 2021년 1월 1일부터 2021년 12월 31일까지

(주) 대박

과목	제4기		제3기	
	금액		금액	
I. 매출액				×××
① II. 매출원가				×××
기초상품재고액		×××	×××	×××
당기상품재고액		×××	×××	
기말상품재고액				
② III. 매출총이익				×××
③ IV. 판매비와관리비				×××
급여			×××	
지급임차료	×××		×××	
여비교통비	×××		×××	
통신비	×××		×××	
수도광열비	×××		×××	
접대비	×××		×××	
광고선전비	×××		×××	
세금과공과			×××	
수선비			×××	
감가상각비	×××		×××	
④ V. 영업이익		×××		×××
⑤ VI. 영업수익		×××		×××
이자수익			×××	
잡이익			×××	
⑥ VII. 영업외비용				×××
이자비용	×		×××	
잡손실	×		×××	
⑦ VIII. 법인세차감전이익				×××
IX. 법인세 등		×××		
법인세 등	×××		××	×××
⑧ X. 당기순이익				×××

① '기초재고+당기매입재고 -기말재고'로 계산

② '매출액-매출원가'로 계산

③ 급여에서부터 감가상각비까지 금액의 합(재고매입을 제외)

④ 매출총이익에서 판매관리비를 차감한 금액

⑤, ⑥ 영업과 직접 관련이 없는 이자수익, 대출이자 및 잡이익과 잡손실

⑦ '영업이익+영업외이익 영업외비용'을 한 금액

⑧ 법인세차감전이익에서 법인세를 차감한 금액

재무상태표 작성하기
회사의 핵심
자산, 부채, 자본

재무상태표란 일정 시점의 기업 재무상태를 명확히 보고하기 위해 보고기간 종료일 현재의 모든 자산과 부채 그리고 자본의 상호관계를 재무상태표 등식에 따라 표시한 보고서를 말한다.

자산

현금, 당좌예금, 외상매출금, 단기대여금, 미수금, 상품, 건물, 차량운반구 등 과거의 거래나 사건의 결과로 현재 기업 실체에 의해 지배되고 미래에 경제적 효익을 창출할 것으로 기대되는 자원을 말한다.

부채

외상매입금, 단기차입금, 미지급금, 선수금 등 과거의 거래나 사건의 결과로 현재 기업 실체가 부담하고 있고 미래에 자원의 유출 또는 사용이 예상되는 의무를 말한다.

자본

자산총액에서 부채총액을 차감한 잔여액을 말한다.

대표적인 자산, 부채, 자본 계정과목은 다음과 같다.

대표적인 자산, 부채, 자본 계정 과목 예시		
분류	계정 과목	내용
자산	현금	현금
	상품	판매 목적으로 구입한 물건
	제품	판매 목적으로 제조한 물건
	매출채권	상품 등을 외상으로 팔았을 때 받은 금액
	단기대여금	1년 이내의 만기로 빌려준 금액
	미수금	상품 이외의 물건을 외상으로 매각하고 받을 금액, 즉 회사 차량이나 비품을 외상으로 판매했을 때 사용하는 계정
	건물	회사가 보유하고 있는 건물
	비품	영업상 사용할 책상, 의자, 컴퓨터, 냉장고, 복사기 등
	차량운반구	업무용 승용차, 화물용 트럭 등
부채	외상매입금	외상으로 매입한 상품 대금을 지급해야 할 금액
	미지급금	상품 이외의 물품을 외상으로 구입했을 경우 갚아야 할 금액
	선수금	상품을 팔기 전에 미리 받은 계약금
	단기차입금	다른 사람이나 기관으로부터 빌린 자금을 1년 이내에 갚아야 할 금액
자본	자본금	주주가 출자한 재산(주식의 액면가액)

재무상태표				
(주) 한국		20X1년 12월 31일		(단위: 천 원)
자산		부채		
현금(현금성자산)	100,000	매입채무		100,000
단기 투자자산	50,000	장기 차입금		300,000
매출채권	150,000	부채총계		400,000
재고자산(상품, 제품)	100,000			
장기 투자자산	50,000	자본		
유형자산	500,000	자본금		500,000
무형자산	50,000	이익잉여금		100,000
		자본총계		600,000
자산 총계	1,000,000	자본 및 부채 총계		1,000,000

Q&A 금융기관에서는 저희 회사가 자본잠식 상태여서 대출이 힘들다고 합니다.
자본잠식이 뭐죠?

자본잠식이란, 기업의 적자 누적으로 잉여금이 마이너
스가 되면서, 자본총계가 납입 자본금보다 적은 상태를
말한다.

예를 들어 최초 납입 자본금이 1,000만 원이고, 3년간
영업손실누적액이 1,500만 원인 경우 자본총계는 -500
만 원이 되는 것이다. 이때 자본잠식이 되었다고 한다.

자본총계 -500만 원	3년간 영업손실 누적액 1,500만 원
최초 납입 자본금 1,000만 원	

자본잠식 해결방법은 자본금을 추가(증자)하거나 회사에 자금이 없어 대표가
개인 자금을 법인통장에 넣었던 돈, 즉 가수금을 출자전환하는 방법, 매출을 늘
리고 이익을 높여 자기자본을 마이너스(-)에서 플러스(+)로 전환하는 방법이
있다. 하지만 두 가지 방법 모두 쉽지 않다.

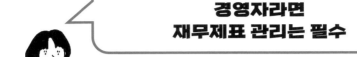

재무분석하기

경영자라면
재무제표 관리는 필수

기업의 재무보고 핵심 수단인 재무제표를 보면 기업의 유동성, 수익성, 안정성, 활동성을 알 수 있다. 따라서 경영자는 회사의 재무제표를 관리할 수 있는 능력이 있어야 하며, 재무제표의 분석 능력을 갖추어야 한다. 경영을 10년 넘게 했어도 재무분석을 못 하고 남의 도움을 받아야 한다면, 이번 기회에 간단하고 쉬운 것부터 공부해보자.

여기서 잠깐!

재무제표 관리하는 법

재무제표는 기업의 경영활동에 대한 정보를 제공하는 주요 수단으로 기업실체가 외부 정보이용자에게 재무정보를 전달하는 재무보고의 핵심이다. 일반적으로 인정된 회계원칙은 상장법인은 K-IFRS, 비상장법인은 GAAP을 선택한다. 비상장법인도 원하는 경우 K-IFRS를 선택할 수 있다. 그러나 비상장기업이 상장기업의 연결자회사인 경우에는 반드시 K-IFSR에 의해 재무제표를 작성해야 한다. 재무제표는 국제회계기준에 의하여 강제성과 표준성을 갖고 있는데, 이런 조건이 없다면 기업 간의 비교 가능성이 낮아져서 투명한 기업평가가 불가능하다. 재무제표를 작성해야 하는 기업은 회계기준에 맞게 작성해야 그 정보를 이용하는 개인 및 금융기관도 공정하고 정당한 거래가 가능해진다. 금융기관에서 중요시하는 재무제표는 최근 3년간의 재무제표를 비교하여 성장성과 수익성, 안정성 지표가 해당 기업이 감당할 수준인지 또는 현금흐름이 부(-)를 나타내는지 등이다. 금융기관에서 여신을 지원할 경우 향후 재무지표에 어떤 영향을 주는지 먼저 재무제표를 예상해보는 것도 필요하다.

재무제표 열람

매년 작성하는 재무제표, 난 보여준 적 없는데 경쟁업체 대표가 보고 있다? 놀랍지 않은 일이다. 외감대상 법인은 금융감독원 전자공시시스템(www.dart.fss.or.kr)에서 재무제표를 열람할 수 있다. 이 사이트에서 볼 수 없는 경우는 상공회의소 코참비즈, 한국신용평가정보 KIS-LINE, 한국기업데이터 등에서 유료로 열람이 가능하다.

재무상태표, 손익계산서

일정시점(일반적으로 12월 31일)에서의 재무상태표는 자산, 부채, 자기자본에 대한 정보를 알 수 있다. 자산에서는 장·단기 매출채권, 예·적금 보유, 시설 및 토지 건물, 투자자산을 확인할 수 있다. 부채에서 대출을 포함한 장·단기차입금, 미지급 매출채무, 미지급 급여를 확인할 수 있다. 자기자본에서는 자본금, 누적 이익(이익잉여금), 당기 이익(당기순이익), 배당금, 적립금을 확인할 수 있다. 이런 재무상태를 통해 유동성, 안정성, 수익성, 성장성, 활동성을 분석할 수 있다.

손익계산서는 일정 기간(일반적으로 1월 1일부터 12월 31일까지) 동안의 영업 성과를 확인할 수 있는 경영 성적표이다. 해당 기간 동안의 매출, 매출원가, 급여, 상여, 복리후생비, 수수료, 접대비, 당기순이익, 주식 1주당순이익(EPS), 자기자본 대비 이익(ROE), 주가를 주당순이익으로 나눈 값(PER), 순이익을 투자액으로 나눈 값(ROI)을 측정할 수 있다.

우리 회사의 매출액 대비 매출채권비율은 10% 미만인지, 매출액 대비 영업이익 비율이 10% 이상인지 확인해보자. 매출채권 비율이 높다면, 매출은 높지만 미처 회수하지 못한 금액이 많다는 것으로 부실채권 관리가 시급하다.

매출액 대비 영업이익이 10%도 안 된다면 10%도 남지 않는 영업 성과를 낸다는 것이다. 이때 과다하게 비용이 발생하고 있지 않은지, 신사업을 위한 투자를 위해 회사가 적립할 수 있는 자금을 외부에서 유입해야 하는지 등을 고민해야 한다. 3개년 치 재무제표를 비교·분석해보면, 우리 회사의 발전 가능성 여부를 더 확실히 볼 수 있다.

2020년 기업경영분석

업종별		전산업(ALL)		제조업(C)		비제조업(Z)		대기업		중소기업	
	지표	2019	2020	2019	2020	2019	2020	2019	2020	2019	2020
성장성지표 (%)	총자산증가율[1]	4.98	4.92	3.16	4.82	7.04	5.01	4.61	4.49	6.35	6.33
	유형자산증가율[1]	7.09	3.46	2.71	3.33	12.35	3.59	7.28	2.25	6.45	7.31
	매출액증가율[2]	-0.96	-3.16	-2.27	-3.62	0.76	-2.61	-1.54	-4.32	1.49	0.78
수익성지표 (%)	총자산세전순이익률	3.15	3.14	3.60	3.43	2.64	2.84	3.24	3.05	2.81	3.42
	매출액세전순이익률	4.08	4.32	4.44	4.41	3.64	4.21	4.09	4.22	4.03	4.64
	매출액영업이익률	4.80	5.06	4.74	4.87	4.86	5.28	4.66	4.90	5.27	5.57
	매출액순이익률	2.97	3.18	3.30	3.32	2.58	3.01	3.03	3.14	2.78	3.30
	자기자본순이익률(ROE)	4.43	4.55	4.35	4.24	4.57	5.03	4.35	4.17	4.85	6.29
	매출원가/매출액	80.08	79.06	82.78	81.93	76.86	75.67	80.95	79.85	77.14	76.53
	금융비용/매출액	1.30	1.29	0.83	0.79	1.88	1.89	1.09	1.07	2.03	2.00
	차입금평균이자율	3.78	3.32	3.46	2.98	3.99	3.52	3.70	3.16	3.95	3.65
	이자보상비율	367.64	391.49	574.74	616.41	258.78	280.11	427.37	457.03	259.23	278.64
안정성지표 (%)	자기자본비율	50.62	50.65	61.06	60.42	39.91	40.65	54.39	54.16	38.12	39.22
	유동비율	133.23	131.29	144.64	140.84	122.84	122.31	135.46	132.63	128.12	128.19
	당좌비율	98.62	99.01	107.85	107.23	90.22	91.28	104.16	103.64	85.96	88.27
	비유동비율	124.17	124.85	101.64	102.96	159.53	158.16	120.95	122.00	139.40	137.59
	비유동장기적합률	87.15	87.83	84.12	85.02	90.41	90.80	88.02	88.79	83.79	84.20
	부채비율	97.56	97.45	63.78	65.52	150.55	146.03	83.86	84.65	162.30	154.98
	차입금의존도	28.27	28.16	20.38	20.73	36.36	35.77	24.41	24.56	41.03	39.89
	차입금/매출액	34.50	38.89	24.04	26.47	47.74	53.57	29.04	33.92	56.75	54.85
회전성지표 (회)	총자산회전율	0.78	0.73	0.83	0.78	0.73	0.67	0.80	0.72	0.71	0.74
	유형자산회전율	2.19	2.07	2.29	2.17	2.08	1.96	2.28	2.08	1.89	2.02
	재고자산회전율	8.08	7.77	0.00	8.33	7.51	7.20	9.73	9.43	4.78	4.96
배당지표 (%)	사내유보율 <사내유보/처분전잉여금등>	93.08	91.44	91.93	89.48	94.47	93.70	91.58	89.51	96.49	95.62
	배당률 <배당금/자본금>	20.86	28.40	30.25	41.61	13.22	17.59	24.89	34.03	9.53	15.23
	배당성향[3] <배당금/당기순이익>	34.61	42.61	40.75	52.93	27.33	30.94	40.29	51.16	19.52	22.54
CF지표 (%)	현금흐름보상비율	49.38	61.33	63.66	77.72	37.67	48.00	68.98	82.74	19.68	29.72
	현금흐름이자보상비율 <(영업활동CF+이자비용)/이자비용>	614.03	845.53	1035.22	1451.00	392.63	545.71	801.40	1074.89	273.95	450.60

1) 전년말대비   2) 전년동기대비
3) 당기순손실 업체 제외

출처 : 한국은행

▷ 기업경영분석 QR 코드

최소한의 재무제표 분석

투자처나 사업제안 시 재무비율을 요청하는 경우가 있다. 경영자가 알아야 할 최소한의 분석비율을 열거하였다. 이를 분석해보는 시간을 꼭 가지길 바란다.

- **자기자본비율(BIS)** : 총자산 중에 자본이 차지하는 비율로 기업의무 구조의 건전성을 나타내는 가장 대표적 지표이다.

  ⇨ (자본÷자산)×100 (기준 50, 높을수록 좋다.)

- **매출총이익율** : 매출로부터 얼마만큼의 이익을 얻느냐를 나타내는 비율로 사업의 특질에서 오는 수익성을 나타내는 지표이다.

  ⇨ (매출총이익÷매출액)×100 (높을수록 좋다.)

- **유동비율** : 회사의 지불능력을 판단하기 위해서 사용하는 분석지표이다.

  ⇨ (유동자산÷유동부채)×100 (높을수록 좋다, 적정비율 200% 이상)

- **당좌비율** : 기업의 지불능력의 대소를 판단하는 분석지표이다.

  ⇨ (당좌자산÷유동부채)×100 (높을수록 좋다, 적정비율100% 이상)

- **부채비율** : 기업 자본 구성의 안전도, 특히 타인자본 의존도를 표시하는 지표이다.

  ⇨ (부채총계÷자기자본)×100 (낮을수록 좋다.)

- **자기자본이익율(ROE)** : 총자산 가운데 부채를 제외한 자기자본 금액만을 기준으로 수익성을 측정하는 비율지표이다.

  ⇨ [당기순이익÷자기자본(자본총계)]×100

- **매출액증가율** : 영업활동에서 계속적으로 발생하는 영업수입으로, 기업의 성장률을 판단하는 대표적인 비율이다.

  ⇨ (당기 매출액-전기 매출액)÷전기 매출액×100

- **총자산증가율** : 기업의 규모가 얼마나 증가했는지 보여주는 성장성 지표이다.

  ⇨ (당기말 총자산-전기말 총자산)÷전기말 총자산×100

- **영업이익증가율** : 전년 대비 영업이익이 얼마나 증가했는지 보여주는 성장성 지표이다.

  ⇨ (당기 영업이익-전기 영업이익)÷전기 영업이익×100

- **총자산회전율** : 기업이 소유하고 있는 자산들을 얼마나 효과적으로 이용하고 있는지를 측정하는 활동성 비율이다.

  ⇨ 매출액÷매출 총자산 (높을수록 좋다.)

- **매출채권회전율** : 매출채권의 현금화 속도를 측정하는 지표이다.

  ⇨ 매출액÷매출채권(평균) (높을수록 좋다.)

- **재고자산회전율** : 재고자산이 당좌자산으로 변화하는 속도를 나타내는 지표이다. 높을수록 유리하지만, 과도할 경우 원재료 및 제품 등의 부족으로 계속적인 생산 및 판매활동에 지장을 초래할 수도 있다.

  ⇨ (연간매출액÷평균재고자산)×100

매년 내부적으로 분석비율이 양호한 상태를 유지할 수 있도록 관리하는 것이 중요하다.

▷ 재무제표 분석틀
http://cafe.naver.
com/yourtax
책 자료실

회사 자금 인출에 대한 내역을 관리하자

사업을 운영하다 보면 회사 자금의 지출에 대한 적격 증빙을 수취하지 못하거나, 대표이사 등이 임의로 자금을 인출하거나 그 사용 내역을 확인하지 못하는 경우가 발생하는데, 이 경우 가지급금으로 처리한다. 반대로, 현금 입금이 있었으나 거래 내용이 불분명하거나, 회사의 운영자금이 부족하여 대표이사 등이 현금을 대신 입금하는 경우에는 이를 임시로 누군가로부터 빌린 자금으로 보아 가수금으로 처리한다.

가지급금과 가수금은 증빙자료나 회계처리 없이 나가고 들어온 현금으로, 장부상 현금과 실제 현금의 차이를 없애기 위한 일시적인 계정과목이다. 그러므로 회계장부를 결산할 때에는 이를 적절한 계정과목으로 대체해야 한다.

가지급금(특정 명목 없이 임의인출)의 경우, 대표이사가 개인적인 용도로 회사의 자금을 사용한 경우라면 입금을 독촉하고 대표이사가 빌려간 대여금 등으로 회계처리를 해놓아야 한다. 반면, 업무를 위해 지출했으나 적격한 증빙을 수취하지 못한 경우라면 적격한 증빙서류를 첨부하여 관련된 비용이나 자산계정으로 대체해야 한다.

적격증빙을 수취하지 못하면, 대표이사에게 상여를 지급한 것으로 처리한다. 반대로 가수금의 경우 대표이사가 법인에 입금한 현금은 회사의 입장에서는 차입금, 즉 부채가 된다. 법인의 자본금 규모에 비해 가수금의 비율이 높다면, 금융기관에서는 회사의 부채비율이 높다고 판단하여 기업 신용평가에 악영향을 미칠 수 있다. 회사의 사정이 좋아지는 대로 대표이사에게 가수금을 상환하여 정리하는 것이 회사의 건전한 재무구조를 만드는 지름길이다. 가수금을 상환할 때에도 관련 증빙서류를 잘 구비해두는 것이 중요하다. 대표이사가 회사에 돈을 입금할 때에는 반드시 법인통장에 입금하고, 관련된 차입금약정서를 작성해서 보관하는 것이 좋다.

회사 자금이 부족하여 임직원이 회사 통장에 돈을 입금하여 발생한 가수금의 경우에는 세법상 불이익이 없다. 그러나 매출 누락이나 가공경비로 인해 가수금이 발생한 경우처럼 탈법적인 요소들은 세법에서 강력하게 제재하고 있으므로 세무조사 시에는 문제가 된다.

가지급금에 대해서는 세법상 불이익이 발생할 수 있다. 하지만 사용 내역을 확인하여 정확한 계정으로 대체된 업무용 가지급금에 대해서는 세법상 별다른 불이익이 발생하지 않는다. 그러나 사용 내역을 모르거나, 밝힐 수 없는 가지급금은 세법에서는 업무 무관 가지급금으로 판단한다. 업무 무관 가지급금의 귀속을 밝힐 수 없으면 대표이사 등 특수관계자에게 돈을 빌려준 것으로 보고 세법상 불이익을 주고 있다.

세법에서는 대표이사 등 특수관계자의 가지급금에 대해서는 세법에 의해 계산한 금액(인정이자, 법정인정이자율은 4.6%가 적용)을 특수관계자에게 상여로 처분하여 소득금액을 늘리는 동시에, 법인세 과세소득을 늘려(지급이자 손금불산입) 법인과 특수관계자 모두에게 세금을 부과하는 불이익을 주고 있다. 이러한 세무상 불이익을 미리 방지하기 위해서는 개인과 법인을 분리해야 한다. 법적으로는 법인이나 실제 경영은 개인기업의 형태로 운영하여 가지급금과 가수금의 정리가 되지 않는다면, 국세청 세무조사의 관리 대상자로 선정될 위험이 커진다.

개인사업자의 경우에는 통장에서 자금을 마음대로 인출해도 별다른 제재가 주어지지 않는다. 하지만 그렇다고 해서 개인사업자가 사용하는 자금에 대해서 아무런 규제가 없는 것은 아니다.

세법은 자금을 차입하여 장부에 차입금을 계상하고 차입금 이자를 비용 처리한 개인사업자가 이자비용을 과도하게 처리하면서 사업에서 발생한 소득을 낮추고, 자금을 개인적인 용도로 사용하는 것을 인정하지 않는다. 물론 이자를 비용으로 계상하지 않으면 자금의 인출에 따른 세법상 문제는 없다.

TIP! 가지급금 해결 방법

1. 임원급여 및 임원 퇴직금 활용(퇴직금은 현실적 퇴직이 수반)

2. 배당 활용(정기·수시 배당)

3. 영업권 활용

4. 자기주식 매매 및 소각활용

5. 직무발명보상금이나 산업재산권 활용(다소 위험)

6. 기타

제대로 준비하지 못하면 가산세의 위험

사업자가 되면 내야 하는
세금의 종류를 알아보자

개인사업자와 법인사업자는 세금에서도 차이가 있다. 세금 측면에서 볼 때 소득이 적을 때는 개인사업자가 유리하지만, 소득이 커지게 되면 누진세율 때문에 법인사업자가 더 유리해지게 된다. 또한 개인사업자는 매출액에 따라 간이과세자와 일반과세자로 나뉘고, 영세사업자의 부가가치세 의무가 대폭 간소화되었다.

부가가치세

부가가치세는 상품이 생산되거나 유통되는 과정에서 발생하는 부가가치에 대한 세금이다. 예를 들어 농부가 재배한 밀을 밀가루 공장에서 100원에 구매하여, 밀가루를 만들고 이 밀가루를 빵집에 200원에 팔았다. 이 과정에서 농부와 밀가루 공장과의 거래에서 100원, 밀가루 공장과 빵집과의 거래에서 100원으로 총 200원의 부가가치가 발생한다.

VAT라고 표현하는 부가가치세는 거래세의 일종으로 과세거래를 할 때 발생한다. 사업을 통해 매출이 발생하면 이에 대한 부가가치세를 납부해야 한다. 하지만 부가가치세가 면세되는 상품이나 서비스를 제공하는 면세사업자라면 부가가치세 신고 대상이 아니다.

부가가치세를 신고해야 하는 과세사업자 중 개인사업자는 매출액의 규모에 따라 간이과세자와 일반과세자로 구분된다. 간이과세자는 부가가치세 신고 의무가 있는 과세사업자 중 연 매출 8,000만 원 미만의 영세사업자이다. 간이과세자는 부가가치세 신고의 부담을 줄이기 위해 일반과세자에 비해 신고 방법도 간편하며, 세율 면에서도 혜택이 있다.

개인사업자는 최초 사업자등록 시 일반과세자와 간이과세자를 선택할 수 있다. 사업자등록증을 신청할 때 연 매출액을 고려해서 처음부터 간이과세자로 신고하는 것이 가능하다. 하지만 매출이 적다고 예상되어도 무조건 간이과세자로 등록하는 것은 피해야 한다. 만약 사업 초기에 시설 등에 대한 투자가 많아 매입이 매출보다 많이 이루어질 것으로 생각된다면, 간이과세자보다는 일반과세자로 신청하는 것이 부가가치세 면에서 유리할 수 있다. 그 이유는 매출보다 매입이 더 많았을 때는 부가가치세 환급을 받을 수 있는데, 신규사업자인 간이과세자는 환급을 받을 수 없기 때문이다. 연간 매출액이 8,000만 원 미만으로 예상된다 하더라도 간이과세자로 신청할 수 없는 경우도 있다. 사업장이 2개 이상인 경우, 모든 사업장의 매출액 합계가 8,000만 원 이상이거나 다른 한 곳이 일반과세자로 되어 있는 경우는 일반과세자로 적용된다.

업종, 사업장 위치에 따라 간이과세자로 등록하지 못하는 경우

업종과 사업 규모 및 사업장 위치에 따라 간이과세자로 등록할 수 없는 경우도 있다. 간이과세자로 적용될 수 있는지 여부를 확인해보고 싶다면, 사업장 관할 세무서 민원봉사실에 문의하면 된다. 본인이 직접 확인하고 싶다면 국세청 홈페이지의 '국세청 소식 ⇨ 고시·공고 ⇨ 고시'로 들어가 '간이과세 배제기준 고시'를 검색한다.

▷ 간이과세 배제기준 QR 코드

또한, 법인사업자는 간이과세자가 될 수 없다. 연 4,800만 원 이상~8,000만 원 미만에 해당하는 간이과세자의 경우 세금계산서 발행의무가 있으며, 신용카드 매출전표 등에 대해 매입세액공제도 가능하다(4,800만 원 미만 간이과세자는 해당 안 됨).

간이과세자 적용 대상 확대(2021년 1월 1일 기준 시행)

• 간이과세자 기준금액 : 연매출(공급대가) 4,800만 원 ⇨ 8,000만 원 미만

• 납부면세 기준금액 : 연매출(공급대가) 3,000만 원 ⇨ 4,800만 원 미만

일반과세자는 '매출세액(매출액의 10%)-매입세액(매입액의 10%)'이 납부할 세금이 된다. 그리고 간이과세자는 '(매출액×업종별 부가가치율×10%)-공제세액'이 납부할 세금이 된다. 간이과세자의 업종별 부가가치율은 다음과 같다.

업종	부가가치율
소매업, 재생용 재료수집 및 판매업, 음식점업	15%
제조업, 농업·임업 및 어업, 소화물 전문 운송업	20%
숙박업	25%
건설업, 운수 및 창고업(소화물 전문 운송업은 제외), 정보통신업	30%
금융 및 보험 관련 서비스업, 전문·과학 및 기술서비스업(인물사진 및 행사용 영상 촬영업은 제외), 사업시설관리·사업지원 및 임대서비스업, 부동산 관련 서비스업, 부동산임대업	40%
그 밖의 서비스업	30%

2021년 7월 1일부터 적용 기준

부가가치세 신고 과세기간은 6개월 단위로 1기, 2기로 나눠지고 각 과세기간을 다시 반으로 나눠 3개월 단위로 예정신고기간을 두고 있다. 개인사업자 중 일반과세자는 1년에 2번, 간이과세자는 1년간(1월 1일~12월 31일까지) 발생한 부가가치세를 다음 해 1월 1일~1월 25일에 1번 신고하고 납부한다. 법인은 예정신고와 확정신고를 모두 해야 하므로 1년에 4번의 신고 및 납부의무가 있다. 부가가치세 신고일정은 다음과 같다.

과세기간	과세대상기간	신고납부기간	신고 대상자
제1기 (1월 1일~6월 30일)	예정신고 (1월 1일~3월 31일)	4월 1일~4월 25일	법인사업자
	확정신고 (4월 1일~6월 30일)	7월 1일~7월 25일	법인, 개인 일반사업자
제2기 (7월 1일~12월 31일)	예정신고 (7월 1일~9월 30일)	10월 1일~10월 25일	법인사업자
	확정신고 (10월 1일~12월 31일)	다음 해 1월 1일~1월 25일	법인, 개인 일반사업자

간혹 부가가치세 예정고지제도를 몰라 예정고지서를 받고도 납부하지 않아 독촉장을 받고서야 받은 고지서가 무엇인지 세무서에 확인하는 경우가 있다. 예정고지는 납세자의 편의를 위해 1년에 4번(1기 예정, 1기 확정, 2기 예정, 2기 확정) 부가가치세 신고를 하지 않고 각 예정신고기간 직전 과세기간 납부세액의 50%를 고지하는 것을 말한다. 납부한 예정고지세액은 추후 확정신고 때 기납부한 세액으로 차감된다.

대상은 개인사업자, 직전 과세기간(6개월) 공급가액의 합계액이 1억 5,000만 원 미만인 법인사업자이다. 단, 예정고지세액이 30만 원 미만인 경우 예정고지되지 않으며, 예정신고의무도 없다.

일반과세자의 부가가치세 계산 구조		
매출세액		가=(1)+(2)+(3)+(4)
(1)	과세분	세금계산서 교부분+기타 매출분
(2)	영세율(수출)	세금계산서 교부분+기타 매출분
(3)	예정신고 누락분	
(4)	대손세액 가감	
매입세액		나=(5)+(6)+(7)-(8)
(5)	세금계산서 수취분	일반 매입분 - 수출기업 수입부가세 납부유예분+고정자산 매입분
(6)	예정신고 누락분	
(7)	그밖의 공제매입세액	신용카드 매출전표 등+의제매입세액+재활용 폐자원 등 매입세액+과 세사업전환매입세액+재 고매입세액+변제대손세액+외국인 관광객에 대한 환급세액
(8)	공제받지 못할 매입세액	
납부(환급)세액		다=가-나

경감·공제세액		라=(9)+(10)+(11)
(9)	신용카드 매출전표 발행 공제 등	
(10)	그밖의 경감·공제세액	전자신고세액공제+택시운송사업자 경감세액+현금영수증사업자 발급 세액공제+전자세금계산서 발급 세액공제+대리납부 세액공제
(11)	소규모 개인사업자 감면세액	
예정신고 미환급세액		마
예정고지세액		바
가산세액		사
차가감 납부(환급) 세액		다 - 라 - 마 - 바 + 사

여기서 잠깐!

영세율(수출)은 면세와는 다른 것으로, 면세는 부가가치세가 부과되지 않는 것이어서 부가가치세의 매출세액에 포함되지 않지만 영세율은 0%의 세율이 매겨지는 것이기 때문에 매출세액에 포함된다. 영세율을 적용받고자 할 경우 증빙서류를 제출하지 않으면 부가가치세를 납부해야 하며, 제출된 증빙서류에 문제가 있을 경우 불성실가산세 0.5%가 발생하므로 영세율 증빙서류를 잘 챙겨야 한다.

영세율 첨부서류

수출실적명세서, 휴대반출 시 간이수출신고서 사본, 소포수출의 경우 소포수령증, 대행수출 시 수출대행계약서 사본과 수출실적명세서, 중계무역/위탁판매 등 수출 시 수출계약서 사본 또는 외화입금증명서, 내국신용장 및 구매확인서에 의한 수출 시 내국신용장 사본 또는 내국신용장·구매확인서 전자발급명세서, 지정서류를 제출할 수 없을 경우 외화획득명세서이나 영세율이 확인되는 증빙서류

간이과세자의 부가가치세 계산 구조		
매출세액		가=(1)+(2)+(3)
(1)	과세분	매출금액 × 업종별 부가가치율 × 세율(10/100)
(2)	영세율 적용분	
(3)	재고납부세액	
공제세액		나 = (4) + (5) + (6) + (7)
(4)	매입 세금계산서 등 수취세액 공제	매입세금계산서상 매입세액 × 0.5%
(5)	매입자발행 세금계산서	
(6)	전자신고세액공제	
(7)	신용카드 매출전표 등 발행세액 공제	
가산세액		다
차가감 납부(환급)세액		가 - 나 + 다

일반과세자 부가가치세 신고서

■ 부가가치세법 시행규칙 [별지 제21호서식] <개정 2021. 3. 16.>

홈택스(www.hometax.go.kr)에서도 신청할 수 있습니다.

일반과세자 부가가치세 [ ]예정 [√]확정 신고서
[ ]기한후과세표준
[ ]영세율 등 조기환급

※ 뒤쪽의 작성방법을 읽고 작성하시기 바랍니다.

(4쪽 중 제1쪽)

관리번호							처리기간	즉시	

신고기간 2021 년 제 2 기 (7월 1 일 ~ 12 월 31 일)

사업자	상 호 (법인명)	(주)대박	성 명 (대표자명)	홍길동	사업자등록번호	x x x - x x - x x x x x
	생년월일	000000-0000000	전화번호	02-000-0000	사업장	주소지	휴대전화
					00000	010-0000-0000
	사업장 주소				전자우편 주소	

① 신 고 내 용

구 분				금 액	세율	세 액
과세 표준 및 매출 세액	과세	세금계산서 발급분	(1)	100,000,000	10 / 100	10,000,000
		매입자발행 세금계산서	(2)		10 / 100	
		신용카드·현금영수증 발행분	(3)	10,000,000	10 / 100	1,000,000
		기타(정규영수증 외 매출분)	(4)	1,000,000	10 / 100	100,000
	영세율	세금계산서 발급분	(5)		0 / 100	
		기 타	(6)		0 / 100	
	예 정 신 고 누 락 분		(7)			
	대 손 세 액 가 감		(8)			
	합 계		(9)	110,000,000	㉮	11,100,000
매입 세액	세금계산서 수취분	일 반 매 입	(10)	50,000,000		5,000,000
		수출기업 수입분 납부유예	(10-1)			
		고정자산 매입	(11)	10,000,000		1,000,000
	예 정 신 고 누 락 분		(12)			
	매입자발행 세금계산서		(13)			
	그 밖의 공제매입세액		(14)	2,000,000		200,000
	합 계 (10)-(10-1)+(11)+(12)+(13)+(14)		(15)			
	공제받지 못할 매입세액		(16)			
	차 감 계 (15)-(16)		(17)	62,000,000	㉯	6,200,000
납 부 (환 급) 세 액 (매출세액㉮ - 매입세액㉯)					㉰	4,900,000
경감·공제세액	그 밖의 경감·공제세액		(18)			
	신용카드매출전표등 발행공제 등		(19)	11,000,000		
	합 계		(20)		㉰	143,000
소규모 개인사업자 부가가치세 감면세액			(20-1)		㉱	143,000
예 정 신 고 미 환 급 세 액			(21)		㉲	
예 정 고 지 세 액			(22)		㉳	2,000,000
사업양수자가 대리납부한 세액			(23)		㉴	
매입자 납부특례에 따라 납부한 세액			(24)		㉵	
신용카드업자가 대리납부한 세액			(25)		㉶	
가 산 세 액 계			(26)		㉷	
차감·가감하여 납부할 세액(환급받을 세액)(㉰-㉰-㉱-㉲-㉳-㉴-㉵-㉶+㉷)			(27)			2,757,000
총괄 납부 사업자가 납부할 세액 (환급받을 세액)						

② 국세환급금 계좌신고 (환급세액이 5천만원 미만인 경우)	거래은행	은행	지점	계좌번호	

③ 폐 업 신 고	폐업일		폐업 사유	

④ 영세율 상호주의	여[ ] 부[ ]	적용구분		업종		해당 국가	

⑤ 과세표준명세					
업 태	종목	생산요소	업종 코드	금 액	
(28) 도매	의류		x x x x x x	80,000,000	
(29) 소매	의류		x x x x x x	31,000,000	
(30)					
(31) 수입금액 제외					
(32) 합 계				111,000,000	

「부가가치세법」 제48조·제49조 또는 제59조와 「국세기본법」 제45조의3에 따라 위의 내용을 신고하며, 위 내용을 충분히 검토하였고 신고인이 알고 있는 사실 그대로를 정확하게 적었음을 확인합니다.

2021년 1월 25일

신고인: 홍길동 (서명 또는 인)

세무대리인은 조세전문자격자로서 위 신고서를 성실하고 공정하게 작성하였음을 확인합니다.

세무대리인 : (서명 또는 인)

세무서장 귀하

첨부서류 뒤쪽 참조

세무대리인	성 명		사업자등록번호		전화번호	

(1) 세금계산서 발행분

(2) 매입자가 발행한 세금계산서 발행분

(3) 신용카드·현금영수증등 발행분

(4) 현금영수증 미발행한 현금매출, 부동산임대사업자의 간주임대료 등(간주임대료 계산이 어려운 경우, 국세청 사이트에 계산(엑셀)프로그램이 있으니 사용해보자.)

(5) 영세율 적용대상 중 세금계산서 발행분

(6) 영세율 적용대상 중 세금계산서 미발행분

(7) 예정신고 시 누락분

(8) 부가세가 과세되는 재화 또는 용역을 공급 후 공급받은 상대방이 파산·강제집행 등의 이유로 외상매출금(부가세 포함) 등의 전부 또는 일부가 대손이 발생하여 전부 또는 일부를 회수할 수 없는 경우 매출세액에서 가감

- 대손세액공제를 받기 위해서는 요건을 만족해야 한다. 파산 및 강제집행 시, 매출(입) 세금계산서, 채권배분계산서, 강제집행불능조서, 부도 발생일로부터 6개월이 된 어음의 경우 매출(입) 세금계산서, 부도어음 원본, 상법상 소멸시효 및 회수 실익이 없는 소액 채권의 경우 매출(입) 세금계산서, 기타 거래 사실을 확인할 수 있는 서류, 회사정리계획인가 및 화의인가 시, 매출(입) 세금계산서, 법원이 인가한 회사정리계획안, 법원이 인가한 화의인가안, 실종 시 매출(입) 세금계산서, 가정법원판결문, 채권회수불능 입증서류가 필요하다.

(9) (1)~(8)번의 합계액

(10) 세금계산서로 매입한 것 중 고정자산 제외분

(11) 세금계산서로 매입한 것 중 고정자산(자동차, 비품 등) 해당분

(12) 예정신고 시 누락분

(13) 일반적으로 세금계산서 발행은 매출자가 하는 것인데 매출자가 세금계산서를 발행하지 않아 매입자가 발행한 세금계산서분

(14) 세금계산서 외로 부가가치세 매입세액공제를 인정하는 것으로 신용카드 매출전표 등 매입
　　세액, 의제매입세액, 재활용 폐자원 등 매입세액, 과세사업전환 매입세액, 재고매입세액 등

의제매입세액공제

면세농산물을 원재료로 제조하여 부가가치세가 과세되는 재화 또는 용역을 국내에 공급하
는 사업자는 면세농산물 등의 가액 일정 부분(2/102)을 한도 내에서 매입세액공제를 받을 수
있다. 단 음식점업의 경우 개인사업자는 8/108(2021년 12월 31일까지 9/109), 법인사업자는
6/106, 제조업 중 중소기업과 개인사업자는 4/104을 적용받는다.

> 한도=해당 과세기간의 농산물 등 관련 과세표준 × 한도율 × 의제매입세액 공제율

한도율

구분	과세표준	2021년까지		2022년 이후
		음식점업	기타 업종	
개인사업자	1억 원 이하	65%	55%	50%
	1억 원 초과~2억원 이하	60%		
	2억 원 초과	50%	45%	40%
법인		40%		30%

(15) (10)~(14) 항목 합계액

(16) 세금계산서 매입 중 면세사업에 사용되거나 접대 목적으로 구입되는 등 일정한 사항에 해
　　당될 경우 매입세액공제를 받을 수 없다.

공제받지 못할 매입세액

- 매입처별 세금계산서합계표를 미제출·부실 기재한 경우
- 세금계산서를 미수취 및 부실 기재한 경우

- 사업과 직접 관련이 없는 지출에 대한 매입세액
- 비영업용 소형 승용차의 구입과 임차 및 유지에 관한 매입세액
- 접대비 및 이와 유사한 비용의 지출에 관련한 매입세액
- 면세재화 또는 용역을 공급하는 사업에 관련된 매입세액과 토지 관련 매입세액
- 사업자등록을 하기 전 매입세액(단, 공급시기가 속한 과세기간이 지난 후 20일 내 등록신청한 경우 신청일부터 공급시기자 속한 과세기간의 매입세액은 공제 가능)
- 금·구리 거래계좌 미사용 관련 매입세액

(17) (15)-(16)의 금액을 차감한 금액

(19) 개인사업자(직전 연도의 과세공급가액이 10억 원을 초과하는 사업자는 제외)로서 소매업자, 음식점업자, 숙박업자 등 사업자가 신용카드 및 전자화폐에 의한 매출이 있는 경우에 기재한다. 금액란에는 신용카드 매출전표 발행금액 등과 전자화폐 수취금액을, 세액란에는 그 금액의 13/1,000(2022년부터는 1%)에 해당하는 금액(연간 500만 원, 2021년까지는 연간 1,000만 원을 한도)

(20) 세액란의 (18) 항목과 (19) 항목 합계액

(22) 일반적으로 예정신고 시에는 환급이 발생해도 환급받지 못한다. 부가세 확정신고서를 작성할 때 예정신고 시 발생한 환급세액을 작성하되 만약 예정신고 시 환급을 받았다면 기입하지 않는다.

(26) 가산세액 합계액, 각 해당 가산세는 뒷면에 작성

(27) (다)-(라~차)+(카) 합계액

(28~30) 해당 업종과 업태별로 공급가액을 작성

공제받지 못하는 매입세액(사업자등록하기 전 매입 세액)

공급시기가 속한 과세기간이 지난 후 20일 내에 등록을 신청한 경우 신청일로부터 공급시기가 속한 과세기간의 매입세액은 공제가 가능하다.

조기환급

부가가치세 매입세액이 매출세액을 초과하면 환급세액이 발생하는데, 이러한 환급세액은 원칙적으로 과세기간(6개월)별로 환급된다. 그러나 수출하거나 사업설비에 투자하여 환급이 발생한 경우 예외적으로 신속하게 환급함으로써 자금 부담을 덜어주고 있는데, 이를 '조기환급'이라 한다. 조기환급을 신고할 수 있는 사업자는 다음의 사유로 인하여 환급세액이 발생한 일반과세자이다.

- 수출 등으로 영세율이 적용되는 때
- 사업설비를 신설·취득·확장·증축하는 때

조기환급신고는 예정신고 또는 확정신고기간별로 신고하거나, 예정신고기간 또는 과세기간 최종 3개월 중 매월 또는 매 2개월 단위로 신고할 수 있다. 조기환급 신고를 하면 관할세무서에서는 사실을 확인한 후 신고기한이 경과한 날로부터 15일 이내에 사업자에게 환급해준다.

Q&A1 창업 초기에 인테리어비용이 많이 발생할 경우 일반과세자로 우선 신고한 뒤 간이과세자로 변경하면 절세할 수 있을까요?

초기 투자비용을 환급받기 위해 일반과세자로 신청했다가 간이과세자로 변경할 경우 환급받은 매입세액 일부를 납부해야 하는 일이 발생할 수 있다. 따라서 간이과세포기 신고를 해서 일반과세자를 유지할 것인지, 추가로 세금을 납부하더라도 예상매출액 등을 고려하여 간이과세자로 전환할 것인지 신중하게 판단해야 한다. 간이과세포기신 고서를 제출하면 3년간 간이과세를 적용받을 수 없으므로 주의해야 한다.

Q&A2 10월에 창업해서 3개월간 매출액이 8,000만 원이 조금 안 될 것 같은데 간이과세 자 신청을 할 수 있을까요?

간이과세자의 기준은 연매출액 8,000만 원 미만이므로 사업한 지 1년이 채 안 되는 사 업장은 매출액을 연간으로 환산해야 한다. 만약 3개월간 4,000만 원의 매출이 발생했 다고 가정한다면, 연간 매출은 1억 6,000만 원[4,000만 원X(12÷3)]이 되므로 8,000만 원을 훨씬 넘게 된다. 이런 경우 간이과세자 신청을 할 수 없다.

Q&A3 간이과세자가 되면 세금을 내지 않아도 되는 것인가요?

많은 사업자가 간이과세자가 되면 세금을 납부하지 않아도 된다고 생각하지만 간이과 세자가 되더라도 세금이 발생하는 경우가 있다. 간이과세자 중 해당연도 공급대가가 4,800만 원 미만에 해당할 때에만 부가가치세 납부의무가 면제된다. 따라서 해당연도 공급대가가 4,800만 원 이상~8,000만 원 미만일 때는 간이과세자라 하더라도 세금이 발생할 수 있으므로 유의해야 한다.

간이과세자였는데 전년도 매출액이 8,000만원이 넘었습니다. 이럴 경우 언제부터 일반과세자로 전환되는 것인가요?

간이과세자로 등록했다 하더라도 1년으로 환산한 매출액이 8,000만 원 이상이면 다음 해 7월부터 일반과세자로 전환되며, 8,000만 원 미만이면 계속해서 간이과세자로 남게 된다. 일반과세자로 전환되면 세무서로부터 일반과세자로 전환되었음을 알리는 통지서가 사업장에 발송된다. 이때 1월부터 6월까지 간이과세자로 부가가치세 신고를 하고, 7월부터 일반과세자로 신고하면 된다. 일반과세자가 되면 더욱 철저히 법에서 정한 영수증을 받아둬야 부가가치세 신고를 할 때 부담이 덜하다.

처음에 일반과세자로 등록한 경우에도 1년으로 환산한 수입금액이 8,000만 원에 미달하면 간이과세자로 변경되는데, 이때 '간이과세포기신고'를 하면 계속해서 일반과세자로 남아 있을 수 있다. 하지만 간이과세자가 매출액이 8,000만 원 이상이 되어 일반과세자로 변경된 경우에는 간이과세자로 남아 있을 수 없다.

개인사업자의 세금

개인사업자는 본인의 사업장에서 발생한 모든 사업소득과 이자, 배당, 근로, 연금, 기타소득을 합산하여 종합소득세를 신고하고 소득세를 납부해야 한다. 종합소득세는 매해 1월 1일부터 12월 31일까지의 모든 소득을 합산해 다음 해 5월 1일부터 5월 31일 사이에 신고 및 납부해야 한다. 다른 소득이 없는 사업자가 사업을 하다가 중도에 폐업하더라도 폐업 전까지 발생한 소득에 대해 다음 해 종합소득세 신고기간에 신고하고 납부해야 하므로 매출과 비용에 대한 모든 자료를 빠짐없이 기록하고 챙겨야 한다. 대상자에 따른 종합소득세 신고기한은 다음과 같다.

종합소득세는 소득이 있는 사람이 각 소득을 종합하여 내는 세금이다. 여기서 종합소득은 금융소득(이자소득과 배당소득으로 구성), 사업소득(부동산 임대소득 포함), 근로소득, 연금소득, 기타소득으로 구성된다. 종합소득세는 다음 해 5월 1일부터 5월 31까지 신고·납부해야 하며 종합소득세 세율은 다음과 같다.

과세표준	세율	누진공제
1,200만 원 이하	6%	-
1,200만 원 초과~4,600만 원 이하	15%	108만 원
4,600만 원 초과~8,800만 원 이하	24%	522만 원
8,800만 원 초과~1억 5,000만 원 이하	35%	1,490만 원
1억 5,000만 원 초과~3억 원 이하	38%	1,940만 원
3억 원 초과~5억 원 이하	40%	2,540만 원
5억 원 초과	42%	3,540만 원

단독사업자와 공동사업자의 세금 납부액 차이

종합소득세는 누진세율 구조이다. 때문에 소득이 높을수록 높은 세율구간에 적용되어 세금이 많이 부과된다. 공동사업자일 경우에는 다수의 공동대표 간 소득이 수익배분율에 따라 배분되어 세율이 적용된다. 때문에 동일한 사업장에서 발생한 소득에 대해 공동사업장일 경우에는 단독으로 경영하는 것에 비해 세금이 낮아지는 효과가 있다.

하지만 세금을 회피할 목적으로 함께 살고 있는 가족을 공동사업자로 신고하여 세금을 적게 내는 경우에는 공동사업 합산과세가 적용돼 수익배분율에 따른 수익 분배가 고려되지 않는다. 손익분배비율이나 지분비율이 가장 큰 사람의 소득으로 보아 세금이 부과되므로 단독 사업자와 동일한 세금을 내게 된다. 한편 공동사업자 중 1인이 세금을 납부하지 않으면 다른 사람이 미납한 세금을 납부해야 하는데, 이를 연대납세의무라고 한다. 따라서 동업을 한다면 동업자의 세금 납부도 신경을 써야 한다.

사업소득 외의 다른 소득이 없고 매출액 4억 원, 필요경비 3억 원, 종합소득공제가 400만 원이라고 가정했을 때, 단독사업자와 공동사업자(손익분배비율이 50:50인 경우)의 세금 납부액 차이를 비교해보자.

단독사업자	공동사업자
매출액 4억 원	매출액 4억 원
- 필요경비 3억 원	- 필요경비 3억 원
= 총소득금액 1억 원	= 총소득금액 1억 원
A의 총소득금액 =1억 원	A의 총소득금액(×50%)=5,000만 원
종합소득금액 1억 원	종합소득금액 5,000만 원
- 종합소득공제 400만 원	- 종합소득공제 400만 원
= 과세표준 9,600만 원	= 과세표준 4,600만 원
× 세율 35%	× 세율 15%
- 누진공제액(1,490만 원)	- 누진공제액(108만 원)
= 산출세액 1,870만 원	= 산출세액 582만 원

1,288만 원 차이가 남

개인사업자가 종합소득세 신고를 할 때 놓치기 쉬운 것이 바로 '기장의무 판단'이다. 사업자라면 기장을 통해 사업 간에 발생한 매출과 비용의 내역을 회계장부 상에 기록해놓아야 한다. 이러한 기장을 하지 않고 세금을 신고하게 될 경우 가산세를 내야 한다. 하지만 모든 사업자가 장부를 기록할 수 있는 것은 아니다. 장부를 쓰지 않았거나 증빙자료가 없어 소득금액을 계산할 수 없는 경우도 있다. 이럴 때는 소득을 추정하여 신고해야 한다. 이것을 '추계신고'라고 하는데, 추계신고는 사업을 통해 벌어들인 매출에 정부가 정한 업종별 일정비율을 곱해 소득금액을 추정하여 신고하는 것을 말한다.

정부가 정한 일정 비율을 경비율이라 한다. 경비율은 기준경비율과 단순경비율로 나눠지는데, 수입금액이 일정 규모 이하인 소규모 사업장의 경우 단순경비율을 적용한다. 업종별 기장의무와 경비율 적용 수입금액은 다음과 같다.

업종별	성실신고 확인제 대상	복식부기 의무자	간편장부 대상자	기준 경비율 적용 대상자	단순 경비율 적용 대상자
가. 농업·임업 및 어업, 광업, 도매 및 소매업(상품중개업을 제외), 제122조제1항에 따른 부동산매매업, 그 밖에 제2호 및 제3호에 해당하지 아니하는 사업	해당연도 수입금액 15억 원 이상	3억 원 이상자	3억 원 미만자	6,000만 원 이상자	6,000만 원 미만자
나. 제조업, 숙박 및 음식점업, 전기·가스·증기 및 수도사업, 하수·폐기물처리·원료재생 및 환경복원업, 건설업(비주거용 건물 건설업은 제외하고, 주거용 건물 개발 및 공급업을 포함), 운수업, 출판·영상·방송통신 및 정보서비스업, 금융 및 보험업, 상품중개업, 욕탕업	해당연도 수입금액 7억 5,000만 원 이상	1억 5,000만 원 이상자	1억 5,000만 원 미만 자	3,600만 원 이상자	3,600만 원 미만자

다. 법 제45조제2항에 따른 부동산 임대업, 부동산관련 서비스업, 임대업(부동산임대업을 제외), 전문·과학 및 기술 서비스업, 사업시설관리 및 사업지원 서비스업, 교육 서비스업, 보건업 및 사회복지 서비스업, 예술·스포츠 및 여가관련 서비스업, 협회 및 단체, 수리 및 기타 개인 서비스업, 가구 내 고용활동	해당연도 수입금액 5억 원 이상	7,500만 원 이상자	7,500만 원 미만자	2,400만 원 이상자	2,400만 원 미만자

경비율에는 기준경비율과 단순경비율로 나눠진다. 수입금액이 낮은 소규모 사업장일수록 단순경비율에 해당하는데 단순경비율이 적용될수록 소득금액이 낮아진다. 예를 들어 한식음식점업은 업종코드가 552101로 기준경비율은 10.10%, 단순경비율은 89.70%이다. 만약 전년도 매출이 3,000만 원이었다면 음식업종은 3,600만 원 미만인 경우 단순경비율에 해당하기 때문에 단순경비율 89.7%를 적용하면 된다.

경비율 판단

기장의무 판단과 경비율은 직전연도를 수입금액을 기준으로 판단한다. 올해 수입금액으로 판단하는 것이 아니므로 주의해야 한다. 예외 사항이 있는데, 신규 사업자는 무조건 간편장부대상자에 해당하고, 성실신고대상자는 당해연도 수입금액을 기준으로 기장의무를 판단한다.

내 경비율 확인하기

홈택스 ⇨ 조회/발급 ⇨ 기타조회 ⇨ 기준단순경비율(업종 코드)

종합소득세 경비율로 계산하기

동일 수입금액에 대해 종합소득세를 계산할 때 기장에 의한 방법과 추계율에 의한 방법을 구분하여 계산해보면 다음과 같다.

비용으로 계산하는 경우

- 10월에 한식음식점 개업
- 매출 3,000만 원
- 경비 1,000만 원

⇨ 소득금액 = 3,000만 원 - 1,000만 원 = 2,000만 원

⇨ 세율 : 과세표준의 1,200만 원 초과, 4,600만 원 이하 구간으로 15%

⇨ 누진공제율로 계산한 산출세액

= 2,000만 원×15%-108만 원

=192만 원

경비율로 계산하는 경우

- 10월에 한식음식점 개업
- 매출 3,000만 원(음식점업은 3,600만 원 미만이면 단순경비율에 해당)

⇨ 매출액 3,000만 원 = 단순경비율 적용

⇨ 한식음식점의 단순경비율 = 89.7%

⇨ 비용처리 가능 금액 = 3,000만 원 × 89.7% = 2,691만 원

⇨ 경비율로 계산한 소득금액 = 3,000만 원 - 2,691만 원 = 309만 원

⇨ 세율=과세표준의 1,200만 원 미만 구간으로 6%

⇨ 누진공제율로 계산한 산출세액 = 309만 원 × 6% =18만 5,400원

간편장부 작성하기

장부를 복식부기로 작성하는 것은 전문적인 회계지식이 없는 경우 매우 어렵기 때문에 전문가에게 의뢰하는 것을 추천한다. 전문적 회계지식이 없더라도 소규모 사업자의 경우, 간편장부로 장부를 기록하는 것은 가능하다.

간편장부 작성 방법은 그렇게 어렵지 않다. 국세청에서 제공하는 작성 요령을 참고하거나, 간편장부 작성 프로그램도 제공되고 있으니 이용해보자.

▷ 간편장부 작성 방법 QR 코드

간편장부 대상자(수입 금액 요건)

• 업종별로 농업,어업, 도매 및 소매업, 부동산 매매업 : 3억 원 미만

• 제조업, 숙박 및 음식업, 운수업, 출판영상방송통신 및 정보 서비스업, 상품중개업 등 : 1억 5,000만 원 미만

• 부동산임대업, 전문과학기술 서비스업, 교육 서비스업 등 : 7,500만 원 미만

※ 단, 전문직사업자는 무조건 복식부기 의무 대상임(변호사, 신판변론인, 변리사, 법무사, 공인회계사, 세무사, 경영지도사, 기술지도사, 감정평가사, 기술사, 건축사, 도선사, 공인노무사, 의사, 약사, 한약사, 수의사 등)

Q&A1 개인사업자인데 신용카드, 교육비, 의료비 공제가 가능한가요?

신용카드 소득공제, 교육비·의료비 세액공제는 근로자들이 연말정산 시 공제받을 수 있는 것으로 개인사업자는 공제 대상이 아니다.

Q&A 2 소매업을 운영하는 신규사업자인데 장부기장을 해야 하는지 몰라 기장을 하지 않았습니다. 매출이 높아 경비율 적용 시 기준경비율에 해당하던데, 경비율 해당 금액만 비용으로 처리되나요?

비용처리 가능한 금액은 총수입에 기준경비율을 곱한 금액과 증빙으로 확인되는 매입비용, 임차료, 인건비에 기타비용이 필요경비로 산정된다.

매입비용은 상품, 제품, 재료, 소모품, 전기요금 등의 매입비용과 외주가공비 및 운송업의 운반비를 말한다. 운송업이 아니라면 운반비는 매입비용에 해당하지 않는다. 임차료는 사업에 직접 사용하는 건출물 기계장치 등 사업용 고정자산의 임차료를 말하며, 인건비는 임직원 및 일용직 근로자의 보수와 실제 지급한 퇴직금을 뜻한다. 음식대금, 보험료, 수리비 등의 금액은 비용처리할 수 없다는 점을 주의해야 한다. 증빙자료는 가능한 한 꼼꼼히 챙겨둬야 비용을 많이 인정받을 수 있다. 사업소득금액은 다음과 같이 계산한다.

- 소득금액=수입금액-주요경비(매입비용+임차료+인건비)-(수입금액×기준경비율)+충당금 및 준비금 환입액

- (한도)소득금액={수입금액-(수입금액×단순경비율)}×배율+충당금 및 준비금 환입액

여기서 잠깐!

노란우산공제

소규모 사업장에서 꼭 가입해야 하는 것 중 하나가 바로 노란우산공제이다. 노란우산공제는 폐업, 노령, 사망 등의 위험으로부터 보호받기 위해 생활안정 자금을 지원하고 사업 재기의 기회를 제공해주는 공적 공제제도이다. 노란우산공제는 개

인사업자나 법인의 대표자가 가입할 수 있으며, 업종별로 매출액 10억~120억 원 이하의 소기업·소상공인만 가입할 수 있다. 단, 유흥주점 및 무도장, 도박장 등은 가입이 제한된다. 사업자등록증은 없지만 사업 사실을 확인할 수 있는 프리랜서 같은 인적 용역 제공자도 가입이 가능하다. 노란우산공제에 가입할 수 있는 소기업·소상공인의 범위는 다음과 같다.

업종	연평균 매출액
제조업(의료용 물질, 의약품 등 15개)	120억 원 이하
전기, 가스, 수도 사업	120억 원 이하
제조업(펄프, 종이, 종이제품 등 9개), 광업, 건설업, 운수업	80억 원 이하
농업, 임업 및 어업, 금융 보험업	80억 원 이하
출판 · 영상 · 정보 서비스	50억 원 이하
도 · 소매업	50억 원 이하
전문 · 과학 · 기술 서비스, 사업 서비스	30억 원 이하
하수 · 폐기물 처리업, 예술 · 스포츠 · 여가 서비스, 부동산 임대업	30억 원 이하
보건 · 사회복지 서비스	10억 원 이하
개인 서비스업, 교육 서비스업, 숙박 음식업	10억 원 이하

노란우산공제에 가입할 때는 여러 사업체가 있는 경우 반드시 1개의 사업체를 선택하여 가입해야 하며 임의로 사업체를 변경할 수 없다. 사업자의 폐업이나 가입자가 사망한 경우 또는 법인 대표가 질병 등으로 퇴임한 경우, 만 60세 이상으로 10년간 납부한 경우 공제금이 지급된다. 노란우산공제는 압류가 금지되어 있기 때문에 폐업하더라도 생활 안정과 사업 재기를 위한 자금으로 보호받을 수 있다. 또한 종합소득세를 신고할 때 300만~500만 원의 추가 소득공제를 받을 수 있다. 상해로 인한 사망이나 장애가 발생했을 때 2년간 최고 월 부금액의 150배까지 보험금이 지급된다. 폐업 시에는 일시금이나 불한금으로 목돈을 돌려받을 수 있다.

연체하지 않고 12개월 이상 납부했을 때는 납부금액 합계액 한도 내에서 대출도 가능하다.

가입방법
- **인터넷** : 인터넷 검색창에 '노란우산공제'를 입력해서 접속하거나 www.8899. or.kr로 바로 접속하여 공인인증서 로그인 후 가입 가능
- **콜센터** : 중소기업중앙회 통합 콜센터(1666-9988)에 전화 후 상담원 안내에 따라 가입 가능
- **기관 방문** : 중소기업중앙회 방문 후 가입 가능
- **은행 방문** : 시중은행에 방문 후 가입 가능

부금납부
월납 기준 최소 5만 원부터 최대 100만 원까지 1만 원 단위로 가능하며, 월납 또는 분기납도 가능하다.

법인사업자의 세금

법인의 소득에 대해 부과되는 세금을 법인세라고 한다. 법인의 손익계산서상 당기순이익(수익에서 비용을 차감한 금액)에서 세무 조정을 거친 금액을 각 사업연도 소득금액이라 하는데, 법인세 계산을 위한 소득금액이다.

국내에 본점이나 주사무소 또는 사업의 실질적 관리 장소를 둔 법인은 국내외에서 발생하는 모든 소득에 대해 법인세를 납부해야 할 의무가 있다. 법인 소유 국내외 부동산 및 주식 양도소득뿐만 아니라 금융소득, 설비자산의 양도, 자산수증

이익도 모두 법인세 대상이 된다.

법인을 설립할 때는 기업운영에 대한 의사결정기관인 이사회를 구성하고 이사와 감사를 선출해야 한다. 회사 자금의 사용에도 엄격한 증빙이 필요하여 개인사업을 운영할 때보다는 더욱 까다로운 관리가 필요하다.

이익이 많을수록 세금 측면에서는 단독사업자보다는 공동사업자가, 공동사업자보다는 법인사업자가 유리하다. 그 이유는 누진세율 때문이다. 이익에 대해 동일한 세율이 적용되는 것이 아니라 이익이 많을수록 더 높은 세율이 적용된다. 때문에 이익을 나누어 가질수록 높은 세율이 적용되는 것을 막을 수 있다.

또한 개인사업자의 세율과 법인사업자의 세율은 다르게 적용되는데, 개인사업자의 경우 이익이 1억 5,000만 원 초과~3억 원 이하는 38%, 3억 원 초과~5억 원 이하는 40%, 5억 원을 초과할 때는 42% 세율이 적용된다.

반면 법인사업자의 경우 이익이 2억 원 이하일 때 10%, 2억 원 초과~200억 원 이하일 때는 20%, 200억 원 초과~3,000억 원 이하일 때는 22%, 3,000억 원을 초과할 때는 25%의 세율이 적용된다.

법인사업자 세율표(2018년 이후)		
과세표준	세율	누진공제
2억 원 이하	10%	-
2억 원 초과 ~ 200억 원 이하	20%	2,000만 원
200억 원 초과 ~ 3,000억 원 이하	22%	4억 2,000만 원
3,000억 원 초과	25%	94억 2,000만 원

법인은 ① 재무상태표, ② 포괄손익계산서, ③ 이익잉여금처분계산서(또는 결손금처리계산서), ④ 세무조정계산서, ⑤ 기타 부속서류 및 현금흐름표를 첨부하여 법인세를 신고한다. ①~④의 서류가 제출되지 않은 경우는 무신고로 보기 때문에 제출 서류를 빠짐없이 챙겨야 한다. 이러한 서류 작성은 매우 복잡하기 때문에 경리 업무를 전담으로 하는 직원이 없다면 세무대리인 등에게 의뢰하는 것이 좋다.

개인사업자는 무조건 1월 1일부터 12월 31일까지를 기준으로 소득을 계산해서 다음 해 5월 종합소득세를 계산한다. 하지만 법인은 결산일을 달리할 수 있어 사업연도 종료일이 속하는 달의 말일부터 3개월 이내에 법인세 신고를 한다.

결산월별 법정신고기한은 다음과 같다.

결산월	법정 신고기한
3월 결산	6월 30일
6월 결산	9월 30일
9월 결산	12월 31일
12월 결산	다음 연도 3월 31일

종합소득세와 법인세 계산하기

종합소득세와 법인세는 계산은 '수익-비용=소득금액'을 기준으로 세율을 곱해서 계산한다. 세율은 다음 표처럼 과세표준별로 세율이 다르게 적용되므로 자신에게 적용되는 세율을 꼭 확인해야 한다.

구분	법인세		종합소득세	
소득금액 (과세표준)	수익 - 비용 = ○○○		수익 - 비용 = ○○○	
	과세표준에 대한 세율	누진공제	과세표준에 대한 세율	누진공제
세율	2억 원 이하 10% 2억 원 초과 20% 200억 원 초과 22% 3,000억 원 초과 25%	- 2,000만 원 4,200만 원 9억 4,200만 원	1,200만 원 이하 6% 4,600만 원 이하 15% 8,800만 원 이하 24% 1억 5,000만 원 이하 35% 3억 원 이하 38% 5억 원 이하 40% 5억 원 초과 42%	- 108만 원 522만 원 1,490만 원 1,940만 원 2,540만 원 3,540만 원
산출세액	○○○		○○○	
공제 및 감면(차감)	(○○○)		(○○○)	
납부할 세금	○○○		○○○	

인건비 지급과 원천세

직원을 고용하면 급여를 지급하게 되는데, 인건비를 지급했다는 것만으로 회사의 의무가 끝나는 것은 아니다. 원천세 신고 및 납부, 사회보험 가입 및 납부 등 해야 할 의무사항이 많다. 급여만 지급하고 이에 따른 세금 및 사회보험 신고나 납부를 하지 않게 되면 가산세 및 과태료가 발생하게 된다. 인건비의 경우, 원천세 신고를 통해 경비를 인정받을 수 있기 때문에 원천세 신고가 매우 중요하다.

인건비를 지급받은 사람이 본인의 소득에 대해 신고 및 납부를 하지 않고 소득을 지급하는 사람이 소득자의 세금을 미리 징수하여 납부하도록 하고 있다. 이를 '원천징수'라 하고 이에 따른 세금을 '원천세'라고 한다. 근로자의 근로소득에 대해 근로소득세(간이세액표), 퇴직 시 퇴직소득에 대해 퇴직소득세, 사업자등록증 없는 사업자의 사업소득(프리랜서)에 대한 사업소득(프리랜서)에 대한 사업소득세 등 (3.3%), 이자소득에는 이자소득세 등(15.4%~), 배당소득에는 배당소득세 등(15.4%), 기타의 경우 기타소득세 등(8.8%)를 원천징수한다.

원천징수의무자인 회사는 소득을 지급한 날이 속한 달의 다음 달 10일까지 원천세를 신고·납부해야 한다. 예를 들어 5월 25일에 소득을 지급했다면, 지급한 달인 5월의 다음 달인 6월 10일까지 원천세를 신고·납부해야 한다. 원천세 신고와 납부가 제대로 이루어지지 않을 경우에는 신고 및 납부불성실가산세가 부과된다.

또 지급받은 사람의 인적 정보는 지급명세서를 작성해 별도로 제출해야 하기 때문에 급여 등 소득을 지급할 때에는 인적 사항인 성명, 주민등록번호를 정확히 확인해둬야 한다. 주민등록번호가 올바르지 못한 경우, 지급명세서 제출이 어려우므로 소득 지급 시 반드시 정확히 확인해야 한다. 지급명세서는 원천세 신고할 때 함께 제출하는 것이 아니라 지급명세서 제출기한이 별도로 정해져 있기 때문에 기한에 맞춰 제출하면 된다.

원천세 신고할 때 챙겨야 할 것들
- 지급받는 사람의 신분증 사본
- 지급받는 사람의 연락처
- 지급받는 사람의 통장 사본(지급받는 자 명의가 아닌 계좌일 경우, 계약서에 이러한 내용을 기재)
- 지급일자, 지급액, 근무일자, 업무 내용

지급명세서를 제출하지 않거나, 불분명한 내용을 기재하여 신고하게 되면 가산세가 부과된다. 가산세는 지급금액의 1%이다. 다만, 제출기한이 지난 후 3개월 이내 신고할 경우에는 가산세의 50%(0.5%)가 감면된다. 고의로 위반하지 않은 경우에는 가산세의 한도는 과세기간 단위로 1억 원이지만 중소기업, 사업자가 아닌 경우는 5,000만 원이 한도이다.

원천세 신고기한		
구분	법정기한	예시
일반	소득 지급일이 속하는 달의 다음 달 10일까지	5월 20일 지급 시 6월 10일까지 신고 및 납부
반기납부	소득 지급일이 속하는 반기의 다음 달 10일까지 ⇨ 1~6월까지의 지급건에 대해 7월 10일까지 ⇨ 7~12월까지의 지급건에 대해 다음 연도 1월 10일까지	• 5월 20일 지급 시 7월 10일까지 신고 및 납부 • 8월 20일 지급 시 다음 연도 1월 10일까지 신고 및 납부

원천세는 소득을 지급한 날의 다음 달 10일까지 신고해야 하지만, 소규모 사업자(종업원 20인 이하)에 한해 신청 및 승인을 통해 반기납부 승인을 받으면 반기별 신고·납부가 가능하다. 반기신고 신청기한은 6월 1일부터 6월 30일(하반기 적용), 12월 1일부터 12월 31일(상반기 적용)로 2회로 구분된다.

> • **신청방법** : 홈택스 ⇨ 신청/제출 ⇨ 주요 세무서류 신청 바로 가기 ⇨ 원천징수세액 반기별 납부 승인 신청

소득별 지급명세서 신고기한은 다음과 같다.

구분	소득 지급시기	제출기한
근로·퇴직·사업소득	1~12월	다음 연도 3월 10일
일용 근로소득	1~3월(1분기)	4월 말일
	4~6월(2분기)	7월 말일
	7~9월(3분기)	7월 말일
	10~12월(4분기)	다음 연도 1월 말일
기타 소득, 이자 소득, 배당 소득	1~12월	다음 연도 2월 말

지급명세서 의무사항 추가 간이지급명세서

2019년부터 근로소득이나 및 사업소득을 지급하는 원천징수의무자는 간이지급명세서를 제출해야 한다.

- 1~6월 지급분 : 7월 31일까지 제출
- 7~12월 지급분 : 1월 31일까지 제출

단 휴업, 폐업, 해산하는 경우 : 휴업, 폐업, 해산일이 속하는 반기 마지막 달의 다음 달 말일까지

개정 사항

- 근로소득간이지급명세서(거주자의 사업소득), 일용근로소득지급명세서의 제출 주기 단축
- 2021년 7월 지급분(8월 제출)부터 기존 제출기한보다 단축된 매월 제출로 변경된다.

구분	소득지급 시기	종전	변경 (2021년 7월 귀속부터)
거주자의 사업소득 간이지급명세서	1~6월	7월 말일	매월 말일
	7~12월	다음 해 1월 말일	
일용 근로소득 지급명세서	1~3월(1분기)	4월 말일까지	
	4~6월(2분기)	7월 말일까지	
	7~9월(3분기)	10월 말일까지	
	10~12월(4분기)	다음 연도 1월 말일까지	

- 미제출 시 가산세(2021년 7월 1일 이후 지급분부터 적용)
- 미제출(불분명 등) 시 : 일용근로소득지급명세서 1%(0.25% 변경), 간이지급명세서 0.25%(동일)
- 지연제출 시 : 일용근로소득지급명세서 0.5%(0.125% 변경), 간이지급명세서 0.125%(동일)

  -지연제출 기준 : 제출기한이 지난 후 3개월 이내에서 1개월 이내로 변경

  -간이지급명세서(근로소득)는 종전과 동일하게 3개월 이내

①신고구분						원천징수이행상황신고서 원천징수세액환급신청서		②귀속연월	2021년 4월
매월	반기	수정	연말	소득 처분	환급 신청	☑원천징수이행상황신고서 ☐원천징수세액환급신청서		③지급연월	2021년 4월

원천징수 의 무 자	법인명(상호)	○○○	대표자(성명)	△△△	일괄납부 여부	여, 부
					사업자단위과세 여부	여, 부
	사업자(주민) 등록번호		사업장 소재지	○○○○	전화번호	×××-×××-××××
					전자우편주소	○○@○○.○○

❶ 원천징수 명세 및 납부세액 (단위 : 원)

소득자 소득구분			코드	원 천 징 수 명 세					납부 세액		
				소 득 지 급 (과세 미달, 일부 비과세 포함)		징수세액			⑨ 당월 조정 환급세액	⑩ 소득세 등 (가산세 포함)	⑪ 농어촌 특별세
				④ 인원	⑤총지급액	⑥ 소득세등	⑦농어촌 특별세	⑧ 가산세			
개 인 (거 주 자 · 비 거 주 자)	근로 소득	간이세액	A01	8	20,000,000	400,000					
		중도퇴사	A02								
		일용근로	A03								
		연말정산	A04								
		가감계	A10	8	20,000,000	400,000				400,000	
	퇴직 소득	연금계좌	A21								
		그 외	A22								
		가감계	A20								
	사업 소득	매월징수	A25								
		연말정산	A26								
		가감계	A30								
	기타 소득	연금계좌	A41								
		그 외	A42								
		가감계	A40								
	연금 소득	연금계좌	A48								
		공적연금(매월)	A45								
		연말정산	A46								
		가감계	A47								
	이자소득		A50								
	배당소득		A60								
	저축해지 추징세액 등		A69								
	비거주자 양도소득		A70								
법 인	내·외국법인원천		A80								
수정신고 (세액)			A90								
총 합 계			A99	8	20,000,000	400,000				400,000	

④ 인원 : 각 해당 사항별 신고할 인원수

⑤ 총지급액 : 각 해당 사항별 지급할 총지급액

⑥ 소득세 등 : 각 해당 사항별 총지급액의 소득세

⑧ 가산세 : 가산세

⑩ 소득세 등 : 가감계 소득세 등 + 가산세

인건비에 대한 원천세는 납부기한 내에 납부해야 한다

원천징수의무자가 원천징수하였거나 원천징수해야 할 세액을 납부기한 내에 납부하지 않은 경우, 혹은 적게 납부한 경우 납부하지 않은 세액 또는 적게 납부한 세액의 10%를 한도로 원천징수납부불성실가산세가 부과되게 된다. 다음과 같이 계산된다.

미납부·미달납부세액×min [3%+기간×0.025%, 10%]

기간 : 납부기한 다음 날부터 납부일가지의 일수(납세고지일부터 납세고지서상 납부기한까지의 기간은 제외)

근로소득세

일정한 고용계약에 의해서 사업주에게 근로를 제공하고 대가를 지급받는 자를 근로소득자라고 하며, 여기에는 일용직 근로자는 포함되지 않는다. 근로소득이란 근로계약에 의해 근로를 제공하고 지급받은 대가이지만, 비과세되는 근로소득도 있다. 즉 회사에서 다음의 항목으로 받는 돈은 세금을 내지 않아도 된다.

1. 실비변상적 급여

• 일·숙박료, 여비

• 자가운전 보조금(월 20만 원 이내 금액)

* 종업원의 소유 차량을 종업원이 직접 운전하여 사용자의 업무수행에 이용하고 시내출장 등에 소요된 실제 여비를 받는 대신에 그 소요경비를 당해 사업체의 규칙 등에 의해 정해진 지급기준에 따라 받는 금액 중 월 20만 원 이내의 금액

2. 국외 근로소득

- 국외에서 근로를 제공하고 받는 급여 : 월 100만 원 이내 금액

- 원양어업 선박, 외국 항행 선박의 종업원이 받는 급여, 국외 건설현장 등에서 근로를 제공하고 받는 보수 : 월 150만 원 이내 금액

3. 월 10만 원 이하 식대(식사, 기타 음식물을 제공받지 않는 경우에 한함) 등

식사를 제공받는다면 식대 10만 원 비과세급여를 정할 수 없고 과세급여가 된다.

4. 기타 비과세되는 소득

- 장애급여, 유족급여, 실업급여 등

- 근로자 본인의 학자금

- 출산, 보육수당(월 10만 원 이내)

5. 생산직 근로자의 연장시간 근로수당 등

생산 및 관련직에 종사하는 월정액 급여 210만 원 이하로 직전 과세기간의 총급여액이 3,000만 원 이하인 근로자가 받는 연 240만 원 이내의 연장 근로 및 야근 근로, 휴일수당은 비과세

6. 연구보조비 또는 연구활동비 중 월 20만 원 이내의 금액

- 유아교육법, 초·중등교육법 및 고등교육법에 따른 학교 및 이에 준하는 학교의 교원

- 일정한 연구기관의 종사자

- 중소기업 또는 벤처기업의 기업부설연구소와 연구개발 전담부서(중소기업 또는 벤처기업에 한함)에서 연구활동에 직접 종사하는 자

7. 지방 이전 기관 종사자가 받는 이주 수당(월 20만 원 한도)

비과세는 법으로 정해진 것만 해당되므로, 본인이 임의로 비과세급여를 정할 수 없다. 또한 비과세 요건을 충족해야 비과세 혜택을 받을 수 있기 때문에 요건에 해당하지 않는 비과세급여를 지급할 경우 과세급여가 된다.

250만 원의 급여를 받는 사람의 경우 본인 차량이 있으면서 업무에 사용하는 경우 20만 원 비과세가 적용되고, 점심 식사를 회사에서 지원하지 않는 경우 추가로 10만 원 비과세된다. 현재 5세 아이가 한 명 있다면 추가로 10만 원이 비과세 적용된다. 따라서 근로소득에 대한 원천징수는 40만 원 비과세를 제외한 210만 원을 기준으로 하고 원천세와 별도로 원천징수세율의 10%를 지방세로 납부해야 한다.

사업소득

사업자등록증은 없지만 전문기술을 가지고 회사와의 거래를 통해 용역을 제공하고 소득을 받는 사람들을 주변에서 흔히 볼 수 있다. 이러한 사람들은 그 회사의 근로자로 종속되어 일하는 근로자와는 다르다. 일반적으로 저술가, 배우, 모델, 가수, 학원 강사, 프로그래머, 일러스트 작가, 직업운동가 등으로 이들을 개인사업자로 보고 지급할 금액에서 3.3%를 차감하고 지급한다. 3%는 사업소득세이고, 0.3%는 사업소득세 3%의 10%에 해당하는 지방소득세이다.

소득을 지급하는 자가 소득에서 3.3%를 차감한 금액을 지급하고, 3.3%에 해당하는 금액을 지급한 달의 다음 달 1일부터 10일 사이에 신고 및 납부해야 한다. 그리고 1년간 지급한 사업소득에 대한 내역(지급명세서라고 하며, 이름, 주민등록번호, 총지급액을 작성)을 작성하여 세무서에 제출해야 하므로 이름, 주민등록번호, 지급일자, 지급액을 반드시 기재해둬야 한다.

거주자의 사업소득 지급명세서 양식

■ 소득세법 시행규칙 [별지 제23호서식(2)] <개정 2021. 5. 17.>

(5쪽 중 제1쪽)

| 귀속
연도 | 년 | 거주자의 사업소득 지급명세서(발행자 보고용)
(사업소득 원천징수영수증 발행자 보관용 소득자별 연간집계표) | | 관리
번호 | |

❶ 원천징수의무자 인적사항 및 지급내용 합계사항

① 법인명 (상호, 성 명)	② 사업자 (주민) 등 록 번 호	③ 소재지 (주소)	④ 연 간 소득인원	⑤ 연간 총 지급간수	⑥ 연간 총 지급액 계	⑦ 세액 집계현황		
						⑧ 소득세	⑨ 지방소득 세	⑩ 계
(주) 국세	123-81-1234$	서울시 종로구	1	1	2,000,000	60,000	6,000	66,000

❷ 소득자 인적사항 및 연간 소득내용

일련 번호	⑪ 업종 구분	⑫ 소득자 성명(상호)	⑬ 주민(사업 자) 등록번호	⑭ 내·외국 인 (1 · 9)	⑮ 지급 년도	⑯ 지급 건수	⑰ (연간) 지급총액	⑱ 세 율	⑲ 소득 세	⑳ 지 방 소득세	㉑ 계
	소득자별	연간소득 내용	합계			1	2,000,000	3%	60,000	6,000	66,000
	소액 부징수	연간	합계								
1	940903	김홍보	00000- 00000		2021	1	2,000,000	3%	60,000	6,000	66,000
2											

일용근로소득

일용근로소득은 특정한 고용주로부터 계속 고용되어 근로하는 것은 아니고 일급이나 시급으로 소득을 받는 경우에 해당한다. 보통 편의점이나 건설공사장, 주차안내 등 전문기술보다는 단순 노무에 해당하는 업무를 제공하고 받는 소득에 해당하며 일당 15만 원까지는 비과세된다. 하루 일당 10만 원으로 5일간 근로한 후 50만 원(10만 원×5일)을 받을 경우 하루 일당 15만 원까지는 비과세이므로 근로소득세는 전혀 발생하지 않는다.

일용근로소득은 지급한 달의 다음 달 1일부터 10일 사이에 몇 명에게 총 얼마를 지급했다는 내용을 신고해야 한다. 그리고 매월 누구(이름과 주민등록번호 필요)에게 총 얼마를 지급했다는 구체적인 사항을 기재한 지급명세서를 제출해야 한다. 또 사회보험공단에 지급 월의 다음 달 1일부터 15일 사이에 근로내역확인서를 제출해야 하고, 고용보험료와 산재보험료를 납부해야 한다.

Q&A 1 리스나 렌트 차량을 이용할 때에도 비과세급여 자가운전 보조금을 받을 수 있나요?

종업원 소유의 차량이어야 하므로, 비과세 규정을 받을 수 없다.

Q&A 2 점심식사는 회사 카드로 결제하는데, 비과세급여 식대를 받을 수 있나요?

회사에서 음식물등을 제공받거나 식사비를 별도로 지급받을 때(회사카드 이용 또는 개인카드 사용 후 청구 포함)에는 비과세급여 식대가 아닌 과세급여 식대로 처리된다.

Q&A 3 업무 목적으로 휴대전화 사용할 일이 많은데, 휴대전화 요금(통신비)을 비과세급여로 받을 수 있나요?

법에서 열거한 비과세급여에 해당하지 않으므로 비과세 규정을 적용받을 수 없다.

여기서 잠깐!

인건비 지급 시 원천징수 계산해보기

매월 근로자는 급여에서 간이세액표에 근로소득세를 원천징수한다.

간이세액표는 '홈택스 ⇨ 조회/발급 ⇨ 기타조회 ⇨ 간이세액 ⇨ 근로소득간이세액표'에서 조회 가능하다. 간이세액표는 급여/부양가족에 따른 구간별 근로소득세가 미리 정해져 있어, 근로자의 급여 및 부양가족에 따라 근로소득세를 공제하면 된다.

＞ 근로소득
간이세액표
QR 코드

사업소득자는 지급할 금액의 3.3%(3%의 소득세, 0.3%의 지방소득세)를 원천징수한다. 지급할 금액에 3.3%를 공제한 금액이 근로자에게 지급되는 실지급액이 된다. 만약 프리랜서 비용으로 100만 원이 발생했다면, 100만 원에서 3.3%(3만 3,000원)를 제한

96만 7,000원을 근로자에게 지급하고 다음 달 2월 10일(2월 1~10일)까지 3만 3,000원에 대한 원천징수이행상황신고서를 신고하고 납부를 완료해야 한다.

한편 일용직 근로자의 원천세는 '{(일용근로소득-비과세소득)-근로소득공제(1일 15만 원)×세율(6%)-세액공제(산출세액의 55%)}' 공식으로 계산한다.

일당 20만 원에 5일을 근무한 일용직 근로자의 원천세를 계산해보자.

일용직 근로자 원천징수 세액 계산(일당 15만 원 근무 시)	
총지급액(비과세 제외)	200,000원
- 근로소득공제(일 10만 원)	150,000원
= (일용) 근로소득금액	50,000원
× 세율(6%)	
= 산출세액	3,000원
- 근로소득세액공제(산출세액 5%)	1,650원
= 결정세액	1,350원
▷ 원천징수세액 = 1,350원 × 5일 = 6,750원(지방소득세 670원)	

세금계산서 발행 시 알아야 할 것

부가가치세법에 따라
영수증을 발행하자

세금계산서는 사업자가 재화 또는 용역을 공급할 때 부가가치세를 거래 시 징수하고, 이를 증명하기 위해 공급받는 자에게 발급하는 세금영수증을 말한다. '세금계산서'는 부가가치세가 포함된 과세 거래 시 발급하는 것이고, 계산서는 과세 대상이 아닌 면세에 대해 발급하는 것이다. 세금계산서 발급은 재화나 용역을 공급하는 사업자가 발행하고, 이에 대한 대가를 청구하는 것이다. 공급받는 사업자는 공급자에게 세금계산서 발급을 요청하고 대금을 지급하면 된다.

홈택스(www.hometax.go.kr)에서 전자세금계산서를 발행할 수 있습니다.

부가가치세를 거래 시 징수한다는 말은 과세 대상 재화나 용역을 거래할 때는 부가가치세가 포함된 대금을 지급해야 하는데, 공급자는 받은 부가가치세를 부가가치세 신고 시 매출세액으로 세금을 납부하게 된다. 그리고 상대방인 공급받는 자는 거래 시 부가가치세를 포함해서 대금을 지급하고 이에 대해 부가가치세 신고 시 매입세액으로 반영한다. 상호 간 과세 거래를 통해 한쪽은 부가가치세를 납부하고 상대방은 부가가치세를 공제받기 때문에 세무서에서는 상호 거래의 흐름과 부가가치세를 상호검증할 수 있게 되는 것이다.

세금계산서 발급의무

사업자등록을 한 사업자는 거래 시 세금계산서를 발급해야 한다. 단, 면세사업자는 계산서를 발행해야 하고, 영수증발급의무자는 세금계산서 발급이 면제된다.

세금계산서 발급 시기

일반적으로 재화나 용역을 공급할 때 세금계산서를 발급한다. 예외적으로 공급일이 속하는 날의 다음 달 10일까지 세금계산서를 발급할 수 있다. 또 1역월 이내 사업자가 임의의 기간을 정해 공급가액을 합계하여 종료 일자를 작성연월일로 세

금계산서를 발급하는 것도 가능하다. 세금계산서가 발급되지 않거나 늦게 발급될 경우, 가산세 대상이 된다.

세금계산서 관련 가산세			
구분	위반 내용	발급자	수취자
미발급	발급시기[1]가 지난 후 공급 시기에 속하는 과세기간에 대한 확정신고기한 내에 세금계산서를 발급하지 않는 경우[2]	공급가액의 2%	매입세액 불공제
지연발급	발급 시기가 지난 후 공급 시기가 속하는 과세기간에 대한 확정신고기한 내에 발급한 경우[3]	공급가액의1%	공급가액의 0.5%
사실과 다름	계산서 필요적 기재사항의 전부(일부)가 기재되지 않거나 사실과 다르게 기재된 경우	공급가액의 1%	-
부정수수	재화 또는 용역을 공급(공급받지)하지 않고 계산서 발급(발급받음) 재화 또는 용역을 공급하고(공급받고), 타인명의로 계산서를 발급(발급받음)한 경우	공급가액의 가공발급 : 3% 위장발급 : 2% 과다기재발급 : 2%	공급가액의 가공수취 : 3% 위장수취 : 2% 과다기재수취 : 2%
종이 세금계산서 발급	전자세금계산서 발급의무자가 발급 시기에 전자세금계산서 외의 세금계산서를 발급한 경우	공급가액의 1%	-
미전송	발급일의 다음 날이 지난 후 공급 시기가 속하는 과세기간 말의 다음 달 25일까지 미전송한 경우 예) 2020년 2월 1일 발급한 경우 2020년 7월 25일까지 미전송한 경우	공급가액의 0.5%	-

지연 전송	발급일의 다음 날이 지난 후 공급 시기가 속하는 과세 기간 말의 다음 달 25일까지 전송한 경우 예) 2020년 2월 1일 발급한 경우 2020년 2월 3일~7월 25일까지 전송	공급가액의 0.3%	-

1) 세금계산서의 발급 시기는 대금의 결제 여부와 관계없이 원칙적으로 부가가치세법에서 정하는 공급시기에 발급하도록 되어 있다. 그러나 예외적으로 일정기간의 거래내용을 합산해서 일괄 발급할 수 있는 특례규정을 두고 있다. 이 경우에는 실제로 일어난 거래 일시가 아닌, 공급일이 속하는 달의 다음 달 10일까지 세금계산서를 발급할 수 있다.

예를 들어 2020년 5월 7일에 책상을 판매했다면, 일반적으로 작성연월일을 2020년 5월 7일로 해서 세금계산서를 발행하면 된다. 또는 5월 7일이 속한 달의 다음 달 10일까지인 2020년 6월 10일까지 세금계산서 작성연월일을 2020년 5월 7일로 해서 발급해도 되고, 2020년 5월 31일로 해서 발급해도 된다. 만약 6월 10일이 공휴일이나 토요일이라면 해당일의 다음 날 발급해도 된다.

2) 2020년 5월 7일에 책상을 판매하였다면 세금계산서를 2020년 6월 10일까지 발급해야 한다. 부가가치세는 과세기간을 6개월로 하여 1기, 2기로 나누어 신고 및 납부가 이루어진다. 1기는 1월 1일부터 6월 30일까지이고 2기는 7월 1일부터 12월 31일까지이다. 신고납부기간은 각 과세기간의 다음 달 25일까지이다. 즉 1기 과세기간의 신고납부기간은 7월 1일부터 7월 25일까지이다. 따라서 책상의 공급시기인 2020년 5월 7일은 2020년 1기 과세기간에 속하며, 신고기한은 2020년 7월 25일까지이다. 발급시기인 2020년 6월 10일이 지났고 해당 공급시기(2020년 5월 7일)가 속하는 과세기

간(2020년 1월 1일부터 6월 30일까지)의 신고기한(2020년 7월 25일)까지 세금계산서를 발급하지 않은 경우를 뜻한다.

3) 공급시기인 2020년 5월 7일의 발급 가능 기간인 6월 10일까지 발급하지 않고 공급시기(2020년 5월 7일)가 속하는 과세기간(2020년 1월 1일부터 6월 30일) 내의 신고기한(2020년 7월 25일) 내에 세금계산서를 발급한 경우를 뜻한다.

세금계산서 필요적 기재사항

세금계산서에 반드시 기재해야 하는 사항으로 공급자 간 사업자등록증을 요청해서 사업자등록증에 이상한 점은 없는지 확인하고 사업자등록증에 나와 있는 대로 세금계산서를 발행해야 한다. 그리고 대금을 지급하기 전에 지급받을 계좌의 통장사본을 요청해서 확인해야 한다.

필요적 기재사항이 세금계산서에 잘못 기재되면 사실과 다른 세금계산서로, 이 경우 세금계산서 부실기재 가산세로 공급가액의 1%가 발생한다. 그러나 필요적 기재사항 외의 주소, 규격, 단가, 공급 연월일, 비고, 업태와 종목이 잘못 기재되어 있더라도 유효한 세금계산서이다.

세금계산서의 필요적 기재 사항
- 공급하는 사업자의 등록번호, 상호, 성명
- 공급받는 자의 등록번호
- 공급가액, 세액
- 작성연월일

세금계산서 발행

앞서 말했듯이 세금계산서를 발행하기 전에 상호 간 사업자등록증을 요청하여 사업자등록증상의 내용에서 잘못된 부분은 없는지 반드시 확인한다. 그리고 세금계산서에 기재할 공급가액과 부가가치세액도 정확히 정해야 하며, 작성연월일도 상호 간 확인해야 한다.

전자세금계산서를 발행할 경우, 공급받는 상대방의 이메일 주소도 요청한다. 세금계산서는 종이로 발행해도 되지만, 법인 및 일정 수입금액 이상(직전연도 공급가액(과·면세) 합계 3억 원 이상)의 개인사업자는 의무적으로 전자세금계산서를 발행해야 한다. 전자세금계산서 발행 방법은 다음과 같다.

전자세금계산서 발행 방법

1. 홈택스(www.hometax.go.kr)에 회원가입을 하여 사업자 정보를 등록한다.
2. 사업자범용 또는 세금계산서 발급용 공인인증서를 발급받는다.
3. 홈택스에 로그인하여 공인인증서를 등록한다.
4. 홈택스 ⇨ 조회/발급 ⇨ 전자(세금)계산서 ⇨ 발급 ⇨ 건별 발급 ⇨ 세금계산서 입력 사항 기재 및 발행·전송(홈택스에서 발급 시 즉시 자동으로 전송되므로 별도의 전송 절차가 없다.)

세금계산서 발급한 사항과 발급받은 사항은 홈택스 ⇨ 발급/조회 ⇨ 세금계산서 ⇨ 목록 조회에서 건별, 월·분기별로 조회가 가능하다.

▷ 전자세금계산서 발행 방법 QR 코드

홈택스에서 전자세금계산서 발급하기

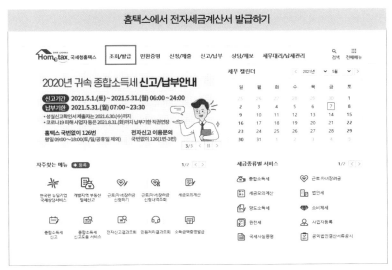

홈택스 접속 ⇨ 조회/발급 클릭, 공인인증서 로그인

발급 ⇨ 건별 발급

전자세금계산서 일반(사업자)

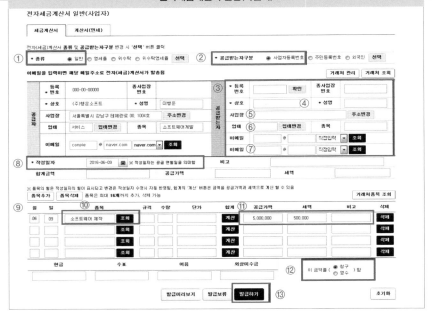

① 종류 : 일반

② 공급받는 자 구분 : 사업자등록번호

③ 등록번호 : 공급받는 자의 사업자등록번호를 입력하고 [확인] 버튼을 눌러 '정상' 여부를 확인한다.

④ 성명 : 공급받는 자의 대표자 성명

⑤ 사업장 : 사업자등록증상의 소재

⑥ 업태·종목 : 사업자등록증상 업태와 종목

⑦ 이메일 : 공급받는 자의 이메일 주소

⑧ 작성일자 : 당일 날짜로 세팅된다. 작성일자를 변경할 경우 입력하거나 달력 아이콘을 눌러 해당 날짜를 선택한다.

⑨ 월, 일 : 작성일자의 날짜와 동일하게 입력한다.

⑩ 품목, 규격, 수량, 단가 : 임의적 기재사항으로 입력하지 않아도 되지만, 품목은 가능한 입

력해두는 것이 추후 어떤 내용인지 확인할 때 유용하다.

⑪ 공급가액, 세액 : 계약 시 공급가액과 세액을 기재하며, 세액을 별도로 명기하지 않는다면 계약금액에 세액이 포함된 것으로 보아 '(계약금액÷110)×100=공급가액, (계약금액÷110)×10=세액'으로 기재한다. 세액은 어차피 부가가치세를 신고할 때 매출세액으로 납부 대상이 되어 세액만큼 매출이 낮아지므로 계약 시 부가가치세 별도인지 포함인지를 반드시 확인한 후 계약해야 한다.

⑫ 청구, 영수 : 청구는 아직 대가를 받지 않은 상태에서 세금계산서를 발행할 때, 영수는 대가를 미리 받은 상태에서 세금계산서를 발행할 때 체크한다.

⑬ 발급하기 : 모든 기재 내용이 올바른지 확인한 후 [발급하기] 버튼을 클릭하고, 공인인증서 로그인을 한다.

어음 거래할 때 알아야 할 것

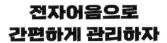
전자어음으로
간편하게 관리하자

전자어음

전자어음이란 약속어음을 인터넷상에서 이용할 수 있도록 전자화된 어음으로 '전자어음의 발행 및 유통에 관한 법률'에 의하여 전자문서로 작성되어 발행, 배서, 결제되는 지급 수단이다.

전자어음 특징

- 전자어음 관리기관에 등록되어야 하며, 약속어음에 한정
- 백지어음의 발행·배서는 불가능
- 지급지는 금융기관으로 한정
- 만기는 발행일로부터 90일 초과할 수 없음
- 배서 횟수는 20회로 제한
- 최초 수취인은 총 4회까지 분발배서 가능
- 발행, 배서, 보증 등의 행위는 공인(공동)인정서에 의함

전자할인어음

전자어음을 만기 전 배서양도하여 어음지급일까지의 할인료에 대한 이자비용을 차감한 나머지 금액을 은행에서 입금받는 것을 말한다. 은행은 어음을 보관하고 있다가 어음지급일에 맞춰 어음발행인에게 지급을 제시한다. 지급거절(부도)이 되면 채무자인 당사자에게 지급을 요구하게 된다.

지급제시는 만기일에 자동으로 지급제시되고, 발행인은 지급제시된 날의 16시까지 본인의 발행계좌에 어음금을 입금하면 결제된다. 전자어음에 대한 일부 결제가 인정되지 않고 미결제될 경우 해당 어음은 부도 처리된다. 전자어음은 오전 8시부터 22시까지 이용이 가능하며, 발생 수수료 1,000원, 배서·보증 수수료 1,500원, 결제 수수료 2,500원의 비용이 발생한다.

전자어음 관리기관 홈페이지(www.unote.kr)에서 전자어음 거래에 대한 조회 및 확인서 발급 서비스를 주로 제공한다. 그 외에도 거래은행 인터넷뱅킹을 통한 거래가 불가한 경우를 대비하여 일부 거래 서비스도 제공한다. 홈페이지에서 회원가입 후 공인인증서를 등록하면 이용이 가능하다.

전자외상매출채권

기업 간 상거래에서 널리 사용되고 있는 수표의 지급기능과 어음의 신용공여기능을 혼합한 전자적인 형태의 새로운 금융수단으로 구매기업이 거래은행 인터넷뱅킹을 통해 판매기업을 채권자로 지정, 전자증서인 전자채권을 발행하여 구매대금을 지급하면 판매기업은 동 채권을 만기까지 보유하거나 만기 전에 이를 담보로 거래은행으로부터 대출을 받아 현금화할 수 있다.

전자외상매출채권의 특징

전자채권은 발행기업별 발행한도가 구매기업 거래은행에 의해 등록·관리되므로 발행 남발을 방지할 수 있다. 또만 만기가 발행일로부터 90일 이내로 제한되어 있어 만기 장기화로 인한 결제 리스크를 줄일 수 있다. 또한 제3자에게 양도는 불가하지만, 채권을 담보로 대출이 가능하므로 만기 전에 현금화할 수 있다.

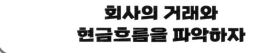

증빙 관리와 보관하기

회사의 거래와
현금흐름을 파악하자

사업상 거래가 성사되어 매출·매입이 발생하면 그 내용을 장부에 기록하고 현금 흐름을 파악해야 한다. 특히 지출 내역을 꼼꼼히 관리해야 한다. 소소한 경비라고 하더라도 매번 지출한 건에 대한 영수증을 챙기고, 공과금 고지서의 명의가 사업 장 앞으로 되어 있는지 다시 한번 확인한다.

경비가 발생하여 대금을 결제하는 경우에는 사용 용도, 신용카드, 날짜별로 영 수증을 챙겨 장부에 기록하고 3만 원이 초과되는 금액은 현금영수증·신용카드·세 금계산서(계산서) 발급을 요청하는 습관을 들여야 한다.

3만 원까지는 간이영수증도 부가가치세 매입세액공제는 받을 수 없다. 간혹 영 수증 없이 계좌이체한 것을 증빙을 갖추었다고 생각하는 경우가 있는데, 앞서 설 명한 대로 세금계산서, 현금영수증 등의 증빙하에 계좌이체가 이뤄져야 한다.

영수증을 받을 때는 상호, 사업자등록번호, 날짜, 공급가액, 부가세액이 맞는지 확인해야 한다. 영수증에 별도로 부가가치세가 기재되어 있지 않다면, 면세 또는 간이과세자일 수 있다.

현금을 낼 때는 지출증빙용 현금영수증 발급을 요청하고, 인건비나 임차료 등을 지급할 때는 반드시 통장으로 거래하여 내역을 확인할 수 있도록 한다. 받는 사람도 명확히 기록해두어야 한다. 인건비를 지급할 때는 반드시 상대방의 주민등록증과 상대방 명의의 통장사본을 받아 이름과 주민등록번호, 계좌번호를 확인한 후 해당 통장으로 송금해야 한다.

전기 · 전화요금 · 인터넷 이용료 등 각종 공과금 고지서의 명의변경

우선 전기·전화·인터넷 등 사업과 관련된 공과금의 고지서를 사업장 명의로 변경하고, 세금계산서 발행을 요청하거나 신용카드 결제를 신청하면 된다. 이를 증빙서류로 하여 부가가치세 신고 시 매입세액공제를 받을 수 있다.

사업용 계좌 개설과 관리

사업에 필요한 입출금을 대표 개인의 통장으로 진행하면, 개인의 경비로 사용한 금액과 회사의 경영에 사용된 금액의 흐름을 파악하기 어렵다. 회사의 현금, 거래 흐름을 잘 파악하기 위해서는 사업에 사용하는 계좌와 개인의 계좌를 별도로 구분해서 사용해야 한다.

법인사업자는 법인 설립과 사업자등록을 마친 뒤 본격적으로 영업을 시작하기 전에 금융기관에서 법인 명의의 통장과 카드 그리고 공인인증서를 만들어야 한다. 금융기관에 통장 개설을 신청하면 법인이 영업을 하고 있거나, 영업을 준비하고 있다는 것을 증명하는 자료를 요청한다. 또 추가적으로 법인 통장을 개설하려 해도 기존의 거래 내역을 꼼꼼히 따지는 등 까다로운 과정을 거쳐야 한다.

법인통장은 개설뿐만 아니라 관리도 까다롭다. 법인의 통장에서 개인의 사적 경비를 유용하는 경우, 거래처에 세금계산서나 영수증 발행 요청을 하지 않고 송금만 하는 경우, 매출대금의 입금자를 확인하기 어려운 경우, 거래처나 직원에게 급하게 지급해야 할 돈이 있는데 통장에서 자동이체로 나간 돈 때문에 지급하지 못하는 경우, 카드 결제대금과 인건비/대금결제가 혼재되어 통장 내역이 뒤죽박죽되는 경우가 있다. 이런 경우 정확한 거래내역과 현금흐름을 파악하기 어려우므로 정기적으로 통장내역을 확인해야 한다.

법인은 통장거래 내역을 모두 회계장부에 기록해서 관리해야 한다. 즉 누구와 거래했고, 왜 통장에 돈이 입금·출금되었는지 여부를 알아야 한다. 또한 몇 가지 예외를 제외한 대부분의 경우 별도의 영수증을 챙겨야 한다.

긴급하게 돈을 출금해야 하는 상황에 대비해 현금유동성을 확보하기 위해 자동이체 출금이 이루어지는 통장은 분리해서 관리하는 것이 좋다. 법인 통장의 깔끔한 관리를 위해서 ① 주요 거래처의 입출금, ② 자동이체 및 체크카드 입출금, ③ 인건비 및 세금, 임차료 등 고정비 입출금 통장을 분리해서 관리한다.

수입이 일정 금액 이상인 개인사업자는 본인이 사용하던 개인계좌나 신규로 개설한 계좌 중 사업용으로 사용할 계좌를 정하여 세무서에 사업용 계좌로 신고해야 한다. 간혹 금융기관에서 상호명으로 사업용 계좌를 개설한 후 그 자체가 사업용 계좌 신고가 된 것으로 알고 있는 경우가 있다. 여기서 말하는 사업용 계좌는 신규 또는 개인이 사용하던 계좌라도 본인이 세무서에 신고한 계좌가 사업용 계좌가 된다. 따라서 신고하지 않은 계좌로 수입이 입금되거나 비용이 지출된다면 추후 불이익을 받을 수 있다.

사업용 계좌 신고하는 방법

1. 세무서 방문하여 사업용 계좌개설 신고서를 작성하여 제출
2. 홈택스 ⇨ 신청/제출 ⇨ 사업용(공익법인용) 계좌 개설 관리
3. 손택스(모바일) ⇨ 신청 제출 ⇨ 사업용(공익법인용) 계좌 개설 관리

사업용 계좌를 신고해야 하는 사업자임에도 사업용 계좌를 신고하지 않거나, 신고하더라도 사용하지 않았다면 가산세 등의 불이익이 주어지므로 주의해야 한다. 사업용 계좌를 통해 주요 거래처와의 거래, 인건비, 고정비 등의 입출금이 이루어져야 하며, 여러 개의 통장을 사업용 계좌로 신고할 수도 있다.

사업용 계좌 제도 안내	
대상	복식부기 의무자 : 직전 연도 수입 금액이 일정 수준 이상인 개인사업자와 전문직 사업자
신고기간	• **복식부기 의무자** : 해당하는 과세기간의 개시일부터 6개월 이내 • **사업 개시와 동시에 복식부기 의무자에 해당 시** : 다음 과세기간 개시일부터 6개월 이내 • **사업용 계좌를 변경하거나 추가하는 경우** : 종합소득세 확정신고기한까지
개요	• 사업용 계좌는 사업장별로 여러 개의 통장을 만들 수도 있고, 하나의 계좌를 여러 개의 사업장에서 사용할 수도 있다. • 신규 개설 계좌는 물론, 기존에 사용하던 계좌도 사업용 계좌로 사용 가능 • 사업과 관련한 거래의 대금을 금융기관을 통해 결제하거나 결제받을 때, 인건비 및 임차료를 지급하거나 지급받을 때는 사업용 계좌를 사용하여야 한다. 단, 신용불량자, 외국인 불법체류자 등 인건비는 거래 상대방의 사정으로 사업용 계좌를 사용하기 어려운 경우는 제외

불이익 내용 (가산세)	1. 가산세 부과 ① 사업용 계좌를 사용하지 않은 경우 : 사업용 계좌를 사용하지 아니한 거래대금 의 합계액×0.2% 가산세 ② 사업용 계좌를 신고하지 않은 경우 : '해당 과세기간 수입금액×미 신고기간÷ 365×0.2%'과 '해당 과세기간의 사업용 계좌 미사용 금액의 0.2%' 중 큰 금액 2. 세무조사의 사유 3. 조세특례제한법상 창업중소기업 세액감면, 중소기업특별세액감면 등 각종 세액 감면 배제

공인인증서 발급

은행 거래뿐만 아니라 홈택스 사용이나 민원서류를 발급할 때 필요한 것이 바로 공인인증서이다. 사업을 하려면 단순히 금융기관 등에서만 사용할 수 있는 무료 공인인증서가 아니라 세금계산서 발급이 가능한 공인인증서나 범용공인인증서를 발급받아야 한다. 범용공인인증서 발급 비용은 11만 원 정도로 가격이 비싸기 때문에 입찰 등에 참여하지 않는다면 처음엔 세금계산서 발급이 가능한 공인인증서를 발급받는 것이 좋다. 만약 세금계산서를 발행하지 않는 사업자라면 일반 은행업무용 무료 공인인증서도 괜찮다. 법인사업자의 경우 은행을 처음 방문했을 때 법인 명의의 공인인증서를 발급받아야 한다.

사업용 카드 발급과 관리

사업자용 통장을 개설하고 공인인증서를 발급받았다면, 사업용 카드도 발급받는다. 발급된 카드를 사용할 때 유의할 점이 있다. 과세당국은 카드의 사용내역을 전산망을 통해 확인하여 카드의 부당한 사용을 방지하도록 하고 있다. 그러므로 사업용으로 사용할 카드와 개인적인 용도로 사용할 카드를 구분하여 관리하고, 사업용 카드를 개인적인 용도로 사용하지 않도록 관리해야 한다.

법인의 경우, 사업용으로 사용할 신용카드나 직불카드를 법인 명의로 개설하면 별도의 등록 과정 없이도 사업용 카드에 해당되어 홈택스에서 사용내역을 확인할 수 있다. 그러나 개인사업자의 경우 홈택스에 본인이 사용하던 카드 또는 신규 발급한 카드를 사업용 카드를 등록할 수 있는데, 카드 사용 내역을 카드사에 별도로 요청하지 않아도 매분기별 사용내역을 홈택스에서 조회할 수 있다. 또한 사용처의 업종 및 면세(간이) 여부를 사전에 제공받아 부가세 신고 시 이용할 수 있다. 다만 구체적인 구입 품목에 대한 사항은 알 수 없으므로, 본인이 별도로 사용처 및 구입 품목, 접대 목적인지 등 구입 사유를 관리해야 한다.

영세사업자 중에는 간혹 홈택스에서 조회되는 모든 신용카드 사용 내역이 부가세 공제 대상이 된다고 생각하여 매입세액공제 신청을 하는 경우가 있다. 사용 내역별로 매입공제 불공제 대상을 파악하여 과다하게 공제 신청되지 않도록 해야 한다.

적격 영수증을 수취한다

경비 지출 시, 적격한 증빙서류를 받지 않아 입증하지 못해 불이익을 받는 경우가 있다. 증빙서류 없이 비용을 인정하는 경우, 가공의 경비를 과다하게 잡아 회사의 손익을 줄여 탈세의 수단으로 사용될 수 있기 때문에 세법에서는 비용을 지출할 때 적격한 영수증을 받아 입증할 수 있는 근거를 마련하도록 하고 있다.

사업과 관련된 비용을 지출하고 대금을 지출할 때에는 적격한 증빙을 수취해야 한다. 세법상 인정되는 증빙은 세금계산서, 계산서, 카드 매출전표(신용카드, 체크카드, 직불카드 등), 현금영수증(지출증빙용)이 있다. 이외에 수기로 작성한 간이영수증을 받는 경우에는 비용으로 인정받을 수 있으나 부가세 매입세액 공제가 불가능하다. 또한 금액에 따라 가산세 등 세무상 불이익을 받을 수 있다.

구분	항목	대금 영수증	세법상 영수증	비고
매출 관련	현금 매출	입금증, 통장사본	영수증 등	계약서 등에 의한 매출 근거 구비
	카드 매출	카드전표	카드전표	
	세금계산서 매출	입금증, 통장사본	세금계산서	
매입 또는 지출 관련	자재대	입금증, 송금 영수증	세금계산서	계약서, 사규 등에 의한 지출 결의 지급 근거 구비
	인건비	송금 영수증	원천세 신고	
	접대비	카드전표	카드전표	
	소모품비	카드전표	카드전표 (3만 원 이하 간이영수증 가능)	
	기타 잡비	카드전표		

매출과 관련해서는 현금 또는 카드, 세금계산서 등 매출 종류에 따라 대금 영수증과 세법상 영수증을 한꺼번에 구비하도록 한다. 물론 매출 내용이 용역이거나 단가 납품계약 등의 경우에는 사전에 계약서 내용을 잘 점검하고 세금계산서 교부 시기 등에 문제가 없는지 점검해야 한다.

한편 지출과 관련해서는 적격 영수증을 수취해야 한다. 여기서 말한 적격 영수증이란 세금계산서, 계산서, 신용카드 매출전표, 현금영수증 등을 말한다. 세법에서는 이외의 영수증을 받으면 보통 3만 원까지는 인정해주지만, 이를 초과하면 가산세(거래금액의 2% 수준)를 부과하므로 주의해야 한다. 또 거래명세서, 이체증명서는 영수증이 아니므로 주의해야 한다. 영수증을 분실하거나 미수취 시에는 전액 불인정된다.

여비교통비 처리하기

임직원이 업무상 출장을 가게 되면 교통비나 숙박비, 식비, 기타 체류비 등의 경비가 발생하게 된다. 해당 지출 비용을 여비교통비로 보고 그 지출과 정산에 대한 지급 규정을 정해두는 것이 좋다.

그러나 지급 규정이 있다 하더라도 해당 지출 거래 건당 3만 원을 초과하는 경우 적격 증빙을 수취해야 한다. 적격 증빙을 수취할 수 없는 경우에는 지출결의서, 여비교통비 명세서, 출장신청서, 출장계획서 등 업무와 관련이 있는 지출임을 증명해야 한다.

실무상 매번 증빙 요구에 어려움이 있으므로 출장에서 사용된 실비를 급여나 제수당 지급하기도 한다. 이 경우 실비 변상적 급여로 비과세 소득으로 신고하는 것도 가능할 것으로 본다.

업무용 승용차 비용

법인 임직원 및 개인사업자가 업무용으로 취득한 고가의 차량을 사적으로 사용하거나 일부만 업무용으로 사용하는 경우를 방지하기 위해 업무용 승용차 비용특례제도가 도입되었다.

적용 대상

법인 및 개인사업자 중 복식부기의무자

업무용 승용차의 범위

- 승용자동차(단, 배기량이 1,000cc 이하로 길이가 3.6m 이하이고, 폭이 1.6m 이하인 것은 제외)
- 제외 대상 : 운수업, 자동차판매·임대업, 운전학원업, 경비업(출동차량에 한정) 또는 시설대여업에서 사업상 수익을 얻기 위하여 직접 사용하는 승용자동차 등

- 업무용 승용차 관련 비용 : 업무용 승용차에 대한 감가상각비, 임차료, 유류비, 보험료, 수선비, 자동차세, 통행료 및 금융리스 부채에 대한 이자비용 등 업무용 승용차의 취득·유지를 위하여 지출한 비용을 말한다.

- 업무용 전용 자동차보험 가입 : 해당 법인의 임원 또는 직원, 계약에 따라 해당 법인의 업무를 위하여 운전하는 사람 또는 해당 법인의 운전자 채용을 위한 면접에 응시한 지원자가 운전하는 경우에만 적용받을 수 있는 자동차 보험을 말한다. 개인사업자(복식장부 대상자)의 경우 2021년부터 1대를 제외한 나머지 차량은 업무용 전용 자동차보험에 가입해야 경비 처리가 가능하다.

- 운행기록부 작성·비치 : 업무용 승용차 관련 비용을 업무 사용 비율만큼 인정받으려는 경우에는 업무용 승용차별로 운행기록부 등을 작성·비치해야 한다. 신고 시에는 제출의무가 없지만 납세지 관할 세무서장이 요구할 경우 즉시

제출해야 한다. 단, 업무용 승용차 관련 비용이 1,500만 원 이하(2020년부터)인 경우에는 운행기록부 작성 없이도 전액 경비로 인정받을 수 있다(단, 부동산 임대업을 주업으로 하는 법인 등의 경우에는 1,500만 원이 아닌 500만 원을 적용).

운행기록부 작성이 필요 없는 경우

(예시: 차량가액이 4,000만 원, 기타 차량 유지비가 700만 원인 경우)

- 차량 가액은 5년 동안 동일한 금액을 경비 처리하므로 한해에 경비 처리 가능한 금액은 800만 원(4,000만 원÷5)
- 800만 원(차량 감가상각비 및 임차료 한도)+700만 원(유류비, 보험료, 수선비, 자동차세, 통행료 및 이자비용 등)

업무용 승용차 관련비용 명세서

[별지 제29호서식] (2020. 3. 13. 개정) (3쪽 중 제1쪽)

사 업 연 도	. . ~ . .	업무용승용차 관련비용 명세서	법 인 명	
			사업자등록번호	

1. 업무사용비율 및 업무용승용차 관련비용 명세 【부동산임대업 주업법인 [ ]여, [ ]부】

① 차량번호	② 차종	③ 임차여부	④ 보험가입여부	⑤ 운행기록작성여부	⑥ 총주행거리(km)	⑦ 업무용사용거리(km)	⑧ 업무사용비율(⑦/⑥)	⑨ 취득가액(취득일,임차기간)	⑩ 해당연도보유 또는임차기간월수	⑪ 업무용승용차 관련비용							
										⑫ 감가상각비	⑬ 임차료	⑭ 감가상각비상당액	⑮ 유류비	⑯ 보험료	⑰ 수선비	⑱ 자동차세	⑲ 기타	⑳ 합계
								(. . ~ . .)										
								(. . ~ . .)										
								(. . ~ . .)										
㉑ 합계																		

2. 업무용승용차 관련비용 손금불산입 계산

차량번호	㉒ 업무사용금액			㉗ 업무외사용금액			감가상각비(상당액)한도초과금액	㉝ 손금불산입합계(㉚+㉛)	㉞ 손금산입합계(⑳-㉜)
	㉓ 감가상각비(상당액)[(⑫또는⑭)×⑧)]	㉔ 관련비용[(⑳-⑫또는⑭) 또는 (⑳-⑭)×⑧)]	㉕ 합계(㉓+㉔)	㉘ 감가상각비(상당액)(⑫-㉓ 또는 ⑭-㉓)	㉙ 관련비용[(⑳-⑫-㉔) 또는 (⑳-⑭-㉔)]	㉚ 합계(㉘+㉙)			
㉟ 합계									

210mm×297mm[백상지 80g/㎡ 또는 중질지 80g/㎡]

접대비에 따른 증빙

세법에서는 장부상의 지출 명목과 상관없이 법인의 업무와 관련하여 상대방이 사업에 관련 있는 자들이고, 거래 관계의 원활한 진행을 도모할 목적으로 지출된 금액을 접대비로 보고 있다.

과세 관청은 접대비를 소비 향락적인 과다한 접대비 지출로 수익을 감소시켜 조세회피 수단으로 사용하거나 기업이 투자 대신 불건전한 소비 지출을 늘리는 등 여러 사회문제를 야기할 수 있는 것으로 보고, 접대비의 정의와 지출 한도를 엄격하게 규정해 일정 금액 이상의 지출에 대해서는 세무상 비용으로 인정하지 않고 있다. 또한 접대비는 부가가치세 매입세액공제도 받을 수 없다.

접대비를 지출할 때에는 관련된 증빙서류를 잘 구비해두어야 한다. 일반적인 증빙불비가산세와는 별개로 불이익 처분을 받을 수 있기 때문이다. 증빙서류가 누락되어 접대비의 지출을 증빙할 수 없는 경우에는 접대비를 손금불산입(비용 불인정)하고, 대표이사 또는 그 사용자에 대한 상여 등으로 처분하게 되어 법인과 소득의 귀속자 양측에게 세무상 불이익이 주어진다.

접대비 증빙 구분						
구분	지출증빙		매입세액 공제 여부	비용 인정 여부	증빙불비 가산세 적용 여부	비고
1만 원 이하	법정 지출 증빙	세금계산서, 계산서	매입세액 불공제	접대비 한도 내에서 비용 인정	적용 안 됨	적용 안 됨
		신용카드 매출 전표(법인)				
		신용카드 매출 전표 (임직원 개인 카드)				
		현금영수증				

1만 원 이하	비법정 지출 증빙	영수증	• 매입 세액과 공급가액이 따로 구분되지 않음 • 매입세액 자체가 없음	접대비 한도 내에서 비용 인정	적용 안 됨	-
		입금표 등				
1만 원 초과	법정 지출 증빙	세금계산서, 계산서	매입세액 불공제	접대비 한도 내에서 비용 인정	적용 안 됨	공제되지 않는 부가세 매입세액은 접대비에 포함하여 비용으로 처리함
		신용카드 매출 전표 (법인 카드)				
		현금영수증				
	비법정 지출 증빙	신용카드 매출전표 (법인 카드)	• 매입 세액과 공급가액이 따로 구분되지 않음 • 매입세액 자체가 없음	비용 불인정	적용 안 됨 (비용 인정이 안 되었으므로 증빙불비 가산세 적용 안 됨)	• 기타 사외 유출로 소득 처분 • 증빙 자체가 없는 경우는 대표이사 또는 사용자에 대한 상영로 소득 처분함
		현금영수증				
		신용카드 매출전표 (임직원 개인 카드)				
		영수증				
		입금표 등				

접대 목적 또는 임직원 지급 목적으로 명절 등에 상품권을 구입하는 경우 신용카드로 결제한다 하더라고 부가세 매입세액공제를 받을 수 없다. 또 상품권을 카드결제가 아닌 현금으로 구입하는 경우 세금계산서 등 지출증빙 수취의무는 없으나, 지출을 확인할 수 있는 객관적인 증빙서류(이체증빙 등)를 보관하면 된다. 접대 목적이라면 1만 원 이상 접대비 지출 시 적격증빙을 수취해야 하므로, 현금으로 구입하지 않고 법인 신용카드로 결제해야 전액 비용으로 인정받을 수 있다. 상품권을 회사 임직원에게 지급할 때 상품권가액을 근로소득에 포함하여 근로소득세를 원천징수해야 한다.

사업자가 꼭 알아둬야 하는 웹사이트

사업자라면 반드시 친숙해져야 할 웹사이트들이 여러 개 있다. 다음 사이트들을 즐겨찾기 해두고 급할 때 바로 찾아볼 수 있도록 한다.

국세청(www.nts.go.kr)
⇨ 납세자별 정보, 세무서식, 사업자 과세유형 및 휴·폐업 정보 등

홈택스(www.hometax.go.kr)
⇨ 민원증명(표준재무제표증명, 부가가치세 과세표준증명, 납세증명서 등) 전자신고, 전자납부, 조회 서비스, 현금영수증카드 발급·조회, 세금계산서 및 계산서 발행·조회, 인터넷 세무상담 및 자주 묻는 상담사례 조회

이택스(etax.seoul.go.kr, 서울시), 위택스(www.wetax.go.kr, 서울시 외)
⇨ 지방세 및 등록면허세 조회 및 납부, 과세납세증명

정부24(www.minwon.go.kr, 공인인증서필요)
⇨ 각종 민원증명서 발급 및 조회, 지방세 세목별 과세증명

대법원 인터넷등기소(www.iros.go.kr)
⇨ 법원등기 열람/발급, 법인상호 검색등

4대사회보험정보연계센터(www.4insure.or.kr)
⇨ 사회보험 증명서 발급, 사회보험 사업장 및 가입자 취득·탈퇴 신고, 민원 처리 현황 등

증명서 발급 일사천리

각종 증명서,
어디서 발급받죠?

정부, 공공기관 등에 사업 제안을 하거나 금융기관 대출을 연장할 때 또는 정부 지원금을 받으려고 할 때 증명서류를 제출하라고 한다. 증명서류에는 주주명부, 법인등기부등본, 주민등록등초본, 표준재무제표증명, 소득금액증명원, 부가가치세 과세표준증명, 납세증명서 등이 있다. 주주명부는 어느 기관에서 발급해주는 것이 아니라, 법인의 주주명부를 제출하면 된다. 법인등기부등본은 인터넷등기소(www.iros.go.kr), 주민등록 등·초본이나 지방세납세증명서는 정부 24(www.gov.kr), 표준재무제표증명과 소득금액증명원, 부가가치세 과세표준증명, 납세증명서는 홈택스(www.hometax.go.kr)에서 발급 가능하다.

주주명부 예시

주 주 명 부

주 주 명	주민등록번호	소유주식의 종류	소유주식의 수
		보통주식	

1주의 금액: 원   합   계: 주

위 주주명부는 본사에 비치된 주주명부와 대조하여 틀림없음을 증명합니다.

2021 .   .   .

주식회사 ○ ○ ○ ○

대표이사   ○ ○ ○

현금이 없으면 카드로 납부하세요

세금 신고를 마쳤다면 세금을 납부할 차례이다. 세금은 오프라인과 온라인에서 모두 납부 가능하며 세금을 한 번에 내지 않고 분납할 수도 있다. 세금 종류에 따라 분납할 수 있는지 여부가 다르기 때문에 제대로 알고 납부해야 한다. 홈택스로 세금 신고를 할 때 납부서를 바로 출력할 수 있으므로 납부서에 기재된 가상계좌로 납부기한 내 납부하거나 홈택스(홈택스 ⇨ 신고/납부)에서 바로 납부하거나 은행, 세무서를 방문하여 납부할 수 있다. 만약 납부기한이 지났다면 '홈택스 ⇨ 신고/납부 ⇨ 국세납부 ⇨ 자진납부'에서 납부 가능하다.

신용카드로 초간단 세금 납부하기

모든 세목(원천세, 증권거래세, 인지세, 특별소비세, 교통세, 주세, 부가가치세, 교육세, 소득세, 법인세, 증여세, 종합부동산세 등)에 대해 한도 없이 카드 납부할 수 있으며 국내 전 카드사가 가능하다. 납부세액의 1.0% 이내로 납부대행 수수료가 발생한다. 신용카드로 납부할 때는 국세납부대행기관 카드로택스 홈페이지(www.cardrotax.kr, 고객센터 1577-5500)에 접속해 '공인인증서 등록' 후 납부 가능하다. 전국의 세무관서에 설치된 신용카드 단말기로도 납부 가능하다.

이용 시간은 00:30~23:30시이고 365일 연중무휴이다. 인터넷 웹사이트에서 회원가입 후 모바일앱 '인터넷지로'에서도 납부할 수 있다. 만약, 개인사업자가 홈택스에서 신용카드로 납부한다면 개인사업자로 등록된 카드로만 납부할 수 있다. 이 경우 홈택스 사이트에 들어가 '신고/납부 ⇨ 국세납부'로 들어가면 된다.

Q&A　매출이 없거나 납부할 세금이 없다면 세금 신고를 하지 않아도 되나요?

만일 사업자가 납부할 세금이 없어 세금 신고조차 하지 않는다면 무신고가산세가 부과된다. 뿐만 아니라 실제로 사업에서 적자가 나더라도 과세당국에서는 추계결정하므로 납부세액이 발생할 수 있다. 특히 사업자가 사업부진으로 폐업하는 경우라도 적자로 종합소득세를 신고하면 사업 폐지 이후 15년간 종합소득금액에서 이월결손금공제가 되므로 세금 신고는 필수라고 할 수 있다.

세금의 분납

법인세와 소득세의 경우 납부할 세액이 1,000만 원 이상이면 세금 분납이 가능하다. 하지만 부가가치세의 경우 분납이 불가능하며, 분납은 반드시 신고기한까지 관할 세무서장에게 신청해야 가능하다.

분납하려는 경우 확정신고를 할 때는 확정신고기한까지, 예정신고를 하는 경우에는 예정신고기한까지 납세지 관할 세무서장에게 신청해야 한다.

분납 기준 금액과 나눠서 분납할 세액은 다음과 같다.

납부세액	납부 기한까지	2개월 후
1,000만 원 이상	1,000만 원	1,000만 원 초과액
2,000만 원 초과	납부할 세액의 1/2	납부할 세액의 1/2

부가가치세와 같이 분납이 불가능하거나 분납한 금액도 부담될 경우, 우선 납부할 수 있는 금액부터 납부하는 것이 좋다. 미납세액에 대해 매일 0.025%의 납부 불성실 가산세가 발생하기 때문이다.

세금의 물납

물납이란 금전 이외의 재산으로 조세채무를 이행하는 것으로, 세금 등을 물품으로 내는 것을 말한다. 일반적으로 조세는 현금 납부가 원칙이지만 납세의무자가 현금을 보유하고 있지 않거나 조달이 곤란하다고 인정되는 경우에 부동산, 유가증권, 토지 보상채권 같은 특정 재산으로 납부할 수 있다. 부가가치세는 물납이 허용되지 않지만 법인세와 소득세 중 양도소득세, 그리고 지방세 중 재산세의 경우는 물납이 허용된다. 물납신청이 모두 받아들여지는 것은 아니며, 신청에 따른 승인이 있어야 한다. 물납 승인을 받지 못하면 물납을 할 수 없다.

소액부징수 및 과세 최저한

소액부징수는 징수할 세액이 어느 일정 금액에 미달할 경우 세금을 내지 않는 경우를 말하며, 과세 최저한은 일정 금액 이하일 경우 과세하지 않는 것을 말한다. 그 기준은 다음과 같다.

구분	내용
기타 소득	기타 소득금액이 매건 5만 원 이하인 경우
상속세 및 증여세	과세표준이 50만 원 미만인 경우
부가가치세	• 간이과세자의 과세기간의 공급대가가 4,800만 원 미만인 경우 • 감면배제 업종 : 부동산임대 및 공급업, 과세 유흥장소가 아니어야 한다.
취득세	취득가액이 50만 원 미만인 경우
소액부징수	• 원천징수세액이 1,000원 미만인 경우 • 중간예납세액이 30만 원 미만인 경우
기타	인지세를 제외한 고지할 국세(교육세 포함), 가산금, 체납처분비 합계액이 1만 원 미만인 경우

기타소득금액이 매건 5만 원 이하인 경우 과세 대상이 아니므로 세금을 내지 않아도 된다. 하지만 5만 원을 초과하여 과세 대상이 되어 세액을 계산했더니 세액이 1,000원 미만이라면 소액부징수에 해당되어 세금을 내지 않아도 된다.

세금 납부 기한의 연장

다음 항목 중 하나에 해당하는 경우 국세기본법 또는 세법에서 규정하는 신고, 신청, 청구, 그 밖의 서류의 제출, 통지, 납부를 정해진 기한까지 할 수 없다고 인정하는 경우나 납세자가 기한 연장을 신청한 경우 관할 세무서장은 그 기한을 연장할 수 있다.

기한 연장 사유	구분
1. 천재지변이 발생한 경우	
2. 납세자가 화재, 전화 그밖의 재해를 입거나 도난을 당한 경우	담보 제공
3. 납세자 또는 그 동거 가족이 질병으로 위중하거나 사망하여 상중인 경우	담보 제공
4. 납세자가 그 사업에 심각한 손해를 입거나, 그 사업이 중대한 위기에 처한 경우(납부기한만 연장)	
5. 정전, 프로그램의 오류, 그 밖의 부득이한 사유로 한국은행(그 대리점을 포함) 및 체신관서의 정보통신망이 정상적으로 가동이 불가능한 경우	
6. 금융회사 등(한국은행 국고 대리점 및 국고 수납대리점인 금융회사 등만 해당) 또는 체신관서의 휴무, 그 밖의 부득이한 사유로 정상적인 세금납부가 곤란하다고 국세청장이 인정하는 경우	
7. 권한 있는 기관에 장부나 서류가 압수 또는 영치된 경우	담보 제공
8. 납세자의 형편, 경제적 사정 등을 고려하여 기한의 연장이 필요하다고 국세청장이 인정하는 경우로 국세청장이 정하는 기준에 해당하는 경우(납부의 연장만 가능)	담보 제공
9. 위의 2, 3 또는 7에 준하는 사유가 있는 경우	담보 제공

    기한연장을 받기 위해서는 기한 만료일 3일 전까지 관할 세무서장에게 문서를 제출해 신청해야 한다. 3일 전까지 신청할 수 없다고 관할 세무서장이 인정하는 경우에 대해서는 만료일까지 신청할 수 있다. 기한연장 신청에 대해 관할 세무서장의 승인이 있어야 하며, 일정 기간 내에 승인 통지가 없는 경우 승인한 것으로 본다.

▷ 납부기한
연장신청서
작성법
QR 코드

납부기한연장승인신청서

[별지 제1호의2서식] <개정 2007.4.4>

<table>
<tr><td colspan="3" rowspan="2">납부기한연장승인신청서</td><td>처리기간</td><td>수수료</td></tr>
<tr><td>3일</td><td>없 음</td></tr>
</table>

신청인	①성 명		②주민등록번호		③사업자등록번호
	④주소 또는 사업장	(⑨ -)		⑤전화번호	
	⑥상 호			⑦업 종	

신 청 내 용

납부할 국세의 내용			⑪납기연장을 받고자 하는 금 액
⑧세 목	⑨납 부 기 한	⑩금 액	
해당 세목	20xx . OO .OO .	납부해야 할 총액	납부할 금액을 제외한 차액
	. . .		
	. . .		

⑫연 장 받 고 자 하 는 사 유	연장 사유 기재	
⑬연 장 받 고 자 하 는 기 간	년 월 일부터 년 월 일까지	(총기간 일간)

분 납 금 액 및 납 부 기 한

⑭횟 수	⑮세 목	⑯납 부 기 한	⑰금 액
1 회		. . .	
2 회		. . .	
3 회		. . .	

국세기본법 제6조 및 동법시행령 제3조의 규정에 의하여 위와 같이 납부기한연장의 승인을 신청합니다.

년   월   일

신청인   (서명 또는 인)

세무서장 귀하

구비서류 : 사유를 증빙하는 자료

이 신청서는 무료로 배부합니다.

22226-79111민   210mm×297mm

99.2.23 승인   (신문용지(특급) 34g/㎡)

①~⑦ : 신청인 성명, 주소, 상호, 전화번호, 업종 등을 기재한다.

⑧ 세목 : 해당 세목을 적는다.

⑨ 납부기한 : 납부해야 할 기한을 적는다.

⑩ 금액 : 납부해야 할 총 금액을 기입한다.

⑪ 납기연장을 받고자 하는 금액 : 납부할 금액을 제외한 차액을 기재한다.

⑫ 연장받고자 하는 사유 : 연장 사유를 기재한다(197쪽 표 참고).

⑬ 연장받고자 하는 기간 : 총 기간을 기입한다.

제척기간이란?

세법에서는 일정 기간 안에서만 세금을 부과할 수 있도록 하고 그 기간이 지나면 세금을 부과할 수 없도록 하고 있는데 이를 '국세부과의 제척기간'이라고 한다. 원칙적으로 제척기간은 5년이다.

- 신고기간 안에 신고를 하지 않은 경우 : 7년(역외 거래 10년)
- 사기나 그 밖의 부정행위에 의한 포탈 : 10년(역외 거래 15년)
- 상속세나 증여세 : 10년(무신고, 허위·누락 신고 시 15년, 신고누락가액이 50억 원을 초과하는 경우를 알게 된 날로부터 1년)

매출 누락, 비용 과다, 세금 미납 시 불이익

다시 보자, 매출 누락!
깜빡 말자, 미납 세금!

매출 누락

사업을 처음 시작할 때는 세금에 대해 막연한 두려움을 갖게 된다. 이럴 때 주변 사람들은 세금을 본인보다 적게 냈다는 얘기를 듣게 되면 매출 누락 또는 가공 매입에 대한 유혹에 빠지기 쉽다. 세금을 줄이기 위해서는 현금매출 누락이 가장 용이하다. 그러다 보니 제품 등을 싸게 공급해서 대금을 현금으로 수령하는 경우가 많다.

대부분 지금 당장 납부하는 세금이 아까워서 매출 누락했을 경우 추후 어떤 문제점이 야기되는지 생각하지 않는다. 매출을 누락했을 경우 어떤 불이익이 있는지 확인해보도록 하자.

• 세금 추징

매출 누락이 추후에 발각되었을 경우 한 번에 몇 년 치의 세금이 부과된다. 그러다 보니 미납 세금과 높은 가산세로 한꺼번에 자금이 필요하게 되고, 해당 업체와 거래하는 상대 기업에게도 세무조사 등이 확대될 수 있어 거래가 줄어, 결국에는 개인파산하는 경우도 있다. 법인의 경우 매출 누락된 금액을 대표자가 직접 가져간 것으로 판단, 상여로 처분되어 대표자는 추가적인 소득세를 부담하게 된다.

• 가산세 부담

매출 누락으로 발생되는 가산세는 과소신고 가산세와 납부불성실 가산세가 있다.

① 과소신고 가산세 : 매출 누락이 발각되었을 경우 세금을 재계산해야 한다. 매출 누락으로 인해 기존에 과소하게 신고한 부분에 대해 가산세가 부과된다. 이때 가산세의 부과율은 최대 10~40%이다.

② 납부불성실 가산세 : 몇 년 전에 납부했어야 할 세금에 이자가 더해지는 것으로 볼 수 있다. 하루당 0.025%의 가산세가 부과된다.

조세범으로 처벌

매출 누락으로 세무조사를 받을 경우 조사 결과 사기나 그 밖의 부정한 방법으로 탈세한 경우에는 조세범처벌법에 의하여 처벌된다. 이 경우 세금도 별도로 부과되고, 최고 3년 이하의 징역 또는 탈세액의 3배 이하의 벌금에 처해진다.

요즘은 세무행정이 전산화가 잘 되어 있어서 사업자의 모든 신고 상황 및 거래 내역은 전산 처리되어 다양하게 분석되고 있다. 예를 들어서 사업자별로 지금까지의 신고 추세는 어떠한지, 신고 내용과 세금계산서 합계표 내용은 일치하는지 등 종합적으로 전산으로 분석이 되고 있다. 또한, 전국의 모든 세무관서에서는 수많은 탈세정보가 접수되고 있다. 거기에 신용카드 사용 내역, 고액 현금 거래내역 등 수집된 자료는 각 사업자별로 관리되어 신고성실도를 분석하는 데 이용된다.

비용 과다

매출 누락과 마찬가지로 인건비의 과다 계상, 가공 세금계산서 매입, 영수증 수집 등 비용 과다(가공 경비)로 불성실신고도 여전히 발생하고 있다. 비용 과다도 세금추징, 가산세 부담, 조세범으로 처벌될 위험에 노출된다.

가공 세금계산서를 사고 파는 행위를 쉽게 생각하는데, 과세관청에서는 세무서별로 세원정보팀을 운영하여 가공세금계산서 판매행위에 대한 정보 수집을 강화하고 지능화된 자료상에 대응하기 위해 휴대전화 위치추적, 인터넷 IP 추적 등 첨단 조사 기법을 활용하고 수사기관과 공조하여 현행범을 긴급체포·고발하는 등 자료상 집중단속을 지속적으로 실시해나가고 있다. 때문에 언제든 적발될 수 있다는 점을 잊어서는 안 된다.

잘못된 신고 및 무신고 시 대처법

잘못된 세금 신고로 세금이 덜 나오거나 더 나올 수 있다. 이런 경우에 활용할 수 있는 제도가 바로 수정신고(납부할 세액이 발생할 경우)와 경정청구(돌려받아야 할 세액이 발생할 경우)이다.

수정신고는 이미 신고한 과세표준 및 세액이 과소한 경우나 불완전한 신고를 한 경우에 납세의무자 본인이 정정하여 신고·납부하는 것으로, 가산세를 감면받을 수 있는 제도이다. 여기서 가산세란 과소신고가산세, 초과환급신고가산세, 영세율과세표준신고불성실가산세를 말하는데, 수정 신고기간에 따른 가산세 감면은 다음과 같다.

구분	가산세 감면
법정신고기한 후 1개월 이내	가산세의 90% 감면
법정신고기한 후 1~3개월 이내	가산세의 75% 감면
법정신고기한 후 3~6개월 이내	가산세의 50% 감면
법정신고기한 후 6개월~1년 이내	가산세의 30% 감면
법정신고기한 후 1년~1년 6개월 이내	가산세의 20% 감면
법정신고기한 후 1년 6개월 ~ 2년 이내	가산세의 10% 감면

경정청구는 이미 신고·결정, 경정된 과세표준 및 세액 등이 과대한 경우 납세의무자가 과세관청에 이를 정정하여 결정·경정하도록 청구하는 권리이다. 이러한 경정청구에는 '통상적인 경정 등의 청구'와 '후발적 사유로 인한 경정 등의 청구'의 두 가지가 있다. 이 두 가지 모두 과세표준신고서를 법정신고기한까지 제출한 경우에만 가능한 권리이다.

구분	통상적인 경정 등의 청구	후발적 사유로 인한 경정 등의 청구
청구 자격	법정 신고기한 내 세금을 신고한 자 및 기한 후 신고자	세금을 신고했거나 정부 결정을 받은 자
청구 사유	세액이 과대신고 또는 결정된 경우 (부가가치세 신고 시 매입세금계산서 신고를 누락했다거나 종합소득세 신고 시 필요경비를 누락한 경우 등)	후발적 사유로 당초 신고와 결정 등 이 과대하게 된 경우(판결에 따른 기존 거래 성격의 변경, 소득귀속자가 달라지거나 계약 해지 등에 따라 애초의 신고 또는 결정 내용이 달라진 경우 등)
청구기한	법정신고기한 경과 후 3년 이내 결정·경정이 있는 경우 : 결정·경정 후 90일 이내	사유가 발생한 것을 안 날로부터 2개월 이내
청구효력	정부는 청구한 때로부터 2개월 이내 세액의 감액을 결정해야 할 의무가 있음	

세금 미납 시 불이익

납부기한이 지나면 독촉장이 발부되고 그래도 납부하지 않을 때에는 재산을 압류, 공매하여 매각대금으로 세금을 충당하게 된다. 또한 신용정보자료로 제공되어 금융거래상 불이익을 받게 된다. 법인의 경우, 과점주주(주식의 50% 초과 보유한 주주)는 법인이 세금을 납부할 능력이 없을 때는 2차 납세의무자가 되어 세금납부 의무를 부담하게 된다.

세금을 체납하게 되면 신용불량정보에 등재되어 재산압류 등 각종 불이익이 뒤따르게 된다. 국세를 체납했을 때의 불이익에 대해 살펴보자.

신용불량정보 등재

다음의 경우 중 하나라도 해당되면 세무서장은 신용정보기관에 채무자에 대한 자료를 제공한다. 그렇게 신용불량자로 등록이 되면 신규 대출이나 신용카드 발급과 같은 각종 서비스에 제한이 걸리게 된다.

- 체납 발생일로부터 1년이 경과하고 체납액이 500만 원 이상
- 1년에 3회 이상 체납하고 체납액이 500만 원 이상

재산압류

체납처분 절차를 거치고도 정해진 납기까지 국세를 완납하지 않으면 독촉과 최고를 행하고, 그 후에도 납세의무자가 이를 이행하지 아니하면 강제적으로 체납자의 재산을 압류하게 된다.

- 1년에 3회 이상 체납하고 그 체납금이 500만 원 이상
- 체납 결손처분액이 500만 원 이상

관허사업의 정지·취소

허가 및 인가, 면허 등을 받아 사업을 경영하는 사람이 국세를 3회 이상 체납한 경우로서 그 체납액이 500만 원 이상일 때에는 납세가 곤란한 사정이 있다고 인정하는 경우를 제외하고 그 주무관서에 사업의 정지 또는 허가 등의 취소를 요구할 수 있다.

출국 규제

정당한 사유 없이 5,000만 원 이상의 국세를 체납하고 소유재산 등으로 세금을 확보할 수 없는 경우 강제징수 절차를 회피할 우려가 있다고 인정되면 관계부처에서 출국금지를 요청하여 출국을 규제할 수 있다.

폐업할 때도
신고해야 한다

폐업을 하게 되면 지체 없이 폐업 신고를 해야 한다. 세무서에 사업자등록증을 반납하고 폐업 신고서를 제출한다. 그리고 폐업일까지 발생한 거래에 대해 부가가치세 신고를 해야 하는데, 폐업일이 속한 달의 말일로부터 25일 이내 신고·납부해야 한다. 이것이 끝이 아니다. 법인은 법인세 신고를 해야 하며, 개인은 1월 1일부터 폐업일까지 발생한 사업소득과 다른 소득이 있다면 합산하여 다음 해 5월 1일부터 31일까지 종합소득세를 신고·납부해야 한다.

또한 근로자를 고용했다면 사회보험자격상실 신고 및 사업장 탈퇴 신고를 각 공단에 완료해야 한다. 인건비 등 지급한 내역에 대한 지급명세서도 폐업일의 다음 달 말일까지 제출한다.

폐업 신고할 때 확인해야 할 것들

코로나19로 폐업하는 사업장이 크게 늘고 있는 요즘이다. 폐업을 결정하기까지 힘든 과정을 거쳤을 것이다. 마지막으로 폐업 신고와 더불어 세금 신고 등 폐업에 뒤따르는 신고 절차가 필요하다. 폐업 후 무엇을 해야 하는지 알아보자.

폐업 신고

사업자등록을 한 사업자는 폐업을 하게 되면 관할 세무서에 폐업 신고를 해야 한다. 이전에는 폐업 신고를 하기 위해 사업 중 인허가 받은 사항이 있다면 세무서와 관공서 등 여러 곳을 방문해야 하는 수고스러움이 있었다. 하지만 현재는 세무서 방문만으로 일사천리 폐업 신고가 가능하다. 관할 세무서에 방문하여 폐업 신고를 하거나 홈택스를 이용해 폐업 신고를 할 수 있다. 폐업 신고를 할 때는 신분증과 사업자등록증을 지참하여 세무서에 방문하면 된다.

> **홈택스 ⇨ 신청/제출 ⇨ 신청 업무 ⇨ 휴·폐업 신고 ⇨ 폐업신고**
>
> * 인허가 업종인 경우 '통합신고'를 체크하면, 해당 기관에 별도로 신고하지 않아도 한 번에 신고 가능하다.

폐업 부가가치세 신고

폐업을 할 경우 폐업일까지의 부가가치세 신고를 해야 한다. 기존 부가가치세 신고기간에 따르지 않고, 폐업일이 속하는 달의 말일부터 25일까지 신고해야 한다. 이 기간을 놓칠 경우 가산세가 발생할 수 있다. 만약 9월 20일에 폐업했다면, 개인/법인사업자는 7월 1일부터 9월 20일까지의 부가가치세에 대해 10월 25일까지 부가가치세 신고를 해야 한다.

주의해야 할 점은 폐업 시 잔존재화에 대해 부가가치세 대상이 된다는 것이다. 폐업일 현재 재고가 남아 있다거나 취득일이 얼마 되지 않은 부동산 및 비품, 기계장치 등을 구입했다면 구입 연수에 따라 부가가치세를 추가로 납부해야 하는 일이 생길 수 있다.

종합소득세(법인세) 신고

부가가치세의 경우 폐업일이 속하는 달의 말일부터 다음달 25일까지 신고해야 하지만, 종합소득세의 경우 다음 해 5월에 신고해야 한다. 종합소득세의 경우 1월부터 12월까지의 소득에 대해 다음 해 5월에 신고해야 하므로, 연도 중에 폐업하더라도 잊지 말고 신고해야 한다. 법인의 경우 폐업하더라도 상법에 의한 해산 및 청산 절차를 거치지 않은 경우 법인이 계속 존속한 것으로 보기 때문에, 사업연도 종료일로부터 3개월까지 법인세를 신고해야 한다.

사회보험 탈퇴 신고 등

근로자를 고용했을 때에는 근로자 자격상실 신고와 사업장 탈퇴 신고를 해야 한다. 사업장 탈퇴 신고는 폐업한 날로부터 14일 이내에 해야 한다. 근로자가 폐업으로 인해 퇴사한 경우에도 사회보험공단에 근로자 자격상실 신고를 함께하면 된다. 또한 화재보험이나 전화, 전기, 인터넷 등 사업장과 관련 여러 서비스를 정리해야 한다.

지급명세서 제출

근로자를 고용하거나 사업소득과 기타소득을 지급한 경우 사업장은 지급명세서를 제출해야 한다.

- 근로소득지급명세서 : 폐업일이 속하는 달의 다음 다음 달의 말일까지
- 기타소득지급명세서 : 폐업일이 속하는 달의 다음 다음 달의 말일까지
- 사업소득지급명세서 : 폐업일이 속하는 달의 다음 다음 달의 말일까지

- 근로소득간이지급명세서 : 폐업일이 속하는 달의 다음 달 말일까지
- 일용직지급명세서 : 폐업일이 속하는 달의 다음 달 말일까지

세금 체납 확인

　세금을 체납하는 경우, 체납 처분 절차에 따라 압류·공매 등 강제징수를 당하거나 금융 거래에 제한을 받는 등 상상하기 힘든 불이익을 받게 된다. 법인의 대표이사로 재직한 경우 법인이 세금을 납부할 능력이 없게 되면 과점주주(주식의 51% 이상 소유한 주주)에게 세금을 부담하게 한다. 때문에 세금 및 사회보험료 등 체납 사항은 없는지 반드시 확인해야 한다.

　'영세 개인사업자의 체납액 납부의무 소멸특례'에 따라 국세징수권 소멸시효가 완성되지 않은 금액의 납부의무를 1명당 3,000만 원을 한도로 소멸시킬 수 있다. 각 지방국세청 전담 상담창구를 통해 알아볼 수 있다.

포괄양수도

　사업을 시작하는 방법에는 이미 운영되고 있는 사업체를 인수하는 방법도 있는데, 창업에 대한 위험이 다소 줄어들 수 있다. 다만, 기존 영업을 양수하는 과정에도 또 다른 위험요소가 있으므로 꼼꼼히 살피고 계약을 체결해야 한다.

영업양도를 받을 때 주의사항

　영업 양도·양수가 있게 되면 반대한다는 특약이 없는 한 근로관계도 그대로 양수인에게 승계된다. 영업 양도인과 양수인이 근로자를 고용 승계하지 않기로 한다면 해고와 다름없기 때문에 퇴직금, 해고수당 등을 지급해야 할 수 있다. 따라서

계약단계에서 승계되는 부분에 대해 꼼꼼하게 살펴봐야 한다.

양수하려는 사업의 종류에 따라서 관할 관청의 허가가 필요할 수 있다. 사업 종류 중에서 비자유 업종은 사업자등록뿐만 아니라 관할 관청에서 허가, 등록이나 신고가 필요하다. 이 중에서는 영업 지위의 승계가 불가능한 업종이 있다. 힘들게 대금을 지급하고 영업을 양수받았는데 영업승계가 되지 않는다면 문제가 될 수 있다. 때문에 계약 체결 전부터 이를 확인하고 계약 해제도 가능하도록 정하는 것이 좋다.

영업양도인이 영업을 넘기기 전에 관할 관청으로부터 영업정지 등 행정처분을 받은 적이 있거나 최근 적발되어 행정처분이 진행되는 건이 있다면 이후 양수인에게 피해가 발생할 수 있다. 그러므로 이에 대하여 손해를 배상하거나 계약을 해제할 수 있는 내용을 계약 조건으로 넣는 것이 좋다.

영업양도를 받은 후의 주의사항

영업양도·양수가 있고 당사자 간에 특별한 약정을 하지 않았다면 양도인은 10년간 같은 시·군 등에서 동종 업종의 영업을 할 수 없다. 별도로 약정한다면 20년의 범위 내에서만 효력이 있다. 다만, 이는 양도인이 상인일 경우에만 해당한다. 양도인이 타인을 회사의 대표로 등재하고 실질적으로 운영하고 있는 회사를 양도하는 경우에도 양도인에게 동종 영업을 하지 않을 의무가 있다. 양도인이 경업금지 의무를 위반한다면 양수인은 그 영업을 폐지할 것과 손해배상 등을 청구할 수 있다. 양수인이 기존에 양도인이 계속 사용하고 있던 상호를 그대로 사용한다면 양도인이 제3자에게 부담하는 기존 채무에 대하여 양수인이 변제해야 하는 경우가 생길 수 있다.

경매 등을 통한 영업승계

경매나 공매를 통해 낙찰을 받는 방법으로 영업을 승계할 수도 있다. 다만, 낙찰받은 후 기존 영업시설을 모두 철거하고 새롭게 시설을 설치하여 영업을 개시하게 되면 기존 영업과 동일한 영업으로 인정받지 못하게 되어 영업승계가 이루어지지 않을 수 있다.

고용과 노사 갈등
해결하는 법

- 근로계약서 작성하기
- 직원 채용 시 확인할 것
- 노동법상 회사의 의무
- 취업 규칙 작성하기
- 급여와 상여
- 휴가와 연차수당

이젠 혼자가 아니야!
직원의 고용과 관리

사업이 확장됨에 따라 혼자서 모든 일처리를 하기 어려워지게 되면, 같이 일할 사람을 찾는 과정이 필요하다. 직무를 잘 수행할 수 있는 능력을 가진 직원를 채용하고 관리하는 것은 성공한 사업가에게 꼭 필요한 요건이다. 거기다 마음까지 잘 맞는다면 더할 나위 없이 큰 힘이 된다.

하지만 직원을 채용하는 것은 단순히 근로계약서를 작성하는 것으로 끝나는 것이 아니다. 직원을 채용하게 되면 인건비만큼 고정비용이 상승하여 부담이 커진다. 채용 단계에서부터 직원을 채용할 때 적용되는 법률이 무엇인지, 직원에게 지급할 급여를 어떻게 구성하고 산정할지, 직원의 휴가나 징계, 퇴직 시의 절차와 법적 의무에는 어떤 것들이 있는지 알아두어야 한다. 직원의 수가 10인 이상이 되는 때부터 전문가의 상담이 필요할 수도 있다.

근로자는 고용 형태에 따라 정규직 및 계약직 근로자, 기간제 근로자와 단시간 근로자, 프리랜서, 일용직 근로자로 나누어진다. 근로 형태에 따라 적용되는 법률이 다르고, 근로계약서의 내용도 달라진다.

정규직·계약직·단시간 근로자의 차이

　사업자가 정년까지 고용이 보장되는 근로자를 고용한 경우 '정규직 근로자'라고 한다. 반면, 정해진 기간 동안에만 노무 제공을 목적으로 한시적으로 근로계약이 체결된 경우 '계약직 근로자'라고 한다. 계약직 근로자의 경우 기간이 정해져 있으므로 기간의 경과이 경과하면 근로계약이 종료된다. 정규직 근로자는 근로기준법에 따라 경영상 해고, 징계해고 등의 사유가 없다면 근로계약이 종료되지 않는다. 일주일간의 소정 근로시간이 근로자의 통상 근로시간보다 짧은 근로자는 '단시간 근로자', 파트타임 근로자, 시간제 근로자라고도 한다.

　상시 5인 이상의 근로자를 고용하는 사업 또는 사업장에는 근로기준법이 적용된다. 상시 근로자가 4인 이하일 때에는 근로기준법 중 일부 규정만 적용된다. 따라서 근로계약을 체결할 때에도 사업장에 근무하는 상시 근로자의 수에 따라 계약의 내용이 달라질 수 있다. 이처럼 상시 근로자 수는 매우 중요한 의미를 가지며, 근로자를 추가로 채용할 때에도 해당 내용을 숙지하고 있어야 한다.

상시 5인 이상	상시 4인 이하
근로 계약기간에 관한 사항	근로계약기간에 관한 사항
근로시간, 휴게에 관한 사항	휴게에 관한 사항
임금의 구성 항목, 계산 방법 및 지불 방법에 관한 사항	임금의 구성 항목, 계산 방법 및 지불 방법에 관한 사항
휴일, 휴가에 관한 사항	휴가에 관한 사항
취업 장소와 종사해야 할 업무에 관한 사항	취업장소와 종사해야 할 업무에 관한 사항
근로일 및 근로일별 근로시간	

기간을 정한 근로자를 무기계약 근로자로 전환할 때

상시 5인 이상 근로자를 사용하는 사용자가 2년을 초과하여 기간제 근로자를 사용한다면 그 기간제 근로자는 기간의 정함이 없는 근로계약을 체결한 근로자가 된다. 다만 일정한 사유가 있다면 기간제 근로자를 2년을 초과해 사용하더라도 기간의 정함이 없는 무기계약근로자가 될 수 없다.

- 사업의 완료 또는 특정한 업무의 완성에 필요한 기간을 정하여 계약한 때
- 휴직·파견 등으로 결원이 발생해 당해 근로자가 복귀할 때까지 그 업무를 대신할 필요에 따라 계약한 때
- 근로자가 학업, 직업훈련 등을 이수함에 따라 그 이수에 필요한 기간을 정한 때
- 고령자고용촉진법 제2조 제1호에 따라 고령자와 근로계약을 체결하는 때
- 전문적 지식·기술의 활용이 필요한 경우와 정부의 복지정책·실업대책 등에 따라 일자리를 제공하는 경우로서 대통령령이 정하는 경우에 해당하는 때
- 그 밖에 고령자고용촉진법 제1호 내지 제5호에 준하는 합리적인 사유가 있는 경우로서 대통령령이 정하는 사유

사업소득자와 일용직 근로자의 차이

개인적으로 사업자등록 없이 일의 완성이나 수행을 내용으로 하는 용역계약을 체결하고 일하는 사람을 '사업소득자'라고 한다. 일반적으로 사업소득자는 근로자로 보지 않는다.

다만, 사업소득자라는 명칭을 사용한다고 하더라도 근로시간, 장소, 작업 도구,

사용자의 지휘 여부 등에 의하여 실질적으로 종속노동을 하고 있었다면 근로자로 볼 수 있다.

'일용직 근로자'는 하루 단위로 일당을 지급받는 근로자로, 근로계약 기간이 정해진 기간제 근로자의 일종이라고 할 수 있다. 근로계약의 형태는 일용직 근로자이지만 업무 내용에 따라 매일 같은 근로자를 고용하는 일이 생길 수 있다. 근로계약의 형태를 불문하고 일주일에 15시간을 일하는 근로자라면 1주 1회 이상의 유급휴일을 보장해야 한다.

이 때문에 일용직 근로자를 계속 근로시킨다면 해당 근로자의 시간당 일반적인 임금에 1일 근로시간인 8시간(1일 정해진 근로시간)을 곱한 주휴수당을 지급해야 한다. 근로 내용에 따라 일용직 근로자를 계속 고용할 것이 예상된다면 일당에 미리 주휴수당을 포함하여 지급한다.

주휴수당

① 1주 동안 규정된 근무일수를 다 채운 근로자에게 유급 주휴일을 주는 것을 말한다.

② 주휴일에는 근로제공을 하지 않아도 다음의 경우에는 1일분의 임금을 지급해야 한다.

- 일주일간의 근로시간이 15시간 이상
- 근로계약서상 근로일에 모두 개근한 경우

주휴수당 계산

- 2022년 최저 시급 9,160원(2021년 최저 시급 8,720원)
- 일급(8시간 환산) 6만 9,760원

⇨ 월요일부터 금요일 주5일간, 하루 8시간 근로를 할 경우 주휴수당은 6만 9,760원이다.

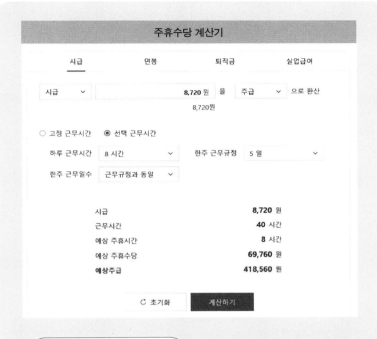

주휴수당 계산기			
시급	연봉	퇴직금	실업급여

시급 ∨　　　　　　　　　　8,720 원 을　주급 ∨　으로 환산

8,720원

○ 고정 근무시간　　◉ 선택 근무시간

하루 근무시간　8 시간 ∨　　　한주 근무규정　5 일 ∨

한주 근무일수　근무규정과 동일 ∨

시급	8,720 원
근무시간	40 시간
예상 주휴시간	8 시간
예상 주휴수당	69,760 원
예상주급	**418,560 원**

↻ 초기화　　계산하기

▷ 주휴수당 계산기
QR 코드

직원 채용 시 확인해야 할 사항

직원을 채용할 때도 일정한 규칙을 정하자

사업가라면 꼭 알아야 할 직원을 채용하기 전 주의해야 할 사항과 법률 등을 확인해야 불필요한 벌금이나 분쟁을 피할 수 있다.

신분 확인하기

직원을 채용하기 전에 반드시 채용하려는 직원의 신원을 확인한다. 내국인의 경우 주민등록증이나 주민등록등본상의 이름과 주민등록번호가 일치하는지 확인한다. 외국인의 경우 외국인등록증상 번호와 체류번호를 확인한다. 체류번호에 따라 고용보험 등의 가입 여부가 달라지기 때문이다.

채용할 때 받아야 할 서류

30인 이상 사업장에는 '채용절차 공정화에 관한 법률(이하 채용절차법)'이 적용되는데, 이 법에는 구직자의 권익보호를 위해 회사는 채용 과정에서 다음과 같은 사항을 준수해야 한다고 규정하고 있다.

채용광고 전 단계	• 채용 강요 등의 금지 • 기초 심사자료 표준양식의 사용 권장 • 채용 심사비용의 부담 금지
채용광고 단계	• **거짓 채용 광고의 금지**(위반 시 5년 이하 징역 또는 2,000만 원 이하 벌금) : 구인자가 채용을 가장하여 아이디어를 수집하거나 사업장을 홍보하기 위한 거짓 채용 광고는 안 됨 • **채용 일정 및 채용 과정의 고지** : 구인자는 구직자에게 채용 일정, 채용 심사 지연의 사실, 채용 과정 변경 등 채용 과정을 알려야 함
응시·접수 단계	• **출신지역 등 개인정보 요구 금지** • **입사지원서 표준양식 사용** : 고용노동부는 채용절차의 공정성 확보를 위해 입사지원서(자기소개서 및 이력서 포함)에 직무와 직접적인 관련이 없는 것을 요구하지 않도록 표준양식을 보급·권장하고 있음 • **채용서류의 거짓 작성 금지** • **전자우편 등을 통한 채용서류의 접수** • **입증자료, 심층심사자료의 제출 제한** : 구인자는 채용시험을 서류심사와 필기·면접시험 등으로 구분하여 실시하는 경우 서류심사에 합격한 구직자에 한정하여 입증자료 및 심층자료를 제출하도록 노력해야 함
채용 과정 단계	• 채용 광고 내용의 불리한 변경 금지(위반 시 500만 원 이하 과태료) • 채용 일정 및 채용 과정의 고지 • 채용 심사비용의 부담 금지
채용 확정 단계	• **채용 여부의 고지** : 채용 확정 시 지체없이 구직자에게 알림 • 채용광고에서 제시한 근로조건의 불리한 변경 금지(위반 시 500만 원 이하 과태료)

표준이력서(입사지원서) 요구 항목 구성 시 유의사항

구분	유의사항	적용 관련 참고 사항
성별	• 입사지원서는 성별로 양식을 달리해서는 안 됨 • 동일한 입사지원서 양식 내에서도 성별을 식별할 수 있는 사항은 남녀고용평등법상 모집·채용 시 차별을 야기할 수 있으므로 직무성격상 특정성이 불가피하게 요구되거나 적극적 고용 개선 조치 이행을 위해 필요한 경우를 제외하고는 원칙적으로 요구하지 않도록 함	• 성별을 인식할 수 있는 사진이나 주민등록번호 앞자리는 삭제한다. 단 다음의 경우는 예외 　- 이력서가 공개채용시험의 수험표 기능을 할 경우 사진 부착 가능함 　- 주민등록번호중 성별을 표시하는 맨 앞자리는 삭제하되, 본인 신분 확인을 위해 뒷자리 숫자는 표시 가능함 • 신원 확인을 위해 주민등록번호 전체가 필요할 경우 개인정보 보호 문제 등을 고려하여 서류전형 단계보다는 채용 후보자를 정한 단계에서 함
혼인 가족 안에서의 지위 임신 또는 출산	• 혼인 여부, 혼인 계획 유무 및 시기, 이혼 여부 등에 관한 사항을 요구하는 것은 민법상 프라이버시권 침해로 남녀고용평등법상 금지되는 혼인 등을 사유로 한 불이익한 조치에 해당될 수 있으므로 요구하지 않도록 함 • 자녀 유무, 자녀의 수, 자녀의 나이, 자녀 양육 책임을 누가 부담하는지 여부 등에 관한 사항도 혼인과 마찬가지 사유로 요구하지 않도록 함 • 자녀 출산을 계획하는 시기, 임신 유무, 낙태 유무, 출산 경험 유무 등에 관한 사항도 혼인과 마찬가지 사유로 요구하지 않도록 함	• 특정 근무시간/요일 근무가 직무특성상 필요한 경우에 한해 근무 가능시간과 근무 가능요일을 질문하는 항목을 넣는 것은 가능함 • 출장 및 시간 외 근무가 직무 특성상 반드시 필요한 직무에 한해 출장 및 시간 외 근무, 교대 근무가 가능한지 질문하는 항목은 가능함 • 부양 가족수는 필요 시 채용 이후에 정보를 요청할 수 있음 • 비상시 연락할 가족의 이름, 주소, 연락처는 채용 후에 요청하도록 함

채용 전형 시 유의 사항

서류전형

입사지원서 및 증빙서류 등을 통한 주민등록번호 수집 불가
- 본인 확인이 필요한 경우 주소, 전화번호 등 활용
- 증빙서류(자격, 학위, 경력증명서 등)에 주민등록번호가 기재되는 경우 뒷자리는 마스킹 처리해 발급 받도록 안내

직무와 무관한 정보(정치적 성향, 가족의 직업, 신체정보 등) 수집 불가
- 채용 대행사 및 시중에 유통되는 입사지원서 및 이력서 양식 활용할 경우, 반드시 필요한 사항에 '필수'를 표기해 불필요한 개인정보의 수집 방지
- 자기소개서에 직무와 무관한 사생활 정보, 민감 정보 등 기재하지 않도록 방지

실무 편의를 위해 서류전형 단계에서 면접 및 입사 이후 필요한 개인정보까지 일괄적으로 수집 불가

본인으로부터 직접 개인정보를 수집하는 것이 원칙이며, 제3자로부터 제공받는 것이 불가피한 경우 관련 내용(출처, 수집 내용 등) 고지

입사지원자가 제출한 개인정보(학력, 경력, 자격, 성적 등)의 진위 확인이 필요한 경우, 관련 증명서 활용
- 입사지원자의 성명, 주민등록번호 등을 해당 증명서 생성(발급)기관에 제공하고 관련 증명서의 진위를 확인하는 방법은 새로운 개인정보의 수집을 수반하므로 가급적 활용하지 않는 것이 바람직

신체검사

직무수행 가능 여부 등을 판단을 위해 신체검사를 실시할 경우, 동의를 받아 필요한 최소한의 건강 정보를 수집
- 채용 예정 업무의 특성에 따라 수집 정보의 종류 및 범위 결정

채용전형 종류 후 파기 및 보관

채용전형 및 이의신청 절차 등이 종료된 후 입사지원자의 개인정보는 지체 없이(5일 이내) 파기하는 것이 원칙

입사할 때 제출해야 할 서류

입사가 확정되면 회사는 해당 직원에 대한 근로자 명부와 임금대장 등 인사관리를 위해 제반서류를 작성해서 보관해야 할 법적인 의무가 있고, 필요한 범위 내에서의 정보 수집은 직원의 별도 동의가 없어도 가능하다.

법령에 따른 근로자 개인 정보 수집 예시		
구분	근로자 명부	임금대장
수집 항목	성명, 성별, 생년월일, 주소, 이력, 종사하는 업무의 종류, 고용 또는 고용갱신 연월일, 계약기간(정한 경우), 그밖의 고용에 관한 사항, 해고, 퇴직 또는 사항한 경우에는 그 연월일과 사유	성명, 주민등록번호, 고용연월일, 종사하는 업무, 임금 및 가족수당의 계산 기초가 되는 사항, 근로일수, 근로시간, 기본급, 수당, 그 밖의 임금의 내역별 금액 등

회사는 근로 개시 전 또는 근로 개시와 동시에 근로자에게 근로 조건이 명시된 근로계약서를 작성해 교부한다. 계약서는 2부를 작성해 회사와 근로자가 각 1부씩 발부한다. 회사가 특별히 관리해야 할 보안이나 영업비밀을 보유하고 있다면 영업비밀보호서약서 등도 작성해두는 것이 좋다.

영업비밀보호센터

대상별 비밀유지 서약서, 영업비밀 교육용 영상, 원본 증명서 서비스 제공

▷영업비밀보호센터 QR 코드

근로기준법

신입 직원을 선발할 때 남녀를 차별해서는 안 된다. 여성 근로자의 모집·채용 조건으로 직무 수행에 불필요한 용모 등을 제시해서도 안 된다. 이를 어기게 되면 남녀고용평등법을 위반하게 된다.

직원을 고용한 후에는 근로기준법이 적용되는데, 원칙적으로 상시 근로자의 수가 5인 이상일 경우에 적용된다. 동거하는 친족만을 사용하거나, 상시 4인 이하의 근로자를 고용하는 사업장에서는 일부 규정만 적용된다.

근로계약서 작성, 최저임금, 근로시간, 휴가 및 휴식, 해고, 산재보험의
가입(1인 이상 의무)은 반드시 지켜야 한다!

사업자가 꼭 알아둬야 할 근로기준법	
근로계약서 작성	근로계약의 최소 기준은 근로기준법에서 정하고 있는데, 그 기준에 미치지 못하는 계약은 무효가 된다. 근로계약서에는 임금, 소정 근로시간, 휴일 및 연차 유급 휴가, 취업의 장소, 업무에 관한 사항이 반드시 기재되어 근로자에게 교부되어야 한다.
최저임금	최저임금위원회는 매년 8월 5일까지 최저임금을 정하여 다음 해 1월 1일부터 적용된다. 2022년 최저 시급 9,160원, 하루 8시간 근로 시 일급 7만 3,280원, 주40시간 근로시 최저 임금은 191만 4,440원이다(2021년 최저 시급 8,720원, 하루 8시간 근로 시 6만 9,760원, 주40시간 근로 시 최저 임금 182만 2,480원). 다만, 계약기간이 1년 이상인 근로자에게 수습기간 동안은 최저임금의 90%를 지급할 수 있으며, 일반적으로 수습기간은 3~6개월 사이만 인정된다. • 최저임금 위반 시 사업주는 3년 이하의 징역이나 2,000만 원 이하의 벌금형 ▷고용노동부 　최저임금 모의 계산기 　QR코드
근로시간	일주간의 근로시간은 휴게시간을 제외하고 40시간을 초과할 수 없고, 1일의 근로시간은 휴게시간을 제외하고 8시간을 초과할 수 없다. 사용자와 근로자가 합의했다면 일주간 12시간 한도 내에서 연장근무도 가능하다. 다만, 여성과 연소자의 1일 근로시간은 일반적인 근로시간보다 적고 휴일·야간 근로가 있으면 통상 임금의 100분의 50 이상을 가산하여 근로자에게 지급해야 한다.

휴가 및 휴식	1년간 80% 이상 출근한 근로자는 15일의 유급휴가를 주어야 하고 3년 이상 근무 시 최초 1년을 초과하는 매 2년에 대해 1일씩 휴가가 가산된다. 그 외에도 2021년 1월 1일부터는 상시 30인 이상 근로자를 사용하는 사업장에서 관공서의 공휴일에 관한 규정이 민간기업에도 적용되고, 2022년 1월 1일부터는 상시 5인 이상 근로자를 사용하는 사업장에도 적용된다.
주휴수당	모든 근로자는 일주일 평균 15시간 이상 근무하고 모두 개근했다면 유급휴일에 임금을 지급받을 수 있는데, 이를 주휴수당이라고 한다. 주휴수당은 주 40시간 근무를 기준으로 1일의 임금을 산정하지만, 주휴수당 계산 시 1일 8시간을 초과한 연장 근로시간은 주휴수당 계산 시 제외한다. 일주일간 총 근로시간이 20시간인 근로자에 대한 주휴수당을 계산하는 방법은 다음과 같다. 근로자의 시급 : 1만 원 주휴수당=(총 주당 근무시간÷40시간)×8×시급 1만 원 　　　　=(20시간÷40시간)×8×시급 1만 원=4만 원 주휴수당은 4만 원이 되므로 일주일간 급여를 지급할 때 '20시간×1만 원+4만 원(주휴수당)'을 지급해야 한다. 주휴수당은 임금의 일종이므로 사용자가 이를 지급하지 않는다면 임금 미지급에 해당되어 벌금 이상의 처벌을 받을 수 있다.
해고	근로자를 해고하기 위해서는 30일 전에 해고를 예고해야 하고, 만약 그렇지 않을 경우에는 30일분의 통상임금을 지급해야 한다. 이 경우에도 근로자의 근로기간이 3개월 미만이거나 천재지변이나 기타 부득이한 사유로 사업을 계속하는 것이 불가능한 경우, 근로자가 고의로 사업에 막대한 지장을 초래하거나 재산상 손해를 끼친 경우에는 30일분의 통상임금을 지급하지 않아도 된다.
산재보험의 가입	산재보험법 외 다른 법률에서 재해 보상을 받거나 가구 내 고용활동이 농업, 임업, 어업 중 법인 아닌 자의 사업으로서 상시 근로자가 5인 미만인 사업이 아니라면 근로자를 사용하는 모든 사업 또는 사업장은 산재보험에 당연히 가입해야 한다.

Q&A 1　2021년 4월 1일 입사로 주40시간기준 1년간 월 185만 원의 임금을 받기로 하고 입사했는데, 2022년 최저임금은 191만 4,440원으로 알고 있습니다. 저는 2022년 4월 1일까지 월 185만 원을 그대로 받아야 하나요?

근로계약기간이 1년이 되지 않았으나, 2022년 1월 1일 기준으로 최저임금에 미달할 경우 최저임금 이상으로 월급여를 지급해야 한다.

Q&A 2　하루 2시간씩 주5일 근무하는 일용직입니다. 저의 경우 주휴수당을 지급 받을 수 있나요?

주 평균 15시간 이상 근무하고 개근 시 주휴수당을 받을 수 있으므로, 주 평균 10시간 근무에 해당하므로 주휴수당 대상에 해당하지 않는다.

Q&A 3　한 달간 편의점 아르바이트로 근무하기로 했는데, 아직 일주일이 채 지나지 않은 상태에서 해고당했습니다. 이때 해고예고수당을 청구할 수 있나요?

3개월 이상 계속 근로 시 해고예고수당 문제가 발생하므로 해당하지 않는다.

Q&A 4　채용을 확정짓고 입사일을 통보한 이후에도 채용 취소가 가능한가요?

채용을 확정짓고 입사일까지 통보했다면 실제 근로 여부와 관계없이 근로계약이 체결된 것으로 본다. 때문에 회사는 그때부터 근로를 시켜야 할 뿐만 아니라, 정당한 사유가 없는 한 해고시킬 수 없다. 따라서 내부 채용절차를 마치고 최종적으로 입사일을 통보할 때에는 최대한 신중을 기할 필요가 있다.

노동법상 회사의 의무
요구하기 전에
의무가 먼저입니다

직원을 채용하면 사용자는 근로자에 대해 급여를 제공하는 등의 기본적인 의무 외에 근로기준법(5인 이상 적용, 4인 이하 일부 규정 적용)으로 정해진 의무를 이행해야 한다. 근로계약 불이행에 대한 위약금 또는 손해배상액을 예정하는 계약을 체결하지 못하고 근로계약에 덧붙여 강제저축 또는 저축금의 관리를 규정하는 계약을 체결할 수 없다. 사업장별로 근로자명부를 작성하고 근로자의 성명, 생년월일, 이력, 주소, 종사하는 업무의 종류 등을 기재하고 근로자의 변동이 있을 때 이를 지체없이 정정한다.

또한 각 사업장별로 임금대장을 작성하여 임금과 가족수당 계산의 기초가 되는 사항, 임금액, 성명, 주민등록번호, 고용연월일, 종사하는 업무, 근로일수, 근로시간, 연장 근로 등 시수, 기본급, 수당 등 금액에 관한 사항을 기재해야 한다. 근로계약과 관련된 서류는 3년간 보관해야 한다.

그 외에 근로자가 퇴직한 후라도 사용 기간, 업무 종류, 지위와 임금, 그 밖에 필요한 사항에 관한 증명서를 요구하면 사실대로 적은 증명서를 즉시 발급해야 한다. 단 이때 증명서는 근로자가 요구하는 사항만을 적어야 한다.

근로자 명부

[별지 제16호서식]

근로자 명부

①성명		②생년월일	
③주소			
④부양가족	명	⑤종 사 업 무	

이력	⑥기능 및 자격		퇴직	⑩해고일	년 월 일
	⑦최종 학력			⑪퇴직일	년 월 일
	⑧경력			⑫사 유	
	⑨병역			⑬금품청산 등	

⑭고용일(계약기간)	년 월 일 (년)	⑮근로계약갱신일	년 월 일

<16>
근
로
계
약
조
건

<17>특기사항(교육, 건강, 휴직등)

임금대장

[별지 제17호서식]

임 금 대 장   관리번호 :

성 명	생년월일	기능 및 자격	고용연월일	종사업무	임 금 계 산 기 초 사 항			가 족 수 당 계 산 기 초 사 항		
					기본시간급	기본일급	기본월급	부양가족 수	1인당 지급액	계산시간

구분 월별	근로일수	근로시간수	연장근로시간수	휴일근로시간수	야간근로시간수	기본급	여 러 가 지 수 당				그 밖의 임금			총액	공제액	영수액	영수인
							가족수당	연장근로수당	휴일근로수당	야간근로수당	현 금	위 종별	물 품 수량평가액				

420mm×297mm[인쇄용지 60g/㎡(재활용품)]

사용자는 15세 미만인 사람을 근로자로 사용하지 못하고, 임신 중이거나 산후 1년이 지나지 않은 여성과 18세 미만 자는 도덕상 보건상 유해·위험한 사업에 사용해서는 안 된다. 미성년자는 독자적으로 임금을 청구할 수 있고, 법정대리인이라고 해도 미성년자의 근로계약을 대리할 수 없기 때문에 사용자는 미성년자와 직접 근로계약을 체결해야 한다. 그리고 18세 미만인 자와 근로계약을 체결할 때에는 근로조건을 서면으로 명시하여 교부해야 한다. 임산부와 18세 미만의 근로자는 오후 10시부터 오전 6시까지의 시간과 휴일에 근로시킬 수 없고, 18세 이상 여성의 경우에는 그 근로자의 동의를 받아야 한다.

　여성 근로자가 청구하면 월 1일의 생리휴가를 주어야 하고, 임신한 여성 근로자가 임산부 정기 건강진단을 받는 데 필요한 시간을 청구하면 이를 허용해야 한다. 그리고 90일의 출산전후 휴가를 주어야 하고, 임신 중 여성이 유산 또는 사산한 경우에는 유산·사산휴가를 주어야 한다. 생후 1년 미만의 유아를 가진 여성 근로자가 청구하면 1일 2회 각 30분의 유급 수유시간을 주어야 한다.

　그 밖에 사용자는 직장 내 괴롭힘을 조장해서는 안 되고 직장 내 괴롭힘이 발생했다는 신고를 받은 경우 지체없이 사실 확인을 위한 조사를 실시해야 한다. 그에 따른 적절한 조치하고, 신고 근로자와 피해 근로자에게 해고나 불리한 처우를 해서는 안 된다.

　남녀고용평등과 일·가정 양립 지원에 관한 법률에 따라 사업주는 근로자를 모집하거나 채용할 때 남녀를 차별해서는 안 된다. 그리고 여성 근로자의 혼인과 임신 또는 출산을 퇴직 사유로 정하는 근로계약을 체결해서는 안 되며 근로자의 정년, 퇴직 및 해고에서 남녀를 차별해서도 안 된다.

매년 직장 내 성희롱을 예방하기 위한 교육을 실시해야 하고, 근로자가 배우자의 출산을 이유로 휴가를 청구하는 경우에 10일의 유급휴가를 주어야 한다. 근로자가 인공수정이나 체외수정 등 난임치료를 받기 위해 휴가를 청구하는 경우에는 연간 3일 이내의 휴가를 주어야 하고 그중 최초 1일은 유급으로 제공해야 한다.

고용상 성차별 익명신고센터

- 신고 대상 : 모집·채용 등 고용상 성차별 피해 사항
- 신고 내용 : 사업장 정보 및 신고인 정보(실명/익명, 피해당사자 여부), 성차별 피해 내용(일시, 장소, 성차별 내용 등)
  *신고자가 실명으로 신고하는 경우 연락처는 필수 입력사항임
- 신고 방법 : 고용노동부 홈페이지(moel.go.kr) ⇨ 민원신청 ⇨ 신고센터 ⇨ 고용상 성차별 익명신고센터에 익명(또는 실명)으로 신고
- 신고자 : 고용상 성차별 피해자 또는 제3자

직장 내 성희롱 익명신고센터

- 신고 대상 : 사업주 및 상급자 근로자(구직자 포함) 간의 직장 내 성희롱 및 고객에 의한 성희롱
- 신고 내용 : 사업장 정보 및 신고인 정보(실명/익명, 피해 당사자 여부), 성희롱 피해 내용(일시, 장소, 행위자, 성희롱 내용 등)
  *신고자가 실명으로 신고하는 경우 연락처는 필수 입력 사항임
- 신고 방법 : 고용노동부 홈페이지(moel.go.kr) ⇨ 민원신청 ⇨ 신고센터 ⇨ 직장 내 성희롱 익명신고센터에 익명(또는 실명)으로 신고
- 신고자 : 직장 내 성희롱 피해자 또는 제3자

근로계약서 작성은 필수

자세한 근로 조건을
작성하자

사업자는 근로자를 고용하게 되면 근로조건을 명시한 근로계약서를 반드시 작성
해야 한다. 근로계약서를 작성하지 않는 것만으로도 근로기준법을 위반한 것이
되어 500만 원 이하의 벌금이 부과될 수 있다.

근로기준법 제17조에
의거하여 임금, 근로시간, 연차휴가,
휴게시간, 취업 규칙에 대한
사항을 명시하여 근로계약서를
작성합니다.

고용노동부는 표준근로계약서를 작성하여 배포하고 있는데, '고용노동부 홈페이지(www.moel.go.kr) ⇨ 정보공개 ⇨ 기타정보 ⇨ 자주 찾는 자료실 ⇨ 표준근로계약서(서식 모음) 게시물'에서 다운받을 수 있다.

근로계약 체결

근로기준법 제17조에 규정된 근로계약서 명시의무에 의거하여 사업자는 근로자 수와 종류에 상관없이 근로조건을 명시한 근로계약서를 작성해야 한다. 서면에 의한 근로계약서를 작성하지 않고 구두 계약만으로 근로자를 채용하면 이후 근로자와 분쟁이 발생했을 때 500만 원 미만의 벌금이 부과될 수 있다.

근로계약서에 명시되어야 할 내용은 ① 임금, ② 소정근로시간, ③ 휴일, ④ 연차유급휴가, ⑤ 휴게시간, ⑥ 휴가, ⑦ 취업의 장소와 종사해야 할 업무에 관한 사항, ⑧ 취업 규칙에 관한 사항이다. 근로계약서의 구체적 내용이 근로기준법이 정하는 기준에 미치지 못할 때에는 그 부분에 한하여 무효가 되므로, 근로기준법과 같거나 초과하는 수준의 근로계약서가 작성되어야 한다. 즉 근로계약서에 근로기준법이 정하는 휴가 일수에 미달하는 휴가 일수를 명시하여 근로계약서를 체결했다고 해도 근로기준법이 정한 기준대로 휴가가 주어져야 한다.

근로계약서에 명시되어야 할 내용 중 ①번부터 ⑥번까지는 쉽게 이해가 되는데, 마지막 ⑦의 취업 규칙이 무엇인지 잘 모르는 경우가 많다. 취업 규칙은 상시 10명 이상의 근로자를 고용한 사업자가 의무적으로 작성해야만 하는 것이다. 많은 직원을 고용하여 회사를 운영하다 보면 근로 조건을 포함해 근로자들이 사업장에서 준수해야 할 사항들이 생기는데, 이를 취업 규칙이라고 한다.

표준근로계약서

_____(이하 "사업주"라 함)과(와) _____(이하 "근로자"라 함)은 다음과 같이 근로계약을 체결한다.

1. 근로계약기간 : 년   월   일부터   년   월   일까지
   ※ 근로계약기간을 정하지 않는 경우에는 "근로개시일"만 기재
2. 근무장소 :
3. 업무의 내용 :
4. 소정근로시간 :   시   분부터   시   분까지(휴게시간 :   시   분 ~   시   분)
5. 근무일/휴일 : 매주   일(또는 매일단위)근무, 주휴일 매주   요일
6. 임 금
   - 월(일, 시간)급 : _____ 원
   - 상여금 : 있음 (   ) _____ 원, 없음 (   )
   - 기타급여(제수당 등) : 있음 (   ), 없음 (   )
     • _____ 원, _____ 원
     • _____ 원, _____ 원
   - 임금지급일 : 매월(매주 또는 매일) ___일(휴일의 경우는 전일 지급)
   - 지급방법 : 근로자에게 직접지급(   ), 근로자 명의 예금통장에 입금(   )
7. 연차유급휴가
   - 연차유급휴가는 근로기준법에서 정하는 바에 따라 부여함
8. 근로계약서 교부
   - 사업주는 근로계약을 체결함과 동시에 본 계약서를 사본하여 근로자의 교부요구와 관계없이 근로자에게 교부함(근로기준법 제17조 이행)
9. 기 타
   - 이 계약에 정함이 없는 사항은 근로기준법령에 의함

년   월   일

(사업주) 사업체명 :   (전화 :   )
        주소 :
        대표자 :   (서명)
(근로자) 주소 :
        연락처 :
        성명 :   (서명)

▷ 근로계약서 작성 시 유의사항

▷ 전자 근로계약서 작성하기

출처: 고용노동부

아르바이트생에게도 근로계약서를 교부해야 한다

계약직이나 아르바이트생, 파트타이머에 대해서는 다음의 근로 조건에 대한 명시의무(위반 시 500만 원 이하 과태료) 외에 ① 임금의 구성 항목·계산 방법·지급 방법, ② 소정 근로시간, ③ 주휴일, ④ 연차 유급휴가가 명시된 서면을 근로자에게 교부해야 할 의무를 부담한다(위반 시 500만 원 이하의 벌금).

- 근로계약기간에 관한 사항
- 근로시간·휴게에 관한 사항
- 임금의 구성 항목, 계산 방법 및 지불 방법에 관한 사항
- 휴일·휴가에 관한 사항
- 취업의 장소와 종사해야 할 업무에 관한 사항
- 근로일 및 근로일별 근로시간(단시간 근로자에 한함)

이와 같이 계약직이나 아르바이트생, 파트타이머의 경우 벌금과 과태료가 함께 부과될 수 있다는 점에서 기간을 정하지 않는 근로자보다 더 엄격한 보호를 받는다는 점을 유의할 필요가 있다.

근로계약기간

근로계약기간은 단지 근로계약의 존속기간에 불과할 뿐 '근로관계에 있어서 임금·근로시간·후생·해고 등 근로자의 대우에 관해 정한 조건'을 의미하는 근로기준법상 근로 조건에 해당하지 않으므로 근로계약 당사자는 원칙적으로 이를 임의로 정할 수 있다. 단, 계약직 근로자의 계약기간이 2년을 초과할 경우 원칙적으로 기

간의 정함이 없는 근로자로 보기 때문에 회사는 2년을 초과하지 않는 범위 내에서만 계약직 근로자를 고용할 수 있다. 따라서 계약직 근로자의 경우 계약기간은 사실상 최대 2년으로 제한되며, 2년을 초과한 근로계약기간을 정할 경우 계약직 근로계약으로서 의미를 갖지 못한다는 점을 유의해야 한다.

**근로계약 체결 시
금지 및 유의사항 OX 퀴즈**

**회사에 큰 손해를 입힌 직원이 출산했는데
곧바로 해고할 수 있나요?**

X **해고할 수 없다.**

사용자와 근로자 사이에 체결된 근로계약의 종료는 기간의 만료 외에도 경영상 이유로 인한 해고, 징계해고로 종료될 수 있다. 그 중 징계를 이유로 해고할 때에는 징계 절차와 징계 사유가 모두 정당해야 한다. 절차적(징계 절차) 정당성과 실체적(징계 사유) 정당성 중 하나라도 흠결이 있으면 그 해고는 위법한 것이 된다.

'근로기준법' 제74조 제1항은 출산 전후 90일의 휴가를 주도록 하면서 그중 출산 후에 45일 이상이 되도록 하고 있다. 제23조 제2항은 근로자가 출산 전후로 휴업한 기간과 그 후 30일간은 해고하지 못한다고 규정하고 있다. 따라서 회사에 손해를 입힌 직원이더라도 근로기준법이 정하는 해고 금지 기간에는 해고할 수 없는 것이다.

지각, 결근 시 벌금을 부과하는 계약을 체결할 수 있나요?

X 체결할 수 없다.

근로자가 지각하거나 결근하는 것은 근로계약에 따른 노무 제공 의무를 제대로 이행하지 않은 것이므로 채무불이행이라고 할 수 있다. 노무 제공 의무의 불이행을 이유로 벌금과 같은 위약금이나 손해배상액을 미리 정하여 지급하도록 한다면 불리한 조건의 근로계약을 체결한 근로자라고 하더라도 그 근로계약에서 벗어날 수 없게 된다.

근로자가 퇴직의 자유를 억압받으면서 부당하게 근로를 강요당하는 것을 피하기 위해 이러한 위약금이나 손해배상의 예정을 약정하는 것을 금지할 필요가 있게 된다. 근로기준법은 사용자가 근로자의 근로계약 불이행에 따른 위약금 또는 손해배상액을 예정하는 계약을 체결하지 못하도록 하고 있으며(위반 시 벌금 500만 원) 같은 금액을 퇴직금과 상계하는 것도 금지하고 있다(위반 시 3년 이하의 징역 또는 3,000만 원 이하의 벌금). 예외적으로 대법원은 근로자의 자유로운 의사에 기초한 동의가 있는 경우에는 가능하다고 보고 있으나 그 동의 여부를 엄격하게 판단하고 있다.

문자나 구두로 해고할 수 있나요?

X 해고할 수 없다.

근로기준법 제27조는 사용자가 근로자를 해고하려면 해고 사유와 해고 시기를 서면으로 통지해야 한다고 정하고 있다. 서면으로 하도록 하고 있으므로 문자, 구두,

이메일 등으로 통지하는 해고는 효력이 없다고 보는 것이 원칙이다. 다만 대법원은 예외적으로 이메일로 해고통지를 하더라도 법의 취지를 해치지 않는 범위 내에서는 유효하다고 인정하고 있다. 따라서 전자결재 시스템 등이 갖추어져 있어 당사자가 서명 날인 등을 할 수 있는 경우라면 이메일도 인정될 수 있다. 그 외에 서면에 의하지 않는 통지는 효력이 없으므로 근로자가 당연히 부당해고를 다툴 수 있다.

> ## 단시간 근로자는
> ## 연차 유급 휴가를 사용할 수 있나요?

⊙ **사용할 수 있다.**

단시간 근로자는 1주 동안의 소정근로시간이 그 사업장에서 같은 종류의 업무에 종사하는 통상 근로자의 1주간 소정 근로시간에 비해 짧은 근로자를 말한다. 단시간 근로자는 근로기준법 제55조의 유급휴일, 제60조 연차유급 휴가를 사용할 수 있다. 다만 단시간 근로자 중에서 4주 동안을 평균해서 일주간 소정 근로시간이 15시간 미만인 근로자는 유급휴일과 연차 유급 휴가를 사용할 수 없다.

> ## 채용공고와 다른 업무를 시킬 수 있나요?

 상시 30인 이상 근로자가 있는 회사에서는 불가, 근로자와 사용자 사이의 근로조건은 근로계약을 통해서 결정된다.

채용공고는 근로계약을 체결하기 전 단계이므로 채용공고만으로 근로계약이 체결된 것이라고 볼 수 없다. 채용공고와 다른 업무라고 하더라도 근로계약에 어긋나는 업무가 아니라면 가능하다. 다만 상시 사용하는 근로자의 수가 30인 이상인 회사의 경우에는 채용절차의 공정화에 관한 법률이 적용되는데 법 제4조에서 채용공고에서 제시된 내용을 불리하게 변경하지 못하도록 하고 있다(위반 시 500만 원 이하 과태료).

> 사용자가 일방적으로
> 근로시간을 변경할 수 있나요?

X 변경할 수 없다.
사용자는 근로계약을 체결할 때 근로자에게 근로기준법이 정하는 근로조건을 명시해야 하고 이를 변경하는 경우에도 마찬가지이다. 근로조건 중에는 업무의 시작과 종료 시각, 휴게시간, 휴일, 휴가 및 교대 근로에 관한 사항이 포함된다. 근로시간은 근로조건에 해당하고 근로조건은 근로계약의 내용이므로 일방적인 근로시간의 변경은 일방적인 근로계약의 변경을 의미한다. 근로자의 동의가 없이 변경된 근로계약은 그 부분에 한하여 무효가 되므로 사용자가 일방적으로 근로시간을 변경할 수 없다.

기업을 건강하게 만드는 취업 규칙

근로자를 고용하게 되면 근로계약서 외에도 취업 규칙에 대해서도 의무적으로 작성해야 하는 경우도 있다. 다만 취업 규칙은 상시 10명 이상의 근로자를 고용하는 사업자만 작성하는데, 사업장에서 준수해야 할 근로조건을 포함한 규정 등을 정할 수 있다. 일단 취업 규칙이 만들어져 노동처(온라인에서도 신고 가능) 신고되면 이후 취업 규칙에 미달하는 근로조건으로 근로계약을 체결하더라도 그 부분에 대해서는 무효가 되고 취업 규칙에서 정한 기준을 따르게 된다.

취업 규칙은 계약이 아니라 사업장에 적용되는 규범으로 작용하는 것이기 때문이다. 사업자는 취업 규칙을 만들어 관할 지방고용노동관서에 직접 제출·신고하거나 고용노동부 전자민원마당을 통해서 온라인으로 신고할 수 있다.

'근로기준법' 제93조는 취업 규칙을 작성할 때 기재되어야 할 내용을 다음과 같이 정하고 있다.

취업 규칙에 기재되어야 할 내용

1. 업무의 시작과 종료 시각, 휴게시간, 휴일, 휴가 및 교대 근로에 관한 사항

2. 임금의 결정·계산·지급 방법, 임금의 산정기간·지급시기 및 승급(昇給)에 관한 사항

3. 가족수당의 계산 · 지급 방법에 관한 사항

4. 퇴직에 관한 사항

5. 근로자퇴직급여 보장법 제4조에 따라 설정된 퇴직급여, 상여 및 최저임금에 관한 사항

6. 근로자의 식비, 작업 용품 등의 부담에 관한 사항

7. 근로자를 위한 교육시설에 관한 사항

8. 출산 전후 휴가·육아휴직 등 근로자의 모성 보호 및 일·가정 양립 지원에 관한 사항

9. 안전과 보건에 관한 사항

9의2. 근로자의 성별 · 연령 또는 신체적 조건 등의 특성에 따른 사업장 환경의 개선에 관한 사항

10. 업무상과 업무 외의 재해부조(災害扶助)에 관한 사항

11. 직장 내 괴롭힘의 예방 및 발생 시 조치 등에 관한 사항

12. 표창과 제재에 관한 사항

13. 그 밖에 해당 사업 또는 사업장의 근로자 전체에 적용될 사항(2019년 1월 15일)

Q&A 1   회사에서 근무하는 근로자 수가 10명이 안 되면 취업 규칙을 작성할 필요가 없나요?

작성할 필요가 없다. 취업 규칙은 상시 10인 이상의 근로자를 고용하는 사업장에서 작성하는 것이기 때문이다.

Q&A 2 상시 근로자수 산정 방법은 어떻게 되나요?

대상이 되는 사업 또는 사업장에서 적용 여부를 판단해야 하는 발생일 전 1개월 동안 사용한 근로자의 연인원을 같은 기간 중의 가동 일수로 나누어 산정하여야 한다. 예를 들어, 3월 1일부터 3월 16일까지 16일간 매일 5명이 근무하고, 3월 17일부터 3월 26일까지 10일간 주간 1명, 야간 1명씩 2명이 근무하고, 3월 27일부터 3월 31일까지 휴무한 경우, 상시근로자 수의 계산식은 다음과 같다.

- 연인원=(16일×5명)+(10일×2명)+(5×0명)=100명
- 가동일수=26일
- 상시 근로자 수=100÷26=약 3.84명

이 경우 상시근로자 수가 약 3.84명이 되어 상시근로자 수 5인 미만의 사업장에 해당하게 된다. 다만, 그달의 가동일 2분의 1 이상의 상시근로자 수가 5인 이상이라면 5인 이상 사업장으로 본다는 예외 규정이 있기 때문에 16일간 근로한 근로자가 5명 있는 위 예에서는 근로기준법이 모두 적용된다.

Q&A 3 한 회사에서 취업 규칙을 여러 개 만들 수 있나요?

취업 규칙은 회사가 다수의 개별적 근로관계를 처리함에 있어서 그 편의를 위해 임금과 같은 근로계약의 내용이 되는 사항과 복무규정 및 직장질서 등에 관한 사항을 일방적으로 정해놓은 것을 말한다. 이와 같이 사업장 내 근로자에게 적용될 규칙을 획일적·정형적으로 규정한 것이라면 인사 규정 또는 복무 규정 등 그 명칭에 관계없이 취업 규칙으로써의 효력을 가진다.

회사는 같은 사업장에 소속된 모든 근로자에 대해 일률적으로 적용되는 하나의 취업 규칙만을 작성해야 하는 것은 아니고, 근로자의 근로 조건, 근로 형태, 직종 등의 특수성에 따라 근로자 일부에 적용되는 별도의 취업 규칙을 작성할 수 있으며, 이 경우 여러 개의 취업 규칙을 합한 것이 한 개의 취업 규칙이 된다.

Q&A 4 취업 규칙의 내용은 회사가 임의대로 규정할 수 있을까요?

근로기준법에서 규정하고 있는 취업 규칙에 명시해야 하는 사항을 제시해야 한다 (239쪽 참고). 그러나 여기에는 근로자 보호를 위해 반드시 정하고 시행해야 할 법정 근로 조건에 관한 사항뿐만 아니라 회사의 경영 판단이나 사업장의 특성 또는 노사합의에 의해 시행 여부가 결정되는 임의적 근로 조건에 관한 사항도 다수 포함되어 있다.

임의적 근로 조건에 관한 사항은 해당 사업장에서 이를 시행하고 있을 경우에만 취업 규칙에 명시하면 된다. 한편, 취업 규칙에 반드시 기재되어야 할 사항 중 일부가 기재되어 있지 않거나 흠결이 있는 경우 회사에 대해 500만 원 이하의 과태료가 부과될 수 있으나, 이와 관계없이 취업 규칙의 효력은 인정된다. 이 경우 기재되지 않은 부분에 대해서는 노동관계법령, 단체협약, 근로계약 등에 정한 조건에 따른다.

Q&A 5 회사가 취업 규칙을 근로자에게 알려야 할 의무가 있나요?

회사는 취업 규칙 작성 시 근로자 과반수의 의견을 들었다 하더라도 근로기준법 및 근로기준법 시행령의 요지와 함께 취업 규칙을 근로자가 자유롭게 열람할 수 있는 장소에 항상 게시하거나 갖추어 두어 근로자에게 널리 알려야 한다.

이와 같이 회사로 하여금 취업 규칙에 대해 주지 및 게시하도록 한 취지는 근로자에게 근로 조건과 복무 규율이 규정되어 있는 취업 규칙을 열람할 수 있는 기회를 보장하려는 것이다. 그러므로 근로자에게 취업 규칙의 열람권이 보장된다면 취업 규칙을 이메일을 통해 모든 근로자에게 통보하거나 홈페이지에 게시 또는 회사 인트라넷에 게시한 후 근로자에게 열람 권한을 주더라도 무방하다. 취업 규칙을 게시하거나 주지시키지 않았다 하더라도 취업 규칙이 무효가 되는 것은 아니다.

Q&A 6 취업 규칙을 신고하지 않은 경우 효력이 없을까요?

상시 10명 이상의 근로자를 고용하는 회사에 한해 취업 규칙 작성 및 변경 시 교용노동부장관에게 신고해야 하는 의무가 부과된다(위반 시 500만 원 이하의 과태료). 그리고 회사가 취업 규칙을 신고할 때에는 근로자 과반수의 의견을 청취했거나 동의를 얻었음을 입증할 수 있는 서면을 첨부해야 한다. 단, 이러한 취업 규칙 신고의무 규정은 취업 규칙에 대한 감독 행정상 필요에 의한 단속 규정이므로, 취업 규칙이 실제로 근로자들의 근로 조건을 규율해왔다면 신고의무 위반에 따라 회사에 대해 과태료가 부과될 수는 있을지라도, 법령·단체협약에 위배되지 않는 범위에서 그 취업 규칙의 효력은 인정된다.

사회보험 가입과 급여 책정은 정확하게

직원을 채용한 후 가장 먼저 해야 할 것은 사회보험 가입과 급여 책정이다. 사회보험은 국민연금과 건강보험, 고용보험, 산재보험을 말한다. 사회보험 가입은 필수이므로 반드시 잊지 말고 가입해야 한다. 또한 급여를 책정할 때는 어떠한 항목들이 포함되는지 잘 알아야 제대로 할 수 있다.

직원의 급여를 책정할 때 알아야 할 것들

급여를 책정할 때는 먼저 최저임금이 얼마인지를 알아야 한다. 2022년 기준 최저임금액은 시급 9,160원, 일급 7만 3,280원, 월 환산액은 191만 4,440원(월 환산액의 기준시간은 209시간 기준, 주당 유급 주휴 8시간 포함)이다(2021년 기준 최저 임금액은 시급 8,720원, 일급 6만 9,760원, 월 환산액은 182만 2,480원).

급여의 구성 항목이 변경되는 경우, 변경된 내용을 기재한 근로계약서를 근로자에게 교부해야 한다. 기본급이 낮아진 경우 근로자의 동의를 받아야 한다. 그러나 최저임금 고시에 따라 변경된 경우, 근로자가 변경된 근로계약서를 요구하지 않은 경우 사업주는 교부할 의무는 없다.

급여는 근로자 사망이나 소재불명 등 예외적인 경우를 제외하고 근로자에게 직접 지급해야 하며, 친권자나 법정대리인에게 지급하는 것은 허용되지 않는다. 또한 근로자가 급여받을 권리를 다른 사람에게 양도했다고 하더라고 사업주는 다른 사람에게 지급해서는 안 된다. 다만, 법원의 판결이나 이와 동일한 효력이 있는 공증 등에 따라 급여에 대한 채권이 압류된 경우 그 채권자인 제3자에게 지급할 수 있다. 하지만 압류금지 금액에 해당할 경우 근로자에게 지급해야 한다.

임금(급여) 채권	압류 금지 금액
월 185만 원 이하	압류할 수 없음
월 185만 원 초과, 월 370만 원 이하	월 185만 원
월 370만 원 초과, 월 600만 원 이하	월 급여채권액×1÷2
월 600만 원 초과	월 300만 원+[(월 급여채권액×1÷2)-(월 300만 원×1÷2)]

(2021년 기준)

급여 지급은 법령에 근거한 사회보험 및 소득세 등을 공제한 전액을 지급해야 하며, 취업 규칙의 규정이나 근로계약 내용에 근거한 공제는 원칙적으로 허용되지 않는다. 또한 직원에게 손해배상을 청구할 일이 있더라도 직원의 동의가 없다면 급여에서 공제할 수 없다.

임금명세서(급여명세) 교부의무(2021년 11월 19일부터)

사업주가 근로자에게 임금을 지급할 때, 임금의 세부내역을 포함한 임금명세서를 서면 등으로 교부하는 것이 의무화되었다. 위반 시 500만 원 이하의 과태료가 부과되며, 위반 행위 적발 횟수에 따라 다음과 같이 부과된다.

구분	내용(단위 : 만 원)		
	1차	2차	3차
임금명세서 미교부	30	50	100
일부를 미기재하거나 사실과 다르게 기재	20	30	50

임금명세서에 포함되어야 할 사항

1. 성명, 생년월일 및 사원번호 등 근로자를 특정할 수 있는 정보
2. 임금지급일
3. 임금 총액
4. 기본급, 수당, 상여금, 성과금 등 임금의 구성 항목별 금액(통화 이외의 것으로 지급된 임금
   이 있는 경우 그 품명 및 수량과 평가총액)
5. 출근일수·근로시간 수 등에 따라 달라지는 임금의 구성 항목별 계산 방법(연장·야간·휴일
   근로를 시킨 경우에는 그 시간수 포함)
6. 임금의 일부를 공제한 경우 공제 항목별 금액과 총액 등 공제내역

※ 임금명세서는 서면 또는 '전자문서 및 전자거래 기본법」에 따른 전자문서로 교부해야 하
   며, 전자우편(이메일)이나 휴대전화 문자메시지(SMS, MMS), 모바일 메신저 등을 통해 임
   금명세서를 작성·전송하는 것도 가능하다. 또한 사내 전산망 등에 근로자가 개별적으로
   접근해 열람하고 출력할 수 있도록 올리는 것도 가능하다.

임금명세서 기재사항을 모두 적은 문서(전자문서 포함)라면 임금명세서에 해당하
며, 반드시 특별한 서식으로 교부해야 하는 것은 아니다.

임금명세서 작성 사례

임 금 명 세 서

지급일 : 2021-11-25

성명		사번	073542
부서	개발지원팀	직급	팀장

세부 내역

지 급 ①			공 제 ②	
임금 항목		지급 금액(원)	공제 항목	공제 금액(원)
매월 지급	기본급	3,200,000	소득세	115,530
	연장근로수당	379,728	국민연금	177,570
	야간근로수당	15,822	고용보험	31,570
	휴일근로수당	94,932	건강보험	135,350
	가족수당	150,000	장기요양보험	15,590
	식대	100,000	노동조합비	15,000
격월 또는 부정기 지급				
지급액 계		3,940,482	공제액 계	490,610
			실수령액(원)	3,472,161

계산 방법 ③

구분	산출식 또는 산출방법	지급액(원)
연장근로수당	연장근로시간 수④ (16시간)×15,822원×1.5	379,728
야간근로수당	야간근로시간 수⑤ (2시간)×15,822원×0.5	15,822
휴일근로수당	휴일근로시간 수⑥ (4시간)×15,822원×1.5	94,932
가족수당	100,000×1명(배우자)+50,000원×1명(자녀1명)	150,000

* 가족수당은 취업규칙 등에 지급요건이 규정되어 있는 경우 계산방법을 기재하지 않더라도 무방
  (기재사항이 모두 포함되어 있다면 사업장에서 자율적으로 임금명세서 서식을 만들어서 사용 가능)

▷ 임금명세서
  만들기
  QR 코드

수당의 종류

기본급과 수당

'기본급'이란 기본 근로시간에 대한 대가를 말한다. 기본급의 개념이나 기준은 회사마다 다르고, 전체 임금을 기본급으로만 구성하기도 하고, 기본급과 여러 수당으로 나누어 지급하기도 한다. 기본급 외의 수당들은 회사가 임금을 어떻게 책정해서 지급하는지를 보여주기 위한 경우가 많다.

이러한 수당을 별도로 만들어 관리하게 되면, 임금 책정 기준을 보다 명확하고 투명하게 보여줄 수 있어 임금과 관련한 다툼을 줄일 수 있다는 장점이 있다. 수당의 종류는 크게 두 가지로 나눌 수 있다.

구분	종류
법정수당	휴업수당, 연차수당, 대체수당, 연차휴가수당, 해고예고수당, 연장근로수당, 야근 근로수당, 휴일 근로수당 등
비법정수당	근로계약 또는 회사 취업 규칙 등에서 지급할 것을 약속해준 수당, 만근수당, 생산장려수당, 직책수당, 통근수당, 주택수당 등

연장근로수당

약속한 소정 근로시간 또는 법정 근로시간을 초과해 근무할 경우 통상 임금의 50% 이상을 가산하여 지급해야 한다. 연장근로 1시간당 최소 통상임금의 150%를 지급해야 한다.

야간근로수당

근로기준법상 야간근로는 오후 10시부터 다음 날 오전 6시 사이에 이루어지는 근로를 의미한다. 일출 및 일몰시간 등 계절적 요인을 기준으로 하는 것이 아님에 유의해야 한다. 해당 야간 근로시간에 근무가 발생하게 되면 연장 근로 여부와 관계없이 기본 임금의 50% 이상을 가산해 지급해야 한다. 연장근로수당의 경우에는 노동부의 승인을 받아 감시적·단속적 근로(간헐적으로 이루어지며 업무 강도가 다소 낮다고 여겨지는 업무)로 승인받은 경우에는 지급하지 않아도 되지만, 야간 근로수당은 지급되어야 한다.

휴일근로수당

휴일에는 법정 휴일, 법정 공휴일, 약정 휴일이 있다. 법정 휴일에는 근로기준법상의 주휴일과 '근로자의 날 제정에 관한 법률'에 의한 근로자의 날(5월 1일)이 있다. 법정 공휴일은 관공서의 공휴일에 관한 규정에 따라 대통령령으로 보장되는 휴일로, 국경일이나 명절 등으로 우리가 달력에서 확인할 수 있는 '빨간 날'이 법정 공휴일이다. 약정 휴일은 법정 휴일 외에 회사의 협약이나 취업 규칙 등을 통해 정하여 부여하는 휴일이다. 약정 휴일은 근로기준법에 규정되어 있지 않고, 의무적으로 주어야 할 휴일도 아니기에 회사와 노동자의 협의가 필수적이다.

휴일은 근로 제공 의무가 없는 날이다. 근로 제공 의무가 없이 쉴 수 있다고 사전에 약속해둔 것이므로, 이를 어기고 근로를 제공한 경우에는 연장·야간근로처럼 일한 시간에 대한 임금 외에 휴일 근로에 대한 가산 수당 50%가 추가로 지급되어야 한다. 법정 공휴일은 관공서의 공휴일에 관한 규정에 의해 보장되는 휴일이므로, 민간기업은 이를 준수하지 않아도 법적으로 문제될 것이 없다. 그러나 근로자가 명절 연휴 등의 공휴일에 관공서와의 차별 없이 휴식을 취할 수 있도록 국민의 휴식권 보장을 위해 2020년부터 개정되는 근로기준법에서는 관공서의 공휴일과 대체 공휴일을 유급 휴일로 의무화했다.

Q&A 재택근무자에게도 연장수당, 휴일수당을 지급해야 하나요?

원칙적으로 재택근로자도 연장·휴일근로를 했다면 가산수당을 지급해야 한다. 근로기준법 제58조의 사업장 밖 간주 근로시간제에 따라 소정 근로시간, 업무 수행에 통상적으로 필요한 시간, 노사가 서면으로 합의한 시간 중 하나를 재택근무자의 근로시간으로 간주한다. 간주된 근로시간을 초과하는 경우 가산수당을 지급해야 한다. 재택근로자의 경우 현실적으로 근로 여부 확인이 어려운 점을 고려하여, 연장·휴일 근로 시 사전 신청 및 사후 승인제도를 만들 필요가 있다. SNS 메시지, 이메일, 전화 등의 방법으로 재택근로자에게 연락할 경우 이는 업무 부여로 인식할 가능성이 있기 때문에 주의해야 한다.

여기서 잠깐!

경기침체, 사업주가 꼭 알아야 할 휴업 수당

사업주의 귀책사유로 휴업하는 경우, 휴업 기간 동안 직원에게 평균임금의 100분의 70 이상의 수당을 지급해야 한다. 단, 평균임금의 100분의 70에 해당하는 금액이 통상 임금을 초과하는 경우 통상임금을 휴업수당으로 지급할 수 있다. 하지만 감염병 확산 방지를 위한 휴업이라면 휴업수당 지급의무가 없다. 이 경우는 회사의 귀책사유로 인한 휴업으로 보기 어렵기 때문이다. 그러나 국가로부터 유급휴가 비용을 지원받았다면 반드시 유급휴가를 부여해야 한다. 또한 정부의 폐쇄명령에 의한 휴업은 무급휴가로 처리 가능하다.

귀책사유 인정	귀책사유 불인정
• 시장불황 등으로 경영상 휴업 • 원료 부조, 주문 감소 • 제품 판매부진, 자금난 • 화재, 수재가 사용자의 시설관리 소홀 등 사용자의 책임으로 발생한 경우 • 기타	• 천재 기타 자연 현상 등에 의한 휴업 • 제3자의 출근 방해가 있어 휴업(사용자가 그 행위를 묵인했다고 볼 수 없는 경우) • 근로자 귀책사유에 의한 대기발령 • 징계로서의 정직·출근 정지 • 감염병 확진자, 의심환자가 있어 추가 감염 방지를 위한 소독, 방역 등을 위한 경우 • 기타

평균임금이란, 그 사유가 발생한 날 이전 3개월간 그 직원에 대해 지급된 임금의 총액을 그 기간의 총 일수로 나눈 금액을 말한다.

휴업 시 챙겨야 할 고용유지지원금 제도

매출액 및 생산량 감소 등으로 고용조정이 불가피한 경우, 정부가 휴업·휴직수당 등에 대해 보조금을 지원해주는 제도이다.

• 지원기간 : 유급 휴업/휴직(연 180일), 무급휴업/휴직(근로자별 최대180일)

구분	고용유지 지원금	
휴업	• 사업주가 지급한 휴업수당의 2/3 지원(1일 한도 6만 6,000원) • 무급휴업의 경우 : 평균임금의 50% 범위 내에서 심사위원회 결정	
휴직	• 사업주가 지급한 휴업수당의 2/3 지원(1일 한도 6만 6,000원) • 무급휴직의 경우 : 평균임금의 50% 범위 내에서 심사위원회 결정	

고용 유지가 불가피한 사유가 인정되어야 하며, 2021년부터는 10인 미만 사업자의 무급 휴직 지원이 추가되어 코로나19 확산을 고려해 고용유지조치계획 사후신고 기간이 30일로 연장되었다.

퇴직급여

퇴직금은 1년 이상 근로한 근로자에게 지급되는 것으로 일용직·계약직 근로자 모두 대상이 된다. 단, 1년 이상, 1주당 15시간 이상을 근로해야 하며, 만약 주당 근로시간이 비정기적이라도 1년을 기준으로 나눴을 때 주당 15시간이면 무관하다. 퇴직금은 '평균임금×근속연수'로 계산되며, 근속연수는 총 근무일수를 365일로 나누어 계산한다. 평균임금은 퇴직일로 소급하여 3개월간의 임금에 상여금(경영성과급, 일시 성과급은 미포함), 연차수당을 포함하여 계산한다. 그러나 식비, 차량유지비, 출장 경비, 경조사비 등은 포함되지 않는다. 퇴직 전 연장근무 등으로 수당이 많이 발생할 경우 퇴직금도 오르게 된다.

퇴직연금의 유형으로는 확정급여형(DB형)과 확정기여형(DC형) 퇴직연금제도가 있다. 퇴직연금에 가입한 경우에도 계속 근로기간이 1년 미만인 근로자에 대해서는 퇴직급여 지급의무가 없다.

구분	확정급여형(DB형)	확정기여형(DC형)
확정 내용	근로자의 퇴직급여 수준	회사의 부담금
사외적립 수준	부분 적립 가능 • 70% : 2014~2015년 • 80% : 2016~2018년 • 90% : 2019~2020년 • 100% : 2021년 이후	전액적립
적립금 운용에 따른 손실(이익) 부담 주체	회사	근로자
적합기업	도산 위험이 없고 임금 인상률이 높은 기업	임금 인상률이 예상수익률보다 낮은 기업

퇴직금제도를 시행하고 있는 회사인데
반드시 퇴직연금제도를 도입해야 해야 할까

회사는 퇴직하는 근로자에게 퇴직급여를 지급하기 위해 ① 퇴직금 제도, ② 확정급여형 퇴직연금제도(DB), ③ 확정기여형 퇴직연금제도(DC) 중 하나 이상의 제도를 설정하면 된다.

이와 달리 2012년 7월 26일 이후 설립한 회사에 대해서는 근로자 과반수(근로자의 과반수가 가입한 노동조합이 있는 경우에는 그 노동조합)의 의견을 들어 회사 설립 후 1년 이내에 확정급여형이나 확정기여형 퇴직연금제도를 설정하도록 하고 있다. 그러나 퇴직연금제도를 설정하지 않을 경우 퇴직금제도를 설정한 것으로 본다. 현재까지 퇴직연금제도의 도입은 어느 기업의 자율에 맡기고 있다.

Q&A 퇴직금 중간정산은 어떨 때 가능한가요?

회사는 다음의 사유로 근로자가 요구하는 경우에는 근로자가 퇴직하기 전에 해당 근로자의 계속 근로기간에 대한 퇴직금을 미리 정산하여 지급할 수 있다. 이 경우 미리 정산하여 지급한 후의 퇴직금 산정을 위한 계속 근로기간은 정산 시점부터 새로 계산한다.

① 무주택자인 근로자가 본인 명의로 주택을 구입하는 경우

② 무주택자인 근로자가 주거를 목적으로 전세금 또는 보증금을 부담하는 경우(근로자가 하나의 사업에 근로하는 동안 1회로 한정)

③ 다음 중 6개월 이상의 요양을 필요로 하는 사람의 질병이나 부상에 대한

요양비용을 근로자가 부담하는 경우

- 근로자 본인
- 근로자의 배우자
- 근로자 또는 그 배우자의 부양가족

④ 퇴직금 중간정산을 신청하는 날부터 역산하여 5년 이내에 근로자가 파산 선고를 받은 경우

⑤ 퇴직금 중간정산을 신청하는 날부터 역산하여 5년 이내에 근로자가 개인 회생절차 개시 결정을 받은 경우

⑥ 회사가 기존의 정년을 연장하거나 보장하는 조건으로 단체협약 및 취업 규칙 등을 통해 일정 나이, 근속 시점 또는 임금액을 기준으로 임금을 줄이는 제도를 시행하는 경우

⑦ 회사가 근로자와의 합의에 따라 소정 근로시간을 1일 1시간 또는 1주 5시간 이상으로 변경하고, 그 변경된 소정 근로시간에 따라 근로자가 3개월 이상 계속 근로하기로 한 경우

⑧ 개정 근로기준법(법률 제 15513호)의 시행에 따른 근로시간의 단축으로 근로자의 퇴직금이 감소되는 경우

⑨ 그 밖의 천재지변 등으로 피해를 입는 등 고용노동부장관이 정하여 고시하는 사유와 요건에 해당하는 경우

회사는 근로자가 퇴직한 후 5년이 되는 날까지 관련 증명서류를 보존해야 한다.

체당금

사업이 폐업에 이를 정도가 되면 근로자들에게 줘야 하는 퇴직금, 임금 등이 밀리는 경우가 생길 수 있다. 이럴 때 근로복지공단이 사업주를 대신해서 우선적으로 일정비율의 돈을 근로자들에게 지급해주기도 하는데 이러한 돈을 체당금이라고 한다.

체당금은 노동부에서 사업이 완전히 도산했다는 것을 인정한 후에 지급한다. '임금채권보장법'에 의해 체당금이 지급되는데, 이 법에 따라 파산 선고 또는 회생개시결정이 있는 날로부터 2년 내에 청구하도록 하고 있다. 그리고 근로복지공단은 변제자대위권을 행사해서 사업자에게 지급된 체당금만큼의 돈을 청구한다.

사업주 입장에서 체당금을 받도록 도와주더라도 개인회생 과정 중에 이를 계속 변제하는 것은 똑같지만, 체당금 지급을 통해 어려움에 처한 근로자의 마음을 달래주어 근로기준법 위반으로 형사고소를 하지 않도록 할 수 있다. 따라서 근로자 임금체불 등이 발생하면 사업주가 나서서 체당금을 받을 수 있도록 절차를 안내하거나 도와주는 것도 좋다.

퇴직금 지급기한

회사는 근로자가 퇴직한 경우 그 지급 사유가 발생한 때부터 14일 이내에 임금, 퇴직금, 보상금, 그 밖에 일체의 금품을 지급해야 한다. 여기에 명예퇴직금(퇴직 위로금)도 포함된다. 다만, 특별한 사정이 있을 경우에는 당사자 간의 합의에 의해 기일을 연장할 수 있다(위반 시 3년 이하의 징역 또는 3,000만 원 이하의 벌금). 만일 당사자 사이의 합의 없이 위 금품의 전부 또는 일부를 지급 사유가 발생한 날부터 14일 이내에 지급하지 않은 경우 그다음 날부터 지급하는 날까지의 지연일수에 대해 연 20%의 지연이자를 지급해야 한다. 뿐만 아니라 3년 이하의 징역 또는 3,000만 원 이하의 벌금이 처해질 수 있다. 한편 퇴직 근로자가 임금·퇴직금 등을 받을 권리는 3년간 행사하지 않으면 시효로 인해 소멸한다.

퇴직근로자에 대해 회사가 유의해야 할 사항

근로자의 취업을 방해할 목적으로 비밀기호 또는 명부를 작성하여 사용하거나 통신하는 것이 금지된다. 그러므로 회사에서는 이러한 방법으로 퇴직근로자의 취업을 방해하는 일이 없도록 유의해야 한다(위반 시 5년 이하의 징역 또는 5,000만 원 이하의 벌금). 또한 회사는 근로자가 퇴직한 후라도 고용 기간, 업무 종료, 지위와 임금, 그 밖에 필요한 사항에 관한 증명서를 청구하면 사실대로 적은 증명서를 즉시 내주어야 한다. 이 증명서에는 근로자가 요구한 사항만을 적어야 한다(위반 시 500만 원 이하의 과태료). 한편 이러한 사용증명서를 청구할 수 있는 자는 30일 이상 계속 근무한 근로자에 한하며, 청구할 수 있는 기한은 퇴직 후 3년 이내로 제한된다. 따라서 이러한 사용증명서를 청구할 수 있는 자격이나 요건을 갖추지 못한 경우 회사는 사용증명서를 발급하지 않을 수 있다.

4대보험 적용 대상 및 신고 안내

직원을 채용하면 사회보험공단(국민연금, 건강보험공단, 근로복지공단)에 사업장 가입을 신고한 뒤 직원을 채용했다는 자격취득신고를 해야 한다. 개인사업자의 경우 직원의 자격취득신고를 할 때 대표자 본인도 함께 신고해야 한다. 이때 직원 중 월보수액이 가장 높은 사람을 기준으로 월보수액을 함께 신고해야 한다.

신고서에는 가입자의 성명, 주민등록번호, 가입일, 급여(과세 대상 급여), 대표자 여부, 업무와 주 근로시간 등을 기재한다. 건강보험의 경우 건강보험에 부양가족으로 등록할 사람의 이름과 가입자와의 관계, 주민등록번호가 필요하므로 모든 정보를 미리 알아둬야 한다.

각 공단 홈페이지 EDI 서비스를 통해 전자신고도 할 수 있으며, 신고서를 작성한 후 해당 지역 공단에 팩스로 전송해도 된다. 직접 찾아가려면 4대 사회보험 정보연계센터(www.4insure.or.kr) 홈페이지에서 4대 사회보험기관 지사를 찾아본 후 방문하면 된다.

구분	국민연금	건강보험	고용보험	산재보험
당연적용 (의무가입) 대상	1인 이상 근로자를 사용하는 모든 사업장	상시 1인 이상의 근로자를 사용하는 모든 사업장	상시 1인 이상의 근로자를 고용하는 모든 사업 및 사업장	일반 사업장 상시 근로자 1인 이상의 사업 또는 사업장
신고기한	해당일이 속하는 달의 다음 달 15일까지	적용일로부터 14일 이내	보험관계가 성립된 날부터 14일 이내	보험관계가 성립된 날부터 14일 이내
상세내역 문의	국번 없이 1355 국민연금공단 사이트	1577-1000 국민건강보험공단 사이트	1588-0075 고용 산재보험 토털 서비스 사이트	
신고처	4대 사회보험 각 기관 지사 및 인터넷(www.4insure.or.kr) [전자민원] 전자민원신고 : 전자민원 ⇨ 사업장 ⇨ 사업장 성립신고에서 신고			

적용 대상자

국민연금은 18세 이상 60세 미만의 사용자 및 근로자가 대상자이다. 건강보험은 나이에 상관없이 사용자 및 근로자를 대상으로 한다. 고용·산재보험의 경우 사용자는 대상이 아니며 근로자만 적용 대상이다. 다만, 고용보험의 경우 만 65세 이상자가 신규 입사한 경우에는 실업급여를 적용하지 않는다.

국민연금과 건강보험은 1개월 이상 근무하고 월 8일 이상 근무 시 의무 가입 대상이다. 주 근로시간이 15시간 미만인 초단기 근로자의 경우, 국민연금·건강보험·고용보험은 가입 대상이 아니지만 산재보험은 가입해야 한다. 단 초단기 근로자라도 3개월 이상 근무 시 고용보험 가입을 해야 한다.

기준금액

직장가입자의 4대 보험은 기준금액에 보험요율을 곱한 금액이 보험료가 된다. 기준금액은 국민연금은 월소득, 그 외 보험은 월보수로 표현하지만 일반적으로 비과세를 제외한 월급여로 이해하면 된다. 개인사업장의 대표자는 해당 사업장의 소득금액을 기준으로 월소득 및 월보수를 산정한다.

$$월보험료 = 기준금액 \times 보험요율$$

보험요율

직장가입자의 보험요율은 다음과 같다. 사회보험부담률은 급여의 약 20% 정도이며, 사업주과 근로자가 50%씩 부담한다. 산재보험은 사업주가 전액 부담하고, 고용보험 중 고용안정·직업능력개발사업에 해당하는 부분은 사업주만 부담한다.

4대 보험 요율표(2021년 기준)				
구분		근로자	사업주	계
국민연금		4.5%	4.5%	9%
건강보험	건강보험	3.43%	3.43%	6.86%
	장기요양보험	건강보험료의 50%	건강보험료의 50%	건강보험료의 11.52%
고용보험	실업급여	0.8%	0.8%	1.6%
	고용안정 직업능력 개발사업	-	0.25~0.85%	
	산재보험	-	사업 종류별로 상이	

- 기준소득월액 : 기준소득월액이란 국민연금의 보험료 및 급여 산정을 위하여 가입자가 신고한 소득월액에서 1,000원 미만을 절사한 금액을 말하며, 최저 33만 원에서 최고 524만 원까지의 범위로 결정된다. 따라서 신고한 소득월액이 33만 원보다 적으면 33만 원을 기준소득월액으로 하고, 524만 원보다 많으면 524만 원을 기준 소득월액으로 한다.
- 건강보험은 최저 27만 9,300원, 최고 1억 273만 9,068원까지의 범위로 결정한다.
- 근로소득 외에 다른 소득이 연간 3,400만 원을 초과할 경우 추가로 건강보험료가 부과된다.

신규직원 등 4대 보험 처리 요령

근로자가 새로 입사한 경우 4대 보험 자격취득신고서를 신고기한 내에 관할 공단에 제출한다. 자격취득신고서상 월소득액(기준 금액)은 예상되는 월급여를 적고, 그것을 기준으로 4대 보험이 부과된다. 그리고 추후 정산과 결정을 통해 기준 금액이 변동된다. 개인사업장의 대표자는 건강보험의 월소득액(기준금액)은 월소득액이 가장 큰 근로자 이상이 되어야 한다.

자격취득 신고기한과 신고서류는 다음과 같다.

신고기한 및 신고 서류				
구분		국민연금	건강보험	고용보험	산재보험
취득 신고	자격 취득일	입사(고용)일			
자격취득 신고		자격 취득일이 속하는 달의 다음 달 15일까지	자격 취득일부터 14일 이내	자격 취득일이 속하는 달의 다음 달 15일까지	자격 취득일이 속하는 달의 다음 달 15일까지
신고서류		자격취득신고서 등 작성 및 제출(4대보험 공통서식)			

4대 보험의 사업장 관리번호가 동일한 경우에는 하나의 공통서식으로 작성하여 신고할 수 있다. 그러나 사업장 관리번호가 다른 경우에는 각각 사업장 관리번호별로 작성하여 신고해야 한다.

▷ 4대보험
신고서류 작성
QR코드
(건강보험공단 제공)

근로자가 없는 사업장의 대표자 본인은 국민연금과 건강보험에 대해 지역가입자로서 납부의무를 진다. 단, 법인사업자 대표이사의 경우 급여가 설정되어 있으면 대표자에 대해 국민연금과 건강보험 직장가입자로 신고한다. 고용보험과 산재보험에 대해서는 원칙적으로 근로자가 가입 대상이므로 대표자는 가입 대상이 아니다. 사업장에 직원을 채용하게 되면 근로자는 대표자와 함께 직장가입자로 자격취득신고를 하게 되는데, 이때 대표자는 국민연금과 건강보험 가입이 지역가입자에서 직장가입자로 전환된다.

국민연금, 건강보험, 고용보험, 산재보험 자격 취득 신고서

■ 국민건강보험법 시행규칙 [별지 제6호서식] 〈개정 2021. 10. 14.〉

국민연금 [√] 사업장가입자 자격취득 신고서   건강보험 [√] 직장가입자 자격취득 신고서
고용보험 [√] 피보험 자격취득 신고서   산재보험 [√] 근로자 고용 신고서

※ 유의사항 및 작성방법은 제2쪽을 참고하여 주시기 바라며, 색상이 어두운 란은 신고인이 적지 않습니다.
※ [ ]에는 해당되는 곳에 "√" 표시를 합니다.
※ 같은 사람의 4대 사회보험의 자격취득일 또는 월 소득액(소득월액, 보수월액, 월평균보수액)이 서로 다른 경우 줄을 달리하여 적습니다.

(제1쪽)

| 접수번호 | | 접수일자 | | | 처리기간: 3일(고용보험은 5일) |

사업장	사업장관리번호 123-12-12345-0		명칭 (주)대박	단위사업장 명칭	영업소 명칭
	소재지 서울시 강남구 강남대로				우편번호( )
	전화번호 010-0000-0000			팩스번호 000-0000-0000	
보험사무 대행기관	번호		명칭	하수급인 관리번호(건설공사 등의 미승인 하수급인만 해당함)	

구분	성명 / 주민등록번호 (외국인등록번호 / 국내거소신고번호)	국적 체류 자격	대표자 여부	월 소득액 (소득월액 보수월액 월 평균보수액) (원)	자격 취득일 (YYYY. MM.DD)	국민연금			건강보험							고용보험·산재보험				일자리 안정자금 신청
						자격 취득 부호	특수 직종 부호	직역 연금 부호	자격 취득 부호	보험료 감면 부호	공무원·교직원		직종명/부호			계약직 여부(해당란에 작성)	보험료 부과구분			
											회계명/부호	직종명/부호		1주 소정 근로 시간			부호	사유	
1	홍길동 / 001231-1234567		[ ]예 [√]아니오	2,800,000	2021. 3. 1	[√]국민연금 ([ ]취득 월 납부 희망)			[√]건강보험 ([√]피부양자 신청)				021	40	[√]고용보험(계약직 여부: [ ]예, [ ]아니오) [√]산재보험		[ ]예 [ ]아니오		[√]예 [ ]아니오
2	김대박 / 991231-1334567		[ ]예 [√]아니오	2,500,000	2021. 3. 1	[√]국민연금 ([ ]취득 월 납부 희망)			[√]건강보험 ([ ]피부양자 신청)				021	40	[√]고용보험(계약직 여부: [ ]예, [ ]아니오) [√]산재보험		[ ]예 [ ]아니오		[√]예 [ ]아니오
3	이국화 / 981231-1456789		[ ]예 [√]아니오	2,000,000	2021. 3. 2	[√]국민연금 ([ ]취득 월 납부 희망)			[√]건강보험 ([ ]피부양자 신청)						[√]고용보험(계약직 여부: [ ]예, [ ]아니오) [√]산재보험		[ ]예 [ ]아니오		[ ]예 [ ]아니오
4			[ ]예 [ ]아니오			[ ]국민연금 ([ ]취득 월 납부 희망)			[ ]건강보험 ([ ]피부양자 신청)						[ ]고용보험(계약직 여부: [ ]예, [ ]아니오) [ ]산재보험		[ ]예 [ ]아니오		[ ]예 [ ]아니오

위와 같이 자격취득을 신고합니다.

2021 년 3 월 1 일

신고인(사용자·대표자) (서명 또는 인) / 이대표 (서명 또는 인) / [ ]보험사무대행기관 (서명 또는 인)

국민연금공단 이사장/국민건강보험공단 이사장/근로복지공단 ○○지역본부(지사)장 귀하

297㎜×210㎜[백상지(80g/㎡) 또는 중질지(80g/㎡)]

자영업자도 고용보험에 가입할 수 있도록 가입 대상이 확대되었다(임의 가입), 단, 다음의 요건을 모두 충족하는 자영업자만 가능하다.

- 본인 명의의 사업자등록증 보유
- 근로자를 고용하지 않거나 50인 미만 근로자를 고용하는 사업주(개인 사업장 은 대표자, 법인 사업장은 대표이사)
- 근로자 또는 예술인으로서 피보험자격을 취득하고 있지 않은 사람(단, 이용근 로자와 자영업자로 이중 취득되어 있는 경우 본인의 희망에 따라 선택 가입 가능)

보험료는 본인이 선택한 등급에 따라 매월 보험료를 납부한다.

구분	1등급	2등급	3등급	4등급	5등급	6등급	7등급
기존 보수액(월)	1,820,000	2,080,000	2,340,000	2,600,000	2,860,000	3,120,000	3,380,000
보험료(월)	40,950	46,800	52,630	58,200	64,350	70,200	76,050

근로복지공단 자영업자 고용보험에 가입한 소상공인에 대해서는 소상공인시장진흥공단 및 지자체에서 자영업자 고용보험료 지원사업을 통해 중복으로 지원받을 수 있다. 중소기업통합 콜센터(전화 1357) 또는 각 지자체에 문의하면 된다(서울은 서울신용보증재단에 문의).

일용직의 경우, 근로 내용에 대해 '근로내용확인신고서'를 신고해야 한다. 이 경우 일용근로자에 대한 자격취득 및 상실신고를 별도로 하지 않는다. 일용근로자가 아닌 단시간근로자의 경우, 입·퇴사를 할 때 자격취득신고·상실신고를 해야 한다. '근로내용확인신고서'에는 일용근로자의 이름, 주민등록번호, 외국인의 경우 외국인등록번호, 체류자격, 근무일자, 근무시간, 지급액에 대한 정보가 기재되어야 한다.

신고 사유가 발생한 날의 다음 달 15일까지 공단에 신고해야 하며, 추후 국세청에 신고된 일용직 지급금액과의 차이가 발생할 경우 소명요청이 오게 되므로 반드시 신고 누락이 없도록 한다.

고용보험, 산재보험 근로내용 확인신고서(일용 근로자용)

■ 고용보험법 시행규칙 [별지 제7호서식] <개정 2021. 7. 1.>

[√]고용보험 [√]산재보험 근로내용 확인신고서(일용근로자용) (21 년 9 월분)

※ 2쪽의 유의사항과 작성방법을 읽고 작성하기 바라며, [ ]에는 해당되는 곳에 "√" 표시를 합니다. (3쪽 중 1쪽)

접수번호	접수일		처리기간: 7일

공통 사업장	사업장관리번호 123-45-67890-0	명칭 (주)대박
	사업자등록번호 ※ 국세청 일용근로소득지급명세서와 갈음하여 제출하는 경우에만 적습니다.	하수급인관리번호 (건설공사등 미승인 하수급인에 한함)
		공사명(유기사업명)
	소재지 서울시 강남구 강남대로	보험사무대행기관 번호	보험사무대행기관 명칭
	전화번호 (유선) (휴대전화)	FAX번호
	고용관리 책임자 (성명) (직무내용) (※건설업만 해당)	(주민등록번호) (직위) (근무지)[ ]본사 [ ]해당 사업장(현장) [ ]다른 사업장(현장)

성명	홍길동			
주민등록번호 (외국인등록번호)	000101-7890123	-	-	-
국적	체류자격 한국			
전화번호(휴대전화)	010-0000-0000			
직종 부호	701			

근로일수 ("o"표시)	1	2	3	4	5	1	2	3	4	5	1	2	3	4	5	1	2	3	4	5
	6	7	8 √	9 √	10	6	7	8	9	10	6	7	8	9	10	6	7	8	9	10
	11	12 √	13 √	14	15	11	12	13	14	15	11	12	13	14	15	11	12	13	14	15
	16 √	17	18	19	20	16	17	18	19	20	16	17	18	19	20	16	17	18	19	20
	21	22	23	24	25	21	22	23	24	25	21	22	23	24	25	21	22	23	24	25
	26	27	28	29	30	26	27	28	29	30	26	27	28	29	30	26	27	28	29	30
	31					31					31					31				

근로일수	일평균 근로시간	5 일	8 시간	일	시간	일	시간	일	시간
보수지급기초일수			5 일		일		일		일
보수총액		560,000	원		원		원		원
임금총액		560,000	원		원		원		원
이직사유 코드									

보험료부과구분(해당자만)

부호	사유				
국세청 일용 근로 소득 신고	지급월	월	월	월	월
	총지급액 (과세소득)	원	원	원	원
	비과세소득	원	원	원	원
	원천 징수 액 소득세	원	원	원	원
	지방 소득세	원	원	원	원
일자리안정자금 지원 신청		[ ]예 [ ]아니오	[ ]예 [ ]아니오	[ ]예 [ ]아니오	[ ]예 [ ]아니오

「고용보험법 시행령」 제7조제1항 후단, 같은 법 시행규칙 제5조제2항 및 「고용보험 및 산업재해보상보험의 보험료징수 등에 관한 법률 시행규칙」 제16조의7제2항제1호에 따라 위와 같이 확인하여 신고합니다.

2021 년 10 월 10일

신고인(사용자·대표자)   (주)대박 (서명 또는 인)
[ ] 보험사무대행기관   (서명 또는 인)

근로복지공단○○지역본부(지사)장 귀하

297mm×210mm [백상지(80g/㎡) 또는 중질지(80g/㎡)]

외국인 근로자

다만 다음 각 목의 어느 하나에 해당하는 자는 적용 대상이다.

가. '출입국관리법 시행령' 제12조에 따른 외국인의 체류자격 중 주재(D-7), 기업투자(D-8) 및 무역경영(D-9)의 체류자격을 가진 자(법에 따른 고용보험에 상응하는 보험료와 급여에 관하여 그 외국인의 본국법이 대한민국 국민에게 적용되지 아니하는 경우는 제외한다.)

나. '출입국관리법 시행령' 제23조제1항에 따른 취업활동을 할 수 있는 체류 자격을 가진 자(고용노동부령으로 정하는 바에 따라 보험 가입을 신청한 자만 해당한다.)

다. '출입국관리법 시행령' 제23조제2항제1호·제2호 및 제3호에 해당하는 자

라. '출입국관리법 시행령' 제12조에 따른 외국인의 체류자격 중 재외동포(F-4)의 체류자격을 가진 자(고용노동부령으로 정하는 바에 따라 보험 가입을 신청한 자만 해당한다.)

마. '출입국관리법 시행령' 제12조에 따른 외국인의 체류자격 중 영주(F-5)의 체류자격을 가진 자

출입국관리법 시행령에 따른 외국인 체류 자격별 고용보험 적용			
체류 자격	고용보험 적용 여부	체류 자격	고용보험 적용 여부
1. 외교(A-1)	×	19. 교수(E-1)	△(임의)
2. 공무(A-2)	×	20. 회화지도(E-2)	△(임의)
3. 협정(A-3)	×	21. 연구(E-3)	△(임의)
4. 사증면제(B-1)	×	22. 기술지도(E-4)	△(임의)
5. 관광통과(B-2)	×	23. 전문직업(E-5)	△(임의)
6. 일시취재(C-1)	×	24. 예술흥행(E-6)	△(임의)
7. 단기상용(C-2)	삭제(2011년 11월 1일)	25. 특정활동(E-7)	△(임의)

8. 단기종합(C-3)	×	25의 3. 비전문취업 (E-9)	△(임의)
9. 단기취업(C-4)	△(임의)	25의 4. 선원취업 (E-10)	△(임의)
10. 문화예술(D-1)	×	26. 방문동거(F-1)	×
11. 유학(D-2)	×	27. 거주(F-2)	○(강제)
12. 산업연수(D-3)	×	28. 동반(F-3)	×
13. 일반연수(D-4)	×	28의 2. 재외동포(F-4)	△(임의)
14. 취재(D-5)	×	28의 3. 영주(F-5)	○(강제)
15. 종교(D-6)	×	28의 4. 결혼이민(F-6)	○(강제)
16. 주재(D-7)	★(상호주의)	29. 기타(G-1)	×
17. 기업투자(D-8)	★(상호주의)	30. 관광취업(H-1)	×
18. 무역경영(D-9)	★(상호주의)	31. 방문취업(H-2)	
18-2. 구직(D-10)	×		

○ : 의무적으로 가입, × : 적용 제외, △ : 근로자가 신청을 원하는 경우에 가입

사회보험료를 줄일 수 있는 방법

비과세급여가 포함되었는지 여부에 따라 근로소득세와 사회보험료도 달라진다. 예를 들어 직장인 A씨는 광고업에 종사하고(직종), 부양가족으로 본인 포함 6세 이하 자녀 1명이 있다. 그리고 근로소득간이세액표에 따른 세액 100%로 선택했다고 가정할 경우, 근로자는 8만 6,480원을 더 지급받고, 사업주는 사회보험료 8만 8,480원 덜 부담한다. 그렇다고 해서 요건에 맞지 않는데 무조건 비과세급여 항목을 넣어 급여 설계를 할 수는 없다. 때문에 반드시 비과세 항목을 자세히 알아보고 급여 설계를 해야 한다.

▷ 사회보험료 모의 계산기 QR 코드

비과세급여를 포함하지 않았을 경우와 포함했을 경우 A의 근로소득세와 사회보험료 차이

비과세급여 미포함 시(가)		비과세급여 포함 시(나)	
기본급 250만 원(전액 과세 대상)		• 기본급 210만 원(전액 과세 대상) • 식대 10만 원(비과세 대상) • 자녀보육비 10만 원(비과세 대상) • 자가운전보조금 20만 원(비과세대상)	
• 근로소득세 16,530원 • 지방소득세 1,650원		• 근로소득세 8,580원 • 지방소득세 850원	
근로자 부담	사업주 부담	근로자 부담	사업주 부담
• 국민연금 11만 2,500원 • 건강보험 8만 5,750원 • 장기요양보험료 9,870원 • 고용보험 2만 원	• 국민연금 11만 2,500원 • 건강보험 8만 5,750원 • 장기요양보험료 9,870원 • 고용보험 2만 6,250원 • 산재보험 1만 5,000원	• 국민연금 9만 4,500원 • 건강보험 7만 2,030원 • 장기요양보험료 8,290원 • 고용보험 1만 6,800원	• 국민연금 9만 4,500원 • 건강보험 7만 2,030원 • 장기요양보험료 8,290원 • 고용보험 2만 2,050원 • 산재보험 1만 2,600원
• 근로자 지급액 225만 3,700원 • 사업자 사회보험료 부담분 24만 9,370원		• 근로자 지급액 229만 8,950원 • 사업자 사회보험료 부담분 20만 9,470원	

근로자는 4만 5,250원을 더 지급받고, 사업주는 사회보험료 3만 9,900원을 덜 부담한다.

여기서 (가)의 경우는 월급날이 되면 A에게 225만 3,700원을 지급한다. A의 소득세 등은 지급한 달의 다음 달 1일에서 10일 사이에 원천징수이행상황신고서를 작성해서 세무서에 신고하고 납부한다. 홈택스에서 직접 전자신고하거나, 세무대리인이 있을 경우 신고할 내역을 전달해서 신고 요청하고 은행 등에서 세금을 납부하면 된다. 사회보험료는 근로자 부담분과 사업주 부담분을 사업자가 다음 달 10일까지 납부하면 된다. 근로소득세와 지방소득세 그리고 사회보험료를 납부해야 하기 때문에 급여 지급만 생각하다간 큰코다칠 수 있으니 주의해야 한다.

급여 설계할 때 주의할 점

최저임금 미달 여부 확인할 것

2021년 최저임금(주 40시간 기준) 184만 4,240원(2022년 191만 4,440원)으로 과세급여 기준이다. 만약 비과세급여 식대 10만 원을 포함시켜 계산하면, 과세급여 174만 4,240원에 식대 10만 원으로 설계하면 최저임금 미달에 해당한다. 따라서 과세급여 184만 4,240원+식대 10만 원=194만 4,240원이 지급되어야 한다.

비과세급여 요건을 충족하는지 확인할 것

비과세급여는 법에 열거된 것만 해당하고, 비과세급여 요건을 충족하는 경우만 비과세 혜택을 받을 수 있다.

각종 지원금을 받을 수 있는 급여 범위 내인지 확인할 것

두루누리지원금, 일자리지원금 등을 받으려면 2021년 기준으로 월급여가 220만 원 미만이어야 한다. 물론 과세급여 기준이다.

사회보험 부담을 줄여주는 제도

두루누리사회보험 지원

근로자 수가 10인 미만인 소규모 사업을 운영하는 사업주는 고용된 근로자 중 월평균 보수가 220만 원 미만인 신규 가입 근로자가 있을 경우, 두리누리 사회보험료 지원 사업을 통해 국민연금과 고용보험료의 80% 지원받을 수 있다.

▷ 두루누리
사회보험료 지원
QR코드

일자리안정자금

최저임금 인상에 따른 소상공인 및 영세 중소기업의 경영 부담을 완화하고 노동자의 고용·불안을 해소하기 위한 지원사업이다. 지급을 희망하는 월 기준 직전 3개월 간 매월 말일 평균 노동자수가 30인 미만인 경우 지원할 수 있다(상용, 임시, 일용직 모든 노동자 포함되나, 사업주와 특수관계자인 배우자 등은 미포함).

상용노동자 5인 미만 사업장은 1인당 월 최대 7만 원(2022년은 최대 월 3만 원), 5인 이상 사업장은 1인당 월 최대 5만 원(2022년은 최대 일 3만 원)이 지원된다. 월보수액 219만 원 이하로, 지원금 신청 이전 1개월 이상 고용을 유지해야 한다. 일용직의 경우 신청일 이전 1개월 동안 10일 이상 실근무 시 지원된다. 그러나 이미 퇴사한 노동자에 대해서는 지원되지 않는다.

일용직 근로자는 1개월간 10일 이상, 단시간 근로자의 경우 주 10시간 이상 근무 시 지원되며, 최소 2만 원에서 최대 5만 원까지 지원된다.

사회보험료 세액공제

중소기업의 상시 근로자 수가 직전 과세연도보다 증가한 경우 다음과 같이 사회보험료(건강보험료 등)를 소득세(사업소득에 대한 소득세만 해당), 또는 법인세에서 공제받을 수 있다(2021년 12월 31일까지 적용).

청년·경력단절 여성 : 고용 증가 인원×사회보험료×100%
그 외 : 고용 증가 인원×사회보험료×50%(신성장 서비스업 75%)

COLUMN
03

사업주에게 힘이 되는 고용지원금

고용촉진장려금

취업 성공 패키지 등의 취업지원 프로그램 이수자 및 일정 요건을 만족하는 취업지원 프로그램 이수면제자를 고용하여 6개월 이상 고용유지하는 경우, 사업주에게 지원금을 지급하여 고용을 촉진하는 제도이다. 단, 1년 미만 단기간 근로계약, 사업주의 배우자, 4촌 이내의 혈족·인척 등은 지원이 제외된다.

- 지원 수준 : 신규 고용한 근로자 수 1인당 월 30만~60만 원 지원
- 지원 기간 : 고용한 날이 속하는 다음 달부터 1년간 매 6개월 단위로 지급

구분	회차별 지원액(6개월 단위)	연간 총액
우선지원 대상 기업	360만 원	720만 원
대규모 기업	180만 원	360만 원

* 사업주가 지원자에게 지급한 임금의 80% 한도
문의 : 고용노동부

신중년적합직무

만 50세 이상의 실업자를 신중년적합직무에 채용한 사업주에게 인건비를 지원하여 신중년의 고용 창출 촉진을 위한 제도이다.

- 지원 대상 : 우선지원 대상기업 및 중견기업
- 지원 요건 :
  ① 근로자 채용 전 참여신청서를 관할 고용센터에 제출하여 사업 승인 후 채용
  ② 만 50세 이상의 실업자를 아래 신중년 적합직무에 채용하여 3개월 이상 고용
    유지(최저임금액 이상의 임금 지급, 1개월 소정근로시간 60시간 이상, 4대보험 가입, 근
    로계약기간의 정함이 없는 근로자)
- 지원 수준 : 신규 고용한 근로자 수 1인당 월 40만~80만 원 지원
- 지원 기간 : 고용한 날이 속하는 다음 달부터 1년간 매 3개월 단위로 지급

구분	회차별 지원액(6개월 단위)	연간 총액
우선지원 대상 기업	240만 원	960만 원
대규모 기업	120만 원	480만 원

청년추가고용

청년을 정규직으로 추가로 고용한 중소·중견기업에 인건비를 지원함으로써, 양질의
청년 일자리를 창출하기 위한 제도이다.

- 지원 대상 : 청년(만 15세 이상 34세 이하)을 정규직으로 5인 이상을 신규 채용한 중
  소·중견기업(성장 유망 업종, 벤처기업 등은 5인 미만도 가능)

• 지원 요건

기업 규모	청년 신규 채용
30인 미만	1명 이상
30~99인	2명 이상
100인 이상	3명 이상

• 지원 수준 : 청년 추가 채용 1명당 연 최대 900만 원을 지원, 기업 규모별 지원 인원을 차등화

• 지원 기간 : 3년간 지원하되, 기존 채용 청년의 경우 3개월 이상 단위로 신청

규모	1명 고용	2명 고용	3명 고용	4명 고용	…
30인 미만	900만 원	1,800만 원	2,700만 원	3,600만 원	…
30~99인	-	900만 원	1,800만 원	2,700만 원	…
100인 이상	-	-	900만 원	1,800만 원	…

연차 일수와 연차 수당 계산하기

일한 만큼 휴식도
보장해주어야 한다

연차휴가제도

연차휴가는 근로자가 1년을 계속 근무하여 근로기준법의 요건을 충족할 경우 받게 되는 유급 휴가이다. 5인 이상의 사업장은 근로기준법 제60조에 따라 유급휴가를 부여해야 한다.

근속시간이 1년이 되지 않는 사람에게는 1개월당 1일의 휴가를 주어야 하고, 근속기간이 1년이 된 시점에 다시 15일의 연차휴가가 부여된다. 여기에 최초 1년을 빼 매 2년씩 1일씩 늘려서 연차휴가를 부여한다.

연차휴가 일수(2019년 1월 1일 입사자의 경우)	
기간	연차휴가 일수
2019년 1월 1일~2019년 12월 31일	개근월당 1일씩, 총 11일 연차휴가 발생
2020년 1월 1일~2020년 12월 31일	2020년 1월 1일 연차휴가 15일 발생
2021년 1월 1일~2021년 12월 31일	2021년 1월 1일 연차휴가 15일
2022년 1월 1일~2022년 6월 30일 퇴사	2022년 1월 1일 연차휴가 16일
	총 57일

휴가 일수 세는 방법

휴일은 근로 제공 의무가 없는 날이고, 휴가는 제공 의무가 있는 날이지만 근로 제공을 면제해달라고 신청하는 날이다. 휴가는 법률에 의해 보장받는 법정휴가와 회사의 규정, 또는 근로자와의 합의를 통해 임의로 주어지는 약정휴가가 있다.

법정휴가는 연차 유급휴가와 출산휴가가 있고 약정휴가는 회사의 내부 사정마다 다르지만 여름휴가, 경조휴가 등이 있다. 법정휴가는 근로기준법에 의해 의무적으로 주어져야 하지만, 약정휴가는 회사의 임의대로 제공할 수 있기 때문에 약정휴가를 제공할지의 여부는 회사의 권한이다.

Q&A   여름휴가 및 경조휴가를 연차휴가로 써도 될까요?

연차휴가는 근로자의 권한이기 때문에 근로자가 원하는 시기에 부여하는 것이 원칙이다. 근로자의 연차휴가를 여름이라는 특정한 시기에 사용하게 하려면 근로자와 합의가 있어야 한다(연차휴가 대체 합의). 따라서 이런 경우 취업 규칙에 별다른 규정이 없다면 여름휴가는 연차휴가 외로 회사가 더 부여하는 약정휴가로 보아야 한다. 경조휴가 역시 약정휴가이다. 따라서 회사가 경조휴가에 대해 별다른 규정을 두고 있지 않다면 근로자의 당연한 권리는 아니다. 회사 입장에서는 경조휴가를 부여해야 할 의무가 없다.

인사정책과 복지정책

안정적인 경영을 위한 휴가, 징계, 퇴사도 법률에 의해

회사의 원활한 인적 관리를 위해서는 근로자의 휴가, 징계, 퇴직 처리 시 사용자는 근로기준법의 규정을 잘 숙지한 후 규정에 따라 처리해야 한다.

휴가

사용자는 1년간 8할 이상 출근한 근로자에게는 15일의 유급휴가를 주어야 한다. 이때 업무상 부상 또는 질병으로 휴업한 기간, 산전후 휴가와 유산·사산휴가, 예비군 훈련기간, 민방위 훈련 또는 동원기간, 공민권 행사(투표 등)를 위한 휴무일, 생리휴가, 연월차 휴가 등은 모두 출근한 것으로 본다. 계속근로기간이 1년 미만인 근로자에게는 근무일수에 비례하여 연차 유급휴가를 주어야 한다. 「근로기준법」에서는 근로한 기간이 1년 미만인 근로자가 1개월 개근 시 1일의 유급휴가를 주어야 한다고 정하고 있다. 다만, 3년 이상 계속근로했을 경우 최초 1년을 초과하는 매 2년에 대해 1일을 가산하여 휴가를 주게 된다. 이 경우 가산된 휴가를 포함하여 총 휴가 일수는 25일을 한도로 하고 있다.

모든 휴가는 1년간 행사하지 않으면 소멸하지만, 사용자의 귀책사유로 사용하

지 못한 경우에는 소멸되지 않는다. 사용자는 휴가가 소멸하기 전, 휴가의 사용을 서면으로 촉진했음에도 근로자가 사용하지 않아 소멸된 경우에는 이후 연차휴가 수당을 지급할 의무가 없다.

법정근로시간과 주 40시간제

근로기준법상의 근로시간은 실제로 업무를 수행하고 있는 시간에만 해당되는 것이 아니다. 근로시간은 회사의 '지휘명령'하에 있는 시간으로, 실 구속시간을 의미한다. 업무를 수행하고 있지 않더라도, 업무를 위해 대기하고 있어야 하는 시간도 근로시간에 포함된다.

근로기준법에서 정한 법정 근로시간은 일주간에 40시간을 초과할 수 없고, 1일의 근로시간은 8시간을 초과할 수 없다고 규정되어 있다. 일반적으로 주5일제라고 말하지만, 법 규정에는 일주일에 근무일이 며칠이어야 한다는 구체적인 근무일자는 정해두지 않았다. 때문에 법적으로 더 정확한 표현은 주 40시간제이다. 주 40시간을 일하는 통상 근로자와 동일한 업무를 하지만, 일주일 동안의 근로시간이 짧은 단시간 근로자도 통상 근로자와 같이 근로기준법의 보호를 받는다. 그러므로 단시간 근로자에게도 주휴일, 휴가 등 정상적인 근로자에 비례해 부여해야 한다. 다만 1주 15시간 미만으로 근무하는 경우에는 주휴일이나 연차 휴가, 퇴직금 등의 규정이 적용되지 않는다.

단시간 근로자에 대한 주휴일과 연차휴가 부여 방법		
구분	통상 근로자(1일 8시간, 5일 근무)	단시간 근로자(1일 4시간, 5일 근무)
주휴일	1주당 1일 유급휴가(8시간 유급)	1주당 1일 유급휴일(4시간유급)
연차휴가	일수로 계산, 1년 근속 시 15일	시간으로 계산 1일 소정근로시간이 4시간이므로, 15일 휴가를 사용할 수 있음

징계

고용주는 정당한 이유가 있는 경우 근로자를 해고, 휴직, 정직, 전직, 감봉 등으로 징벌할 수 있다. 이때 정당한 사유는 취업 규칙에 따르는 것이 아니라 사회통념에 비추어 구체적으로 판단되어야 한다. 구체적으로 무단결근, 지각, 조퇴, 근무 성적 불량, 직장 이탈 등 근무태만, 회사 물품에 대한 절도, 손괴, 출장명령 등 업무 명령 위반, 사업장 내 음주, 도박, 횡령, 배임, 폭행, 경력 사칭 등이 있다.

직장 외에서는 근로자의 언동이 회사 활동에 직접 관련되어 회사의 사회적 평가를 훼손하였다고 볼 수 있을 때만 정당한 징계 사유가 될 수 있다. 정당한 징계 사유가 있어 징계를 내릴 때, 정해진 징계 절차가 있다면 이에 따라 징계가 이루어져야 한다. 그리고 이중징계가 이루어져서는 안 된다. 다만 이전 징계의 절차상 흠이나 상당성의 문제로 이전 징계보다 수준을 낮추어 징계하거나, 종전의 징계를 취소하고 새롭게 징계하는 것은 이중징계에 해당하지 않는다.

퇴직

근로기준법에서는 근로자가 사망 또는 퇴직한 경우 그 지급 사유가 발생한 때부터 14일 이내에 임금, 보상금, 그 밖의 모든 금품을 지급해야 한다고 규정하고 있다. 다만, 특별한 사정이 있을 경우 당사자 사이의 합의를 통해 기일을 연장할 수 있다.

근로자가 퇴직했을 때 지급되지 않는 수당이나 임금 등이 있다면 이 기간 안에 모두 지급해야 한다. 그렇지 않을 경우 3년 이하의 징역 또는 3,000만 원 미만 벌금형의 형사 처벌을 받을 수 있으니 주의해야 한다.

근로관계 종료

근로관계의 종료 사유는 자동 종료, 사직, 해고 등이 있다.

구분			근로관계 종료 사유
자동 종료			사망
			정년 도래
			계약 기간 만료
사직	근로자의 자발적인 사직		의원 사직
	회사 권유에 의한 사직		권고사직
해고	근로자 귀책사유	일신상 사유	통상 해고
		행태상 사유	징계 해고
	회사 귀책사유		경영상 해고

근로관계 종료 시 주의사항

계약직의 경우도 근로관계를 종료하기 위해 별도의 조치가 필요할까

근로자의 사망, 정년, 근로계약기간의 만료는 근로관계의 자동 종료 사유에 해당한다. 따라서 근로계약기간을 정한 경우에 있어 근로계약 당사자 사이의 근로관계는 특별한 사정이 없는 한, 그 기간이 만료함에 따라 회사의 해고 등 별도의 조치를 기다릴 필요 없이 당연히 종료된다. 마찬가지로 근로계약기간 만료는 해고가 아니라는 점에서 근로계약기간 만료일 30일 전에 해고 예고를 해야 할 의무도 없다. 다만, 계약직 근로자의 경우 근로계약 갱신기대권 존재 여부와 무관하게 근로계약이 연장 또는 갱신에 대한 희망을 가질 수 있으므로, 근로계약을 연장하거나 갱신하지 않기로 결론이 난 경우 새로운 직장을 구할 수 있는 시간적·경제적 여유를 주기 위해 최대한 빨리 근로계약기간 만료일에 근로관계가 종료됨을 알려주는 것이 바람직하다.

수습기간 후 근로계약의 종료

직원을 채용할 때 근로계약서에 3개월의 사용이나 수습기간을 두고, 수습기간 동안 업무적격성 등을 평가한 뒤 기준에 미치지 못한다고 판단되면 정식 계약을 체결하지 않거나 근로계약을 해지할 수 있다. 이 경우 수습 3개월 이후 업무적격정 미비를 이유로 근로계약을 해지할 수 있는지 알아보자.

수습기간 후의 근로계약 해지도 해고에 해당함

'근로계약서상 3개월의 수습기간 종료 후 채용이 적합하지 않다고 판단되는 경우 계약을 해지할 수 있다' 라는 문구만 믿고 3개월 후에 근로계약 해지를 통보할 경우 부당해고 문제를 일으킬 수 있다. 수습기간은 말 그대로 교육기간이기 때문에, 정식직원 채용을 전제하게 된다. 따라서 특별한 문제가 없는 경우 수습기간이 지나면 정식직원이 되는 것이고, 정식직원이 되지 못하는 경우 회사가 이를 입증해야 한다. 따라서 회사가 수습기간 이후 근로계약을 해지할 때는 근로관계의 일방적인 종료, 즉 해고로 본다.

인턴(사용)

3~6개월의 인턴기간이 끝났는데 별다른 의사 표시가 없으면 근로계약은 당연히 종료되는 것이다. 그리고 정식으로 고용할 계획이라면 다시 정식 근로계약을 체결하게 된다. 따라서 사용은 일종의 기간제 근로계약으로 볼 수 있다.

해고예고수당

해고를 하려면 '정당한 사유'가 있어야 하는데, 해고예고수당을 지급한다고 해서 정당한 사유가 생기는 것은 절대 아니다. 정당한 사유가 있는지는 회사가 입증해야 한다. 해고예고를 했느냐, 아니면 해고예고수당을 지급했느냐는 해고의 정당성과는 다른 문제이다. 따라서 해고예고수당을 지급하지 않았다고 해서 정당한 해고가 부당한 해고가 되는 것은 아니고, 해고예고수당을 지급했다고 해서 부당한 해고가 정당하게 되는 것도 아니다.

해고예고제도는 5인 미만의 사업장에도 적용된다. 해고예고의무를 이행하지 않은 경우에는 2년 이하의 징역 또는 1,000만 원 이하의 벌금에 처해질 수 있다. 코로나19로 회사 경영 상황이 악화되어 근로자를 해고할 경우도 사용자의 귀책사유에 해당하기 때문에 부당해고로 인정될 가능성이 크다.

해고예고 기간 동안의 근로

법에 따르면 해고예고는 30일 전에 해야 하는데, 그렇지 않고 해고예고수당으로 줄 경우 30일분의 통상임금을 지급해야 한다. 해고하는 당일은 30일에 포함되지 않고, 예고하는 날 다음 날부터 30일을 세게 된다. 이때는 근무일, 휴일, 휴무일을 모두 포함한다. 30일에 하루라도 부족하면 안 된다. 따라서 해고를 15일 전에 예고한 경우, 15일분의 통상 임금만 주면 되는 것은 아니라 30일분의 통상 임금을 전부 지급해야 한다. 회사로부터 30일 전에 해고예고 통지를 받은 뒤 근로자가 남은 30일 동안 무단결근을 하더라도 그 기간 동안의 임금을 제외하는 것은 적절하지 않은 것으로 본다.

해고예고가 적용되지 않는 경우

법에 따르면 '근로자가 고의로 사업에 막대한 지장을 초래하거나 재산상 손해를 끼친 경우'에는 예고하지 않고, 즉시 해고가 가능하도록 규정하고 있다.

해고예고의 예외가 되는 근로자의 귀책사유

- 납품업체로부터 금품이나 향응을 제공받고 불량품을 납품받아 생산에 차질을 가져온 경우
- 영업용 차량을 임의로 타인에게 대리운전하게 하여 교통사고를 일으킨 경우
- 사업의 기밀이나 그 밖의 정보를 경쟁관계에 있는 다른 사업자 등에게 제공하여 사업에 지장을 가져온 경우
- 허위 사실을 날조하여 유포하거나 불법 집단행동을 주도하여 사업에 막대한 지장을 가져온 경우
- 영업용 차량 운송 수입금을 부당하게 착복하는 등 직책을 이용하여 공금을 착복, 장기 유용, 횡령 또는 배임한 경우
- 제품 또는 원료 등을 몰래 훔치거나 불법 반출한 경우
- 인사·경리·회계담당 직원이 근로자의 근무 상황 실적을 조작하거나 허위 서류 등을 작성하여 사업에 손해를 끼친 경우

이외에 근로계약이 단기이거나 유연한 경우 근로자의 생활에 심각한 타격을 주는 상태가 아니라면 해고예고제도를 적용하지 않을 수 있다. 법에서는 일용근로자로서 3개월을 계속 근무하지 않는 자, 2개월 이내의 기간을 정해서 사용된 자, 계절적 업무에 6개월 이내의 근로계약기간을 정해 사용된 자, 수습기간(3개월 이내) 중인 근로자에 대해서는 해고예고제도를 적용하지 않는다고 규정하고 있다.

해고 예고통지서

(수 신) 근 무 처 :
　　　　성　　명 :
　　　　직　　책 :
(발 신) 주식회사　○○○○
　　　　대　　표 :

　귀하는　○○○의 이유로 20　년　월　일부로 해고됨을 근로기준법 제26조(해고의 예고) 및 제27조(해고사유등의 서면통지)에 의거,해고예 고를 통지합니다.

2000년00월00일

주식회사 ○○○ 대표 **(인)**

---------------------------- 절 취 선 -------------------------------

해고예고 통지서 수 령 증

근 무 처 :
성　　명 :
직　　책 :

20　년　월　일

인 수 자　　　성　명　　　**(인)**

권 고 사 직 서

소 속		성 명	
직 위		주민등록번호	

상기 본인은 회사의 (   )로 인해 권고사직을
권유받아 사직서를 제출하오니 속히 처리하여 주시기 바랍니다.

20   년   월   일

퇴사예정일 :

제 출 자 :   (인)

_____대표(이사) 귀하

COLUMN
04

법정의무교육

법적으로 회사가 직원에게 교육을 실시해야 하는 법정교육에는 산업안전교육, 성희롱예방교육, 개인정보보호교육, 장애인인식개선교육의 4가지가 있다.

성희롱 예방교육

남녀고용평등법에 따라 사업주는 직장 내 성희롱을 예방하기 위해 1년에 1번 성희롱예방교육을 해야 한다. 다만 상시 10인 미만의 근로자를 고용하는 사업이나 사업주 및 근로자 모두가 남성 또는 여성 중 어느 한쪽 성으로만 구성된 사업의 경우에는 근로자가 알 수 있도록 교육자료 또는 홍보물을 게시하거나 배포하는 방법으로 성희롱 예방교육을 할 수 있다고 정하고 있다. 성희롱 예방교육을 하지 않을 경우 사업주에게 500만 원 이하의 과태료가 부과될 수 있다(남녀고용평등법 2019년 8월 27일).

직장 내 성희롱예방교육에 포함되어야 하는 내용

- 직장 내 성희롱에 관한 법령
- 해당 사업장의 직장 내 성희롱 발생 시의 처리 절차와 조치 기준
- 해당 사업장의 직장 내 성희롱 피해 근로자의 고충 상담 및 구제 절차
- 그밖에 직장 내 성희롱 예방에 필요한 사항

산업안전교육

산업안전교육은 우리 회사가 의무 적용 대상인지부터 따져보아야 한다. 산업안전이나 산업재해 관련 사항은 '사업장'을 중심으로 판단하는 경우가 많다. 사업장이 5인 미만으로 구성되어 있거나, 사무직만 근무하고 있는 사업장이거나, 공공행정·사회보장행정 또는 교육 서비스업에 속하다면 의무적으로 산업안전교육을 실시해야 할 대상은 아니다. 50인 미만의 농·어업, 환경정화 및 복원업, 소매업, 영화 배급업 등 역시 의무 적용 대상이 아니다. 산업안전교육을 의무적으로 받아야 하는 사업장으로서 사업장 자체적으로 교육을 실시하고자 한다면 안전보건공단(www.kosha. or.kr)에서 제공하는 교육자료들을 참고하여 진행하면 된다.

산업안전교육 제외 대상 업종

- 소프트웨어 개발 및 공급업
- 컴퓨터 프로그래밍, 시스템 통합 및 관리업
- 정보 서비스업
- 금융 및 보험업
- 전문 서비스업
- 건축기술, 엔지니어링 및 기타 과학기술 서비스업
- 기타 전문과학 및 기술 서비스업

개인정보교육

개인정보보호법은 회사가 개인정보 관련 사무를 담당하는 자에게 적절한 관리감독을 하도록 규정해놓고 있다. 그리고 그 일환으로 정기적으로 개인정보의 적절한 취급을 위한 교육을 실시하도록 규정하고 있다.

장애인인식개선교육

장애인고용촉진 및 직업재활법이 개정됨에 따라 2018년 5월 29일부터는 사업장에서 장애인인식개선교육을 매년 1회, 1시간 이상 실시해야 한다. 실제 장애인 고용의무를 가지는 50인 미만 사업장의 경우에는 간이 교육자료를 배포하거나 게시함으로써 교육한 것으로 인정받을 수 있다.

> **장애인인식개선교육에 포함되어야 하는 내용**
>
> - 장애의 정의 및 장애 유형에 대한 이해
> - 직장 내 장애인의 인권, 장애인에 대한 차별금지 및 정당한 편의 제공
> - 장애인고용촉진 및 직업재활과 관련된 법과 제도
> - 그 밖에 직장 내 장애인인식개선에 필요한 사항

PART 6

사업 확장과
신용관리

- 투자받는 법
- 인증서 취득하는 법
- 상호 및 특허 등기하는 법
- 연구소 설립하는 법
- 신용관리하는 법

사업상 필요자금, 어떻게 투자받을 수 있을까

신사업 또는 사업 확장을 위해서는 자금이 필요하다. 적립해둔 내부자금이 있다면 이를 활용하면 좋지만, 내부자금이 없을 때에는 외부에서 조달받아야 한다. 외부조달을 위해서는 금융기관에서 대출받는 방법도 있고, 투자를 받는 방법도 생각해볼 수 있다.

구분	타인자본(대출)	자기자본(투자)
경영권	영향 없음	1주당 1주 의결권
상환의무	만기일가 정해져 있고, 원금과 이자 상환해야 할 의무	만기일이 없으며 상환의무 없음

투자를 받는다는 것을 지분이 투자자에게도 분배된다는 것을 뜻하는데, 이 경우 경영권에 영향을 미치게 된다. 투자자는 사외이사 및 전문가를 파견하여 경영감시, 사업운영 관리 및 감독을 하게 되며, 정례보고 및 자료를 요청, 회계 및 업무감사등으로 사후관리를 한다.

몇억 원에서 몇백 억 원의 투자를 받게 되면, 한 달 이상의 투자집행 검토기간이 필요한다. 투자자는 매출 및 비용 내역, 주요 거래처 및 계약 내용, 내부 인력 구성

현황, 법적 이슈, 유무형 고정자산, 재무 상태 등을 전반적·종합적으로 검토하기를 원한다. 이때 성실하게 대응하되 회사의 주요 정보가 누출되지 않도록 주의해야 한다. 투자가 이뤄지지 않거나 비밀유지사항 등이 외부로 유출될 경우 법적 문제로까지 불거질 수 있기 때문이다. 투자자는 투자의 대가로 일정지분을 요구하게 되는데 지분율이 갖는 의미가 있다.

- 3% : 회계장부 열람, 임시주주총회 소집 청구, 일정한 사항을 주주총회의 목적 사항으로 정해줄 것을 제안할 수 있는 주주제안권, 이사·감사 해임청구권, 회사 업무 집행 및 재산 상태 조사를 위해 법원에 검사인 선임을 청구 할 수 있는 권리 등
- 25% : 주주총회 보통결의사항 통과 가능
- 33.4% : 단독 출석 시, 주주총회 특별결의 사항 통과 가능
- 50%+1주 : 보통결의사항 단독으로 통과 가능
- 66.7% : 특별결의사항 통과 가능
- 100% : 1인 주주

보통 4~5차례의 투자 라운드를 거치게 되는데, 이때마다 회사 지분을 내주게 된다면 창업자가 보유하는 지분이 줄어들게 된다. 전문가들은 IPO나 M&A 단계에서 창업자의 지분이 10~15% 정도 남아 있는 것이 이상적이라고 한다. 따라서 투자받을 때 이를 고려하여 투자 유치 계획을 세워야 한다. 또한 창업자와 우호적인 지분을 50~60% 이상 가져가는 것이 유리하며, 2대 주주의 지분은 1대 주주의 지분율 절반 이하로 하는 것이 경영권 유지에 안정적이다.

투자의 종류		
구분	내용	투자금 회수
보통주	일반주주와 동등한 권리 (1주 1의결권)	주식 매각으로 회수
우선주	• 배당 가능 이익이 있을 시 우선적 또는 높은 배당 청구 가능 • 배당 가능 이익으로 투자지분 상환 청구 가능 • 투자계약에서 정한 전환비율에 따라 보통주로의 전환 가능	• 보통주로 전환 시 주식 매각으로 회수 • 상환권 행사
전환사채(CB)	• 사채를 주식으로 전환 가능	• 주식으로 전환하여 주식 매각 • 사채 만기 시 원리금 상환
신주인수권 부사채(BW)	• 신주인수권행사로 사채를 주식으로 전환 가능	• 주식으로 전환하여 주식 매각 • 사채 만기 시 원리금 상환

투자 방법론의 비교				
구분	보통주	우선주	전환사채	신주인수권부사채
내용	기업의 소유권(의결권)을 확보할 수 있는 주식	의결권 없이 배당 등 특정 목적에 차별화된 주식	회사채로 발행하되 보통주로 전환할 수 있는 옵션 부여	회사채로 발행하되 보통주를 인수할 수 있는 옵션 부여
의결권	있음	없음 (전환권 행사 시 있음)	없음 (전환권 행사 시 있음)	없음 (신주인수권 행사 시 있음)
주요 조건	없음	전환권 상환권	전환권 (전환 시 채권 원금과 상계하고 출자 전환을 통한 주식 취득)	신주인수권 (채권 상환 후 별도의 주식 발행을 통한 주식 취득)
가격결정	투자 시점의 가치로 투자 단가 결정	• 투자 시 전환가격 결정 • 상환 시 상환이자율 결정	• 투자 시에 전환가격 결정 • 만기 상환 시 보장 이자율 결정	• 투자 시에 신주발행 금액 결정 • 만기 상환 시 보장 이자율 결정

장단점	기업에 유리, 투자자에게 상대적 불리	전환권 또는 상환권 부여에 따라 투자자에게 유리	회사의 성장 속도에 따라 채권 상환 또는 주식 전환 등이 가능해 투자자에게 유리	채권 만기 상환과 주식 인수권리가 있어 투자자에게 유리

엔젤투자

엔젤투자는 창업 또는 창업 초기 단계에 있는 벤처기업들에게 필요한 자금을 공급해주고 경영에 대한 자문을 수행하는 개인투자자들을 통칭하는 것이다. 투자자 개인이 자기 책임하에 투자하고(보통은 친구, 친인척 등 지인), 개인의 경험을 바탕으로 창업자의 파트너로 적극적으로 경영에 참여한다. 엔젤투자로 성공한 대표적인 사례가 바로 페이스북이다.

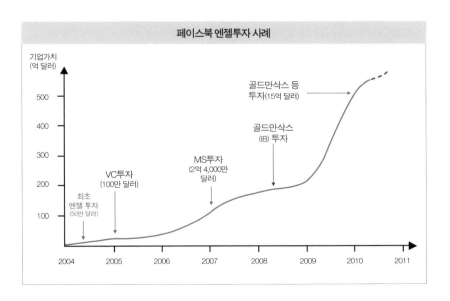

페이스북 엔젤투자 사례

대상 기업

- 창업 3년 이내의 중소기업(매출액 관계 없음)
- 최근 3년간 연간 매출액이 20억 원을 초과하지 아니한 기업으로 창업 7년 이내이거나 벤처/이노비즈/메인비즈 기업이어야 함

지원 금액

기업당 최고 6억 원을 한도로 하며 연간 매칭 한도는 최고 2억 원이다.

지원 방법

기업에 1억 원을 투자하는 사람이 있으면, 동일한 조건으로 정부에서 1억 원(지방은 2억 원)을 신주로 투자해주는 방식이다(상환하지 않는 자본임).

신청 시기 및 소요 기간

매월 신청이 가능하며 심사기간은 2개월이 소요된다.

투자자 및 기업 혜택

- 투자자 혜택
  ① 기업가치 상승 시 정부 지분을 당초 인수가격으로 살 수 있는 콜옵션 권리 부여
  ② 벤처기업 투자 시 소득공제 혜택 : 3,000만 원 이하(100%), 5,000만 원 이하(70%), 5,000만 원 초과(30%)
    - **기업 혜택** : 정부 투자 기업으로 기업 신임도 상승하여 마케팅에 큰 효과를

볼 수 있고 자기자본 증가로 인해 재무구조를 개선할 수 있으며 투자자 유치 (1차, 2차)가 용이하다.

엑셀러레이터

엑셀러레이터는 이제 막 창업한 기업이 성장궤도에 빠르게 진입할 수 있도록 성장에 가속을 붙여준다는 뜻을 내포하고 있다. 사무실을 비롯해 다방면에서의 경영지원은 물론이고, 자금을 투자하고 각 분야별로 전문가의 멘토링을 통해 경영자를 교육한다. 여기서 그치지 않고 초기 지원기간이 지나면 언론과 투자자를 상대로 직접 사업 기회를 발표하고 구매자를 찾는 자리를 마련해주는 것까지 초기 창업 기업을 벤처 단계로 성장시키는 역할을 담당하는 창업 지원 플랫폼이다. 엔젤투자와 창업교육이 결합된 형태라고 볼 수 있다.

숙박 공유업체인 에어비앤비와 자료 공유 클라우딩 서비스업체 드롭박스 등 글로벌 기업을 육성한 미국의 와이콤비네이터가 엑셀러레이터의 대표적인 사례다.

벤처캐피털VC

벤처캐피털이란 벤처 비즈니스에 투자를 통해 자금을 공급하는 전문투자회사 (창업투자회사)를 말하는데, 투자를 원하는 기업과 투자가 필요한 기업을 연결하는 가교 역할을 한다. 기술경쟁력은 있으나 자본과 경영 능력이 부족하여 일반 금융기관으로부터는 자금을 조달받기 어려운 설립 초기의 벤처기업에 투자하고 자본과 경영 관리, 기술지도 등 종합적인 지원을 제공함으로써 투자 기업을 육성한 후, 투자금을 회수한다.

벤처기업에 자금을 투자하고 그 대가로 주식을 받는데, 유형별로는 우선주가

약 74%로 가장 높고, 보통주가 16%, 기타 10%이다. 업종별 신규 투자 비중으로는 바이오/의료가 약 26%, ICT 서비스 약 26%, 유통 서비스 약 21%, 게임 및 영상이 약 7% 순이다. 업력별로는 중기가 48%로 가장 비중이 높고, 초기는 28%, 후기 24% 순이다. 스타트업은 엑시트할 때까지 투자를 1~2회 받는 것으로 끝나는 것이 아니라 여러 차례 받는다. 우리나라의 잘 알려진 모 스타트업의 경우 총 7차례 투자를 받았다. 이 투자에 알파벳 순서를 붙여 시리즈A, 시리즈B 식으로 투자 단계를 높여 표현한다. 일반적으로 시리즈가 높아질수록 기업가치와 투자금액이 함께 높아진다.

벤처캐피털 펀딩 단계

1. 창업가 초기 미팅
2. 비공식 투자설명회
3. 공식 설명회 : 비밀유지 계약서 작성 등
4. 기업가치 및 투자 조건 논의 : 회사의 가치 및 투자 조건 논의
5. 듀딜리젼스 : 스타트업의 재무내용과 기술력 상세히 조사
6. 투자심의 위원회 전달 : 투자 여부 결정
7. 주식인수계약서 마무리 및 주주 간 협의 사항 확인
8. 주금 납입

크라우드 펀딩

크라우드 펀딩은 창의적 아이템을 가진 초기 기업가를 비롯한 자금 수요자가 중개업자(온라인 소액투자중개업자)의 온라인플랫폼에서 집단지성을 활용하여 다수의 소액 투자자로부터 자금을 조달하는 행위를 말한다. 펀딩 대상 기업은 비상

장기업으로 창업 후 7년 이내 기업(벤처기업 등은 7년 이상 경과해도 가능), 아이디어나 사업계획을 가진 프로젝트 제안자 등이 대상이다. 투자 유형에 따라 투자 한도가 있으며, 일반 투자자의 경우 200만 원(연간 총 500만 원) 한도, 소득 요건 구비 투자자는 1,000만 원(연간 총 2,000만 원) 한도, 전문 투자자는 제한이 없다.

투자가 필요하다면 방문해볼 사이트

- THE VC ➪ https://thevc.kr
- DIVA(중소기업창업투자회사 전자공시) ➪ http://diva.kvca.or.kr
- KVCA(한국벤처캐피털협회) ➪ http://www.kvca.or.kr
- 엔젤투자지원센터 ➪ http://www.kban.or.kr
- 기업투자정보마당 ➪ htt://www.ciip.or.kr
- 크라우드펀딩(코펀딩) ➪ https://www.kofunding.co.kr
- 증권형 크라우드펀딩 포털(크라우드넷) ➪ https://www.crowdnet.or.kr/

각종 인증 취득,
미리 준비해두세요

중소기업확인서

중소기업이란, 업종에 관계없이 자산총액 5,000억 원 미만으로 주된 업종의 3년 평균 매출액 기준을 충족해야 한다. 대기업의 자회사이거나 계열사들과 합한 중소기업 규모 기준을 초과하는 기업은 중소기업이 될 수 없으며, 실질적 독립성을 갖추어야 한다.

▷ 중소기업 현황
정보 시스템
QR 코드

중소기업에 해당하는 경우 자금지원, 신용보증 지원, 판로 및 수출 지원, 인력 확보 지원, 세제 지원 등 가장 광범위하고 강력한 혜택이라고 볼 수 있다. 실질적으로 중소기업에 해당하면 이러한 혜택을 받을 수 있지만, 정부 및 지자체 등 공기관에 제안서를 제출할 때 중소기업확인서를 요구하는 경우가 있으므로 미리 발급해두면 좋다.

구분	지원 내용
창업·벤처기업세액감면	창업중소기업·벤처기업 등에 대해 법인세(소득세), 취득세, 재산세 등 감면 : 법인세(소득세, 5년) 100~50%, 취득세(4년) 75%, 재산세(5년) 100~50%
중소기업특별세액감면	업종·지역·규모에 따라 법인세(소득세) 5~30% 감면 : 제조업, 도·소매업, 건설업, 여객운송업, 의료업 등 46개 업종 영위기업
중소기업투자세액공제	기계장치 등 사업용 자산 투자 시 투자금액의 3~4% 세액공제
연구·인력개발비세액공제	신성장·동력·원천기술 등 R&D 비용에 대해 일정비율 세액공제
연구·인력설비투자세액공제	연구 및 인력개발을 위한 시설 투자 시 투자금액의 7% 세액공제
고용증대세제	고용 증가 1인당 700만~1,000만 원(청년 정규직 고용 시, 100만 원 추가) 공제(3년)
사회보험료세액공제	고용 증가 기업 등에 대해 사회보험료 상당액의 50~100% 세액공제
정규직전환세액공제	비정규직을 정규직으로 전환 시 인원당 1,000만 원 세액공제
중소기업취업자소득세감면	청년, 장애인 등이 중소기업 취업 시 소득세 70% 감면(3년, 청년은 50%, 5년)
노란우산공제소득공제	소기업소상공인공제에 납부한 공제부금에 대해 200만~500만 원 소득공제
성실사업자등세액공제	일정 요건을 갖춘 성실 자영업자에 대해 의료비·교육비·월세 지출액 세액공제

운용기관 : 한국기업데이터(02-3215-2674)

중소기업 현황 사이트 : sminfo.mss.go.kr

벤처기업

벤처기업이란 다른 기업에 비해 기술력이나 성장성이 상대적으로 높아 정부에서 지원할 필요가 있다고 인정하는 기업을 말한다. 벤처기업을 확인받기 위해서는 벤처기업육성에 관한 특별조치법 제2조의2 '벤처기업의 요건'을 충족할 경우, 벤처 확인을 신청할 수 있다. 기존 벤처기업의 유효기간 연장을 위한 별도의 절차가 없으며, 유효기간 만료로 벤처확인서의 연장을 원하는 경우 유효기간 만료 전 2개월부터 만료 후 1개월 이내 신규 벤처기업과 동일한 신청 및 평가 절차를 거쳐야 한다.

벤처기업 주요 우대제도

- **세제** : 창업 후 3년 이내에 벤처확인을 받은 기업의 경우, 법인세 및 소득세 50% 감면, 취득세 75% 감면, 재산세 50% 감면
- **금융** : 코스닥 상장 심사 시 우대, 정책자금 한도 우대, 기술보증 심사시 우대
- **특허** : 우선 심사 대상
- **기술임치** : 임치 수수료 감면
- **입지** : 벤처기업 집적시설에 입주한 경우 과밀억제권역 내에서의 취득세, 등록세, 재산세, 중과세율 적용 면제 등

문의처 : (사)벤처기업협회(1566-6487)
https://www.smes.go.kr/venturein/home/viewHome

여성기업확인

공공기관은 여성 기업의 물품, 용역의 경우 각 구매총액의 5%, 공사의 경우 공사 구매총액의 3%를 구매하도록 의무화 하고 있다. 중소기업과 한국여성경제인

▷ 여성기업확인서
신청/발급
QR 코드

협회에서 여성 기업 제품 구매 촉진을 위해 여성기업확인서를 발급한다. 여성기업의 1인 견적에 의한 수의계약 가능 금액 한도는 1억 원이다. 여성기업 특화 지원사업, 창업보육센터 지원, 여성가장창업자금 등 지원이 가능하다.

> 문의처 : 여성기업종합지원센터(02-369-0900)
> http://www.wbiz.or.kr

장애인기업확인

장애인기업은 창업점포 지원, 판로 및 기술 지원, 교육 지원, 창업사업화 지원사업 등 장애인에게 특화된 지원을 받을 수 있다. 또한 장애인기업확인서 발급을 통해 공공기관의 장애인 기업 제품 우선 구매 및

▷ 장애인기업확인서
신청/발급
QR 코드

경쟁 입찰 시 도움을 받을 수 있다. 장애인 기업의 1인 견적에 의한 수의계약 가능 금액 한도는 1억 원이다.

> 문의처 : 장애인기업종합지원센터(1588-6072)
> https://www.debc.or.kr

우리 회사를 지켜주는 방패들

상호와 상표

상호와 상표는 비슷하지만 다른 것이다. 상호는 상인들이 영업상 다른 상인과 구분하여 자기를 표시하기 위해서 사용하는 것이다. 상표는 상품을 생산하거나 가공, 판매하는 사람이 자신의 제품을 타인의 상품과 구분하기 위하여 사용하는 것이다. 흔히 브랜드라는 명칭으로 사용하기도 한다.

상호등기

상인은 상법과 상업등기법, 비송사건절차법에 따라 상호등기를 하게 된다. 이때 관할 등기소는 본점 혹은 점포 소재지가 속하는 곳이 다. 상호를 정하기 전에 대법원 인터넷 등기소를 통해서 내가 등기하고자 하는 상호와 동일한 상호가 있는지 미리 검색할 수 있고 다운받아 접수할 수 있다. 신청서를 작성하고 등록세, 주민세, 수입증지를 내고 접수하면 상호등기할 수 있다.

상표등록

상표는 특허청에 등록해야 하고 등록이 이루어진 상표는 상표법에 의해 보호받게 된다. 상표등록신청서는 국가법령정보선터 ⇨ 상표법 시행규칙 별표 3호에서 다운받을 수도 있고, 특허청 민원서식에서도 다운받을 수 있다. 다만, 상표 등록을 위한 요건과 절차가 복잡하기 때문에 전문가의 도움을 받는 것이 좋다.

구분	상호	상표
목적	영업상으로 자신을 표시하기 위한 것	자신의 상품을 식별하기 위한 것
등록	상호신설등기 신청	상표등록출원
폐지 및 갱신	상호 등기 후 정당한 이유 없이 2년간 사용하지 않았을 경우	상표권 설정 등록이 있는 날로부터 10년간 사용할 권리를 독점하게 되고 갱신 등록 신청을 통하여 10년씩 갱신할 수 있음
동일하거나 유사한 상호 및 상표 관련	상호등기 후 동종 업종에서 동일한 상호는 동일한 특별시·광역시·시·군에서 사용이 금지됨	동일하거나 유사한 상표에 대하여 전 국적으로 사용이 금지됨

상호신설등기신청				
접수	년 월 일	처리인	등기관 확인	각종 통지
	제 호			

등기의 목적	상호신설등기
등기의 사유	
등기할 사항	
상호	
영업소	
상호사용자의 성명·주소와 주민등록번호	
영업의 종류	
기타	

■ 상표법 시행규칙 [별지 제3호서식]

특허로(www.patent.go.kr)에서
온라인으로 제출할 수 있습니다.

상표등록출원서

(앞쪽)

【출원 구분】□ 상표등록출원　　　□ 상표등록 분할이전출원 □ 상표등록 분할출원
　　　　　　　□ 상표등록 변경출원　□ 지정상품 추가등록출원 □ 재출원출원

【권리 구분】□ 상표　□ 단체표장　□ 증명표장
　　　　　　　□ 지리적 표시 단체표장 □ 지리적 표시 증명표장　□ 업무표장

(【참조번호】)

【출원인】
　　【성명(명칭)】
　　【특허고객번호】

【대리인】
　　【성명(명칭)】
　　【대리인번호】
　　(【포괄위임등록번호】)

(【원출원의 출원번호(원권리의 등록번호, 국제등록번호)】)

【등록(분할, 분할이전, 추가등록) 대상】
　　【상품류】
　　【지정상품】

(【우선권주장】
　　【출원국명】
　　【출원번호】
　　【출원일】
　　【증명서류】)

(【출원 시의 특례주장】)

(【「농수산물 품질관리법 시행규칙」에 따라 일부서류의 제출생략(지리적 표시만 해당)】)
□

【상표 유형】□ 일반상표 □ 입체상표 □ 색채만으로 된 상표
　　　　　　　□ 홀로그램상표 □ 동작상표 □ 그 밖에 시각적으로 인식할 수 있는 상표
　　　　　　　□ 소리상표 □ 냄새상표 □ 그 밖에 시각적으로 인식할 수 없는 상표

(【도면(사진)의 개수】)

(【상표의 설명】)

(【상표의 시각적 표현】)

위와 같이 특허청장에게 제출합니다.

　　　　　　　　　　　　출원인(대리인)　　　　　　(서명 또는 인)

【수수료】(기재요령 제14호 참조)
　　【출원료】　　　　개류　　　　원
　　(【지정상품 가산금】　개 상품　　　원)
　　(【우선권주장료】　개류　　　원)
　　【합계】　　　　　　　원)

【수수료 자동납부번호】

【첨부서류】 법령에서 정한 서류 각 1통 (기재요령 제16호 참조)

직무발명제도

직무발명이란 종업원이나 법인의 임원 또는 공무원이 그 직무에 관하여 발명한 것이 성질상 사용자·법인 또는 국가나 지방자치단체의 업무 범위에 속하고, 그 발명을 하게 된 행위가 종업원 등의 현재 또는 과거의 직무에 속하는 발명을 말한다.

직무발명제도는 종업원이 개발한 직무발명을 기업이 승계·소유하도록 하고, 종업원에게는 직무발명에 대한 정당한 보상을 해주는 제도를 말한다. 여기서 발명은 특허, 실용신안 또는 디자인이 포함된다.

직무발명제도 도입

기업의 고용계약서나 근무 규정에 종업원이 직무 발명을 하는 경우, 회사에서 승계한다는 내용과 종업원에게는 '정당한 보상'을 한다는 내용을 규정하고 사내에 공표한다.

> 한국발명진흥회 직무발명 사업(02-3468-2844)
> http://www.kipa.org/ip-job/

알아두면 유용한 정보

특허정보넷(http://kportal.kipris.or.kr)
국내 특허, 실용신안, 디자인, 상표 등 산업재산권의 정보가 데이터베이스화되어 있어 선행기술을 검색할 수 있다(무료).

디자인맵(http://www.designmap.or.kr)

특허청이 보유한 전 세계 디자인 지식재산권 정보를 가공, 분석하여 제공하는 디자인 정보인프라이다. 디자인 및 지식재산권과 관련된 최신 트렌드 정보, 녹색 성장을 위한 그린 디자인 정보, 출원 전략 및 분쟁 정보 등을 제공하는 디자인권 포털 사이트이다.

연구소 설립하는 방법

기업부설연구소 설립,
연구비를 세액공제로

기업부설연구소 또는 전담부서 설립 시 일정 요건을 갖춘 기업의 연구개발전담조직을 신고, 인정함으로써 기업 내 연구조직을 육성한다. 그리고 인정받은 연구소/전담부서에 대해 연구개발활동에 따른 지원 혜택을 부여받아 기업의 연구개발을 촉진할 수 있다. 뿐만 아니라 각종 세제, 자금지원 및 병역대체복무 등 혜택을 받을 수 있다. 설립신고는 온라인시스템을 통해서만 신고가능하다.

인정 조건

구분			신고 요건
인적 요건	기업부설 연구소	벤처기업	연구전담 요원 2명 이상
		소기업	연구전담 요원 3명 이상 단, 창업일로부터 3년까지는 2명 이상
		중기업	연구전담 요원 5명 이상
		중견기업	연구전담 요원 7명 이상
		대기업	연구전담 요원 10명 이상
	연구개발 전담 부서	기업 규모에 관계 없이 동등 적용	연구전담 요원 10명 이상
물적 요건	연구시설 및 공간 요건		연구개발 활동을 수행해나가는 데 있어서 필수적인 독립된 연구공간·연구시설을 보유할 것

- 창업 3년 미만 소기업 : 대표이사가 연구전담 요원 자격을 갖춘 경우 연구전담 요원 인정 가능
- 기업 규모 등에 관계없이 모두 인정되는 경우(자연계 분야 학사 이상, 국가자격법에 의한 기술·기능 분야 기사 이상인 자)
- 자연계 전문학사로 2년 이상 연구 경력이 있는 자(중소기업에 한해)

독립된 연구공간과 연구시설을 갖추어야 하는데, 구체적인 내용은 반드시 해당 사이트에서 확인하는 것이 좋다(www. rnd. or. kr).

▷ 기업부설연구소 전담부서 설립 가이드 QR 코드

 연구전담부서 등을 설치하지 아니한 사업자가 중소기업 인력지원 특별법에 따라 납입하는 내일채움공제금액에 대해서는 조세특례제한법 제10조 '연구 및 인력개발비'에 대한 세액공제를 적용할 수 있다.

연구소 형태에 따른 혜택

- 연구·인력개발비 세액공제
- 연구·인력개발을 위한 설비투자세액공제
- 기업부설연구소용 부동산에 대한 지방세 감면
- 기술이전 및 대여 등에 대한 과세특례
- 외국인 기술자 소득세 감면
- 연구개발 관련 출연금 등 과세특례
- 연구개발특구 첨단기술기업 등 법인세 감면

▷ 한국산업기술 진흥협회 특허분석 서비스 QR 코드

- 연구원 연구활동비 소득세 비과세
- 산업기술 연구개발물품 관세감면

R&D 출연자금 부처별 전담기관

매년 집중투자하는 사업 내용의 차이가 있을 수 있으므로, 반드시 각 기관별 R&D 지원사업 내용을 구체적으로 확인한다.

1	산업통상자원부	한국산업기술평가관리원	한국에너지기술평가원	한국산업기술진흥원	한국광기술원
2	과기정보통신부	정보통신산업진흥원	한국방송통신전파진흥원	한국연구재단	한국인터넷진흥원
3	중소벤처기업부	소상공인시장진흥공단	창업진흥원	중소기업기술정보진흥원	중소기업진흥공단
4	농림축산식품부	농림식품기술기획평가원	한국농수산식품유통공사	한국농어촌공사	축산물품질평가원
5	문화체육관광부	한국콘텐츠진흥원	국민체육진흥공단	영화진흥위원회	한국출판문화산업진흥원
6	해양수산부	한국해양과학기술진흥원	한국수자원관리공단	건박안전기술공단	한국해양수산연구원
7	고용노동부	근로복지공단	한국산업인력공단	한국고용정보원	한국장애인고용공단
8	방위사업청	국방과학연구소	국방기술품질원		
9	국토교통부	국토교통과학기술진흥원			
10	보건복지부	한국보건산업진흥원			
11	농촌진흥청	농업기술실용화재단			
12	환경부	한국환경산업기술원			

* 색으로 표시된 기관에서 특히 R&D 사업(창업지원사업)을 진행

사업 확장을 위해 신용 관리는 필수

사업이 확장되면 추가적인 자금 확보를 위해 주주의 유상증자 또는 제3자의 투자, 금융기관의 차입이 필요한 상황이 오게 된다. 금융기관의 차입을 위해서는 신용 관리는 매우 중요하다. 금액에 상관없이 대출금을 3개월 이상 연체하거나 지방세를 1년 이상 체납 또는 1년 중 3회 이상 체납할 경우 신용불량자가 된다.

무심코 사용한 카드의 현금서비스나 카드론 혹은 별 생각 없이 연체한 통신비 때문에 대출심사에서 불이익을 받을 수 있는 것이다. 사업 초기에는 필요하지 않았던 자금이 1~2년 후에 필요해지기도 한다. 이때 금융기관에서는 회사의 재무제표를 요구하는데, 이때를 위해 미리 회계처리가 제대로 되어 검증받은 재무제표를 산출해둬야 한다.

개인신용을 평가하는 요소는 상환이력정보, 신용형태 정보, 현재 부채 수준, 신용거래기간이다. 한편 기업신용평가에는 재무제표를 이용한 재무모형(수익성, 안정성 등)과 비재무모형(산업위험, 경영위험 등)이 함께 고려된다. 등급별 점수구간은 금융기관마다 차이가 있을 수 있지만 일반적으로 신용등급은 1~10등급, 신용평점은 1~1,000점으로 책정된다. 신용등급은 '1'에 가까울수록 신용 상태가 우수하고, '10'에 가까울수록 불량함을 의미한다.

신용등급별 특징

등급	구분	특징
1~2	최우량	• 장기간 신용거래 경력 • 다양하고 우량한 신용거래 실적
3~4	우량	• 활발한 신용거래
5~6	일반	• 단기 연체 경험, 부실화 가능성은 일반적 수준
7~8	주의	• 단기 연체 경험이 비교적 많음 • 금리가 높은 금융권과의 거래가 많음
9~10	위험	• 현재 연체 중 • 매우 심각한 연체 경험 • 부실화 가능성 매우 큼

신용평가회사 KCB올크레딧이 제시하는 주요 신용평가 요소로는 부채상환 기록, 현재 부채 수준, 상환이력, 연체 정보, 제2금융권 과다 이용 여부, 단기간(3~6개월) 대출 집중 여부 등이다. 신용카드 발급이나 제1금융권 대출은 신용 5등급이 아니어야 하고, 신용7등급 이하는 제2금융권 대출도 어렵다.

개인 신용등급 평가 기준		
평가 부문	내역	활용 비중
현재 부채 수준	• 현재 채무의 수준(대출금액, 신용카드 이용금액 등) • 소득 대비 과도한 부채, 카드 한도 초과	35%
상환 이력 정보	• 채무의 적시 상환 여부 및 그 이력(연체 정보) • 3개월 이상 50만 원 이상 연체, 500만 원 이상의 세금을 1년 이상 체납하거나 1년간 3회 이상 미납 시	25%
신용 형태 정보	• 신용거래의 종류 및 행태(고금리 상품 과다 이용)	24%
신용거래 기간	• 신용카드 개설로부터의 기간 • 단기(3~6개월) 집중 대출 및 연체	16%

출처: KCB

유리한 대출 받기

대출심사를 하는 데 있어서 연체율, 연체 횟수 등은 최소한 3개월 치를 참고한다. 많게는 12개월까지도 고려하기 때문에 1,000~2,000원의 통신요금, 미납 내역만으로도 대출을 받는 데 치명적인 악영향을 줄 수 있다. 때문에 미리미리 꼼꼼히 관리해야 한다. 또한 신용등급은 대출심사를 하는 시점의 신용등급이 중요하므로 간편하게 잠깐 쓰기 위해 카드론이나 제2금융권의 대출을 받은 경우에는 상환한 후에 대출을 신청하는 것이 좋다.

신설법인의 경우, 사업 초기에 매출이 낮고 사무실 임차 및 비품 구입 등으로 인해 수익보다 비용이 더 많으면 시중은행에서 대출을 받기 힘들게 된다. 이렇게 사업장의 매출이 낮은 경우에는 대표이사의 신용도 및 대표이사의 지분율이 51% 이상인지가 중요하다.

앞에서도 설명했지만, 대표이사의 지분율이 51% 이상이면 회사 명의로 대출을 받는다고 하더라도, 대표이사의 책임이 더욱 가중된다. 따라서 대출을 해주는 입장에서는 책임소재가 더 분명하지기 때문에 대표이사의 지분율이 51% 이상이기를 원하게 된다. 때문에 무턱대고 제2금융권에서 높은 이율로 대출을 받지 말고 주변의 금융전문가의 상담을 받아 최대한 혜택을 받을 수 있도록 여러 곳을 알아보는 것이 좋다.

부동산을 소유하고 있거나 신용등급이 양호한 경우에는 시중은행으로부터 담보대출, 신용대출을 받을 수 있다. 하지만 신용등급이 낮은 경우에는 이러한 대출이 쉽지 않을 수 있다. 이럴 때 활용할 수 있는 대출제도가 바로 햇살론 창업자금 대출, 미소금융 창업자금대출이다. 이외에도 사업 규모가 작다면 소상공인 정책자금대출을 통해서도 사업자금을 대출받을 수 있다.

COLUMN
05

신용도 높이기

개인의 신용평가

개인의 신용등급

개인의 신용등급은 신용평가기관에서 신용대출, 담보대출, 카드 이용내역(현금서비스 등), 제2금융권에서 신용조회기록, 각종 기관에서 요금 납부내역 등의 기록을 점수로 환산하여 1~10등급으로 평가를 한다. 각 은행에서는 이런 기록들을 모아 평가하는 신용평가기관 2곳의 기록을 비교하여 낮은 등급을 적용한다.

신용대출, 담보대출 사용 금액과 연체 여부 , 현금서비스 사용 횟수 및 최근 사용 현금서비스 총액, 제2금융권(저축은행, 캐피털사 등)에서 신용조회 횟수 , 휴대전화 등 각종 요금의 연체는 여부 등 개인의 전반적인 금융거래를 평가한다. 기존과 바뀐 내용은 개인의 신용평가등급을 점수로 환산하여 구간을 정하고 해당 구간에 들어가면 해당 등급을 주는 방식으로 바뀌었다.

예전에는 내 등급이 몇 등급인지만 확인되었지만 현재는 평점으로 환산하여 구간 등급으로 확인 가능하여 몇 점이 부족한지 구분된다. 그리고 해당 점수를 올리면 상위 등급으로 신용등급을 올릴 수 있어 본인의 신용등급 관리가 가능하다. 최근의 추세는 평균 3곳 이상의 금융기관을 사용하면 다중채무자라고 하여 여신 심사를 더 까다롭게 보고 있다. 그래서 더욱더 하나의 은행으로 거래를 집중하여 신용등급을 올리면 거래 은행에 대출한도를 많이 받을 수 있다.

거래하고자 하는 금융기관에 거래 실적

왠만하면 거래하는 금융기관 한 곳에서 급여이체, 자동이체, 적금 가입, 신용카드 등을 집중해서 거래하면 거래 실적이 증가하여 당연히 신용도를 높게 평가한다. 은행은 개인의 신용등급과 금융기관 거래 실적을 조합하여 은행신용등급을 판정한다.

개인사업자는 소호등급이라 하여 개인의 신용등급과 거래 실적 등급을 조합하여 최종 적용 등급을 확정한다. 예를 들어 신규 사업자의 신용등급을 산정할 때 대표자 개인 신용등급이 우량하다면 주거래은행에서 최종 등급은 양호하고, 금융기관의 거래 실적이 전혀 없는 경우라면 대표자 개인의 신용등급만으로 최종등급이 확정되기 때문에 제일 중요한 건 개인의 신용등급이다.

최근에 신규 사업자의 현재 신용등급은 1등급이나 최종 등급이 7등급으로 나와 확인해보니 과거 1년이 내 현금서비스 사용총액이 1,000만 원을 초과했다. 고민해볼 부분이다.

법인의 신용평가

법인의 신용평가는 최근 3년간의 재무제표를 비교하여 재무비율을 산출한 후 각각의 금융기관의 기준과 지침에 따라 등급을 산출한다. 법인의 재무제표에 의해 모든 것이 결정된다 해도 과언이 아니다. 법인의 재무제표를 근거로 신용등급을 확정할 때 정량적 지표인 SCORING 등급과 정성적 지표인 JUDGEMEN 점수로 구성된다.

SCORING 등급은 은행마다 평가기준이 다르고 중점적으로 보는 부분이 다르다. 그럼에도 공통적으로 중요한 부분은 유동성(현금성자산, EBITDA, 유형자산 등), 안정성(부채비율, 총차입금 등), 채상환능력(ICR 등), 현금흐름(순이자 지급 후 현금흐름 등)이다.

JUDGEMENT는 신용평가를 시행하는 금융기관에서 해당 업체의 산업위험 정도, 재무위험 정도, 경영위험 정도, 신뢰도, 영업위험 등 객관적인 자료를 근거로 수익 전망, 재무 융통성, 차입 여력, 거래 신뢰도, 거래 안정성, 입지 조건 등을 점수화하여 평가하는 것은 순전히 평가기관의 판단에 의한다.

위 두 가지를 조합하고, 법인의 규모에 따라 조금씩은 다르겠지만 대표자의 신용등급을 조합하여 신용등급을 확정한다. 이 신용등급을 근거로 하여 은행은 여신 한도를 결정하고, 금리를 결정한다.

여신금리는 기준금리에 가산금리를 더하여 확정한다. 기준금리는 3개월, 6개월 단위로 변동하는 금리, 예를 들면 CD 기준금리, 3개월 KORIBOR 금리, 금융채 변동금리부 대출 등이 있다. 그리고 대출기간 동안 고정되는 고정금리가 있다.

여신금리는 낮게 받고 싶은 것은 당연하다. 금리결정은 신용관리가 최고이지만, 추가로 금리를 낮출 수 있는 방법은 한국은행에서 자금을 지원하는 정책금리를 이용하는 것이다. 법인의 본사가 지방에 있다면 지자체에서 지원하는 자금을 이용할수 있고, 소재부품장비산업육성특별법 확대 개편으로 해당 산업의 중소기업 및 기업청년 고용증대 등 고용창출 기업, 정규직으로의 근로자 전환율이 높다거나, 중소기업사회보험료 세액공제를 받은 중소기업 등에는 최고 75%까지 차입을 받아 낮은 금리의 혜택을 받을 수 있다.

이걸 모르고
시작할 뻔했네

초판 1쇄 인쇄 2021년 12월 20일
초판 1쇄 발행 2022년 1월 5일

지은이 박혜경·김민표·차영현·반현애
발행인 김우진

발행처 북샾일공칠
등록 2014년 2월 13일 제2013-000365호
주소 서울시 마포구 월드컵북로 402, 16
전화 02-6215-1245 | 팩스 02-6215-1246
전자우편 editor@thestoryhouse.kr

ⓒ 2022 박혜경·김민표·차영현·반현애

ISBN 979-11-88033-10-2 13320